WILLIBALD J. FOLZ

Das geldtheoretische und geldpolitische Werk Walter Euckens

Volkswirtschaftliche Schriften

Herausgegeben von Dr. J. Broermann, Berlin

Heft 150

Das geldtheoretische und geldpolitische Werk Walter Euckens

Von

Dr. Willibald J. Folz

DUNCKER & HUMBLOT / BERLIN

Gedruckt 1970 bei Buchdruckerei Bruno Luck, Berlin 65
Printed in Germany
D 29

Inhaltsverzeichnis

A. Einleitung: Die Schaffensperioden Walter Euckens in chronologischem Überblick und nach Sachbereichen gegliedert

Nachdem der junge Privatdozent Walter *Eucken* im Jahre 1921 seine Habilitationsschrift über den Weltstickstoffmarkt veröffentlicht hatte[1], wandte er sich geldtheoretischen Studien zu. Diese Wahl wurde durch den Zustand der deutschen Volkswirtschaft selbst wie der nationalökonomischen Theorie nahegelegt.

Die Krankheit der Volkswirtschaft hieß Inflation. Sie prägte das Leben in Deutschland so, daß man diese Jahre mit Stucken ohne Übertreibung „Inflationszeit" nennen kann[2]. Die Mark, durch den Krieg bereits angeschlagen, verlor in den Nachkriegsjahren immer mehr an Wert. Das Tempo der Inflation wurde schneller und schneller, es beschleunigte sich von Monat zu Monat, Woche zu Woche, schließlich von Tag zu Tag. Dazwischen verzeichnete man Zeiten relativer Ruhe und Anzeichen der Genesung, die aber stets durch Epochen um so schnelleren Verfalls der Kaufkraft der Mark abgelöst wurden.

Der Versuch der Nationalökonomie, diese verwirrenden, einander häufig widersprechenden Symptome zu erklären, und eine Therapie zu entwickeln, führte zu einer Flut geldtheoretischer Abhandlungen und ganz allgemein zu einem regen Interesse an geldtheoretischen Fragestellungen. Die bis dahin in Deutschland fast unumschränkt herrschende historische Schule vermochte zur Lösung der drängenden, existenzbedrohenden deutschen Geldnot nichts Entscheidendes beizutragen. Sie hatte die methodologische Tradition und die Leistungen der älteren deutschen Wissenschaft in Vergessenheit geraten lassen und war einem richtungslosen Empirismus und gedankenlosen Eklektizismus verfallen[3]. Wagner konnte für diese Zeit unwidersprochen feststellen: „Eine verbindliche Tradition gab es nicht, denn sogar der Historismus, die einzige genuin deutsche Richtung in der Nationalökonomie, war

---

1 Vgl. *Eucken:* Die Stickstoffversorgung der Welt, Stuttgart, Berlin 1921. Seine Dissertation hat den Titel „Die Verbandsbildung in der Seeschiffahrt", München, Leipzig 1914. (Staats- und sozialwissenschaftliche Forschungen)

2 Vgl. *Stucken,* Rudolf: Deutsche Geld- und Kreditpolitik 1914—1963, 3. Aufl., Tübingen 1963, S. 31. (Im folgenden zitiert als „Deutsche Geld- und Kreditpolitik")

3 Vgl. *Miksch,* Leonhard: Walter Eucken, in: Kyklos, Bern, Vol. IV (1950), Fasc. 1, S. 282.

am Erlöschen[4]." So verlor der Historismus Glanz und Monopol. Die deutsche Nationalökonomie begann sich verstärkt auf die Werte der Theorie zu besinnen, die ohnehin auch in Deutschland stets von einigen namhaften Vertretern gelehrt worden war, wie z. B. von dem Eucken-Lehrer Dietzel in Bonn.

Aus der großen Zahl deutscher oder in deutscher Übersetzung vorgelegter geldtheoretischer Werke sollen hier nur einige angeführt werden: 1916 erschien in Berlin „Die Kaufkraft des Geldes" von I. Fisher, 1922 folgte in Jena der 2. Band der Vorlesungen über Nationalökonomie, „Geld und Kredit", von Knut Wicksell; erinnert sei an die Arbeiten von Knapp, Helfferich, Cassel und Menger. Ernst Wagemann legte 1923 den I. Band seiner Allgemeinen Geldlehre vor. Bereits 1911 wurde Hartley Withers' Buch „The Meaning of Money" unter dem deutschen Titel „Geld und Kredit in England" übersetzt, in dem die Fähigkeit der Banken geschildert wurde, Kredit zu erzeugen. L. A. Hahn vertrat 1920 in der ersten Auflage seiner Schrift „Volkswirtschaftliche Theorie des Bankkredits" im Anschluß an Schumpeter und Macleod die Lehre von der Geldschöpfungsmacht der Banken, die dann von Stucken weitergeführt wurde[5, 6].

Die Ursachen der deutschen Inflation, der zunehmenden Geldentwertung und Verschlechterung der Valuta sahen Praxis und vorherrschende Meinung in der Wissenschaft einseitig und ausschließlich in der Entwicklung der politischen Lage und der Produktion. So führte die Reichsbank in ihrem Verwaltungsbericht, der der Generalversammlung am 31. 3. 1921 vorgelegt wurde, u. a. aus: „Es blieb auch das Berichtsjahr im wesentlichen durch Mangel an Rohstoffen und Nahrungsmitteln, durch wiederholte politische Unruhen und Streiks, durch starke Preis- und Lohnsteigerungen bei unbefriedigendem Ergebnis der Produktion und häufigen Absatzstockungen, durch weitere Schuldenwirtschaft des Reiches und damit zusammenhängend durch eine übermäßige Ausdehnung des Geldumlaufs mit ihren verderblichen Folgeerscheinungen zunehmender Geldentwertung und Valutaverschlechterung gekennzeichnet[7]."

In Übereinstimmung mit der herrschenden Lehre[8] betrachtete es die Reichsbank, die Hüterin der Währung, als ihre Pflicht, das ständig

[4] *Wagner*, Valentin F.: Walter Eucken, in: Schweizerische Zeitschrift für Volkswirtschaft und Statistik, Bern, 86. Jahrgang (1950), S. 172.

[5] Vgl. *Stucken*, Rudolf: Geld und Kredit, 2. Aufl., Tübingen 1957, S. 57 ff.

[6] Vgl. *Ehrlicher*, Werner: Geldtheorie, in: Handwörterbuch der Sozialwissenschaften (Im folgenden abgekürzt: HDSW), 4. Bd., Stuttgart, Tübingen, Göttingen 1965, S. 237.

[7] Verwaltungsbericht der Dt. Reichsbank für das Jahr 1920, S. 3.

[8] Vgl. *Wicksell*, Knut: Vorlesungen über Nationalökonomie, 2. Bd.: Geld und Kredit, Jena 1922, S. 199.

wachsende Bedürfnis nach Krediten und Zahlungsmitteln zu befriedigen. Als abwegig wurde der Gedanke verworfen, die Reichsbank könne das Geld- und Kreditvolumen von sich aus einschränken und damit die Verschlechterung des Außen- wie des Binnenwertes zügeln. Im Einklang mit der Banking-Theorie Fullartons[9] und Tookes[10] nahm man an, solange eine ordentliche bankmäßige Deckung vorhanden sei, wie Warenwechsel guter Bonität, könne nie zuviel Geld in Umlauf sein. Die Wirtschaft entnehme sich stets so viele Zahlungsmittel, wie sie benötige. Darauf habe die Bank keinen Einfluß. Daher könne sie auch die Preise nicht beeinflussen[11].

Keinerlei Bedeutung für den Geldwert wurde der Höhe der Girokonten zugemessen. Allgemein wurde angenommen, die Banken könnten nur Geld vermitteln, nicht zusätzlich schöpfen. Diese Fähigkeit der Banken, zusätzliches Geld zu schaffen, hatte in England bereits 1790 A. Hamilton[12] behauptet. Angelsächsische Autoren, wie H. D. Macleod[13], Hartley Withers[14] und Ch. A. Phillips[15], hatten diese Lehre wieder aufgenommen und weitergeführt. Sie gewann in Deutschland, wo sie von J. Schumpeter und im Anschluß an ihn von Hahn vertreten wurde, nur langsam an Boden.

In dieser Situation erschienen 1923 auf dem Höhepunkt der Inflation Euckens „Kritische Betrachtungen zum deutschen Geldproblem", die die Lehren der Theorie in knapper, klarer, unmißverständlicher Sprache auf das Problem anwandten und die Aufmerksamkeit der Fachwelt erregten. Lange Zeit galt fortan Euckens Interesse den Fragen des Geldes wie des Geldwertes und des Transfers. In einer zweiten Phase schlossen sich zunächst konjunkturtheoretische Studien und später kapitaltheoretische Untersuchungen an. Im zeitlichen Zusammenhang damit entwickelte er in seiner umfassenden Wirtschaftstheorie die Lehre von den Marktformen und Geldsystemen. Den letzten Abschnitt seines Lebenswerkes widmete er schließlich wirtschaftspolitischen Arbeiten. Die Probleme des Geldes und der Währung begleiten alle Epochen seines Wirkens und ziehen sich als roter Faden bald stärker, bald schwächer sichtbar durch sein Werk.

---

9 Vgl. *Fullarton*, John: On the Regulation of Currencies, London 1844.

10 Vgl. *Tooke*, Thomas: An Inquiry into the Currency Principle, London 1844.

11 Vgl. *Stucken*, Rudolf: Deutsche Geld- und Kreditpolitik, S. 37.

12 Vgl. *Hamilton*, A.: Report on a National Bank, New York 1790.

13 Vgl. *Macleod*, H. D.: The Theory of credit, 2. Aufl., 2 Bde., London 1891/94.

14 Vgl. *Withers*, Hartley: Geld und Kredit in England, Jena 1911.

15 Vgl. *Phillips*, Chester A.: Bank Credit. A study of the principles and factors underlying advances made by banks to borrowers, New York 1921.

Trotzdem ist es still geworden um das geldtheoretische und geldpolitische Werk Euckens. Besser gesagt, es ist still geblieben. Eine nennenswerte Diskussion wurde nicht ausgelöst, wenn man von den Geldsystemen und seinen Vorschlägen zur Methode der Theorie absieht.

Das mag einmal daran liegen, daß die Bestandteile der Geldlehre über das ganze Schaffen Euckens verstreut sind und eine geschlossene Geldlehre nicht vorliegt. Daneben dürfte aber folgendes entscheidend sein: Walter Eucken hat Methode und Theorie der Wirtschaftswissenschaft in wichtigen Punkten bereichert. Er hat die Modellbetrachtung freigesetzt und es ermöglicht, die Fragestellung der Klassiker auf die Wirtschaft früherer Zeiten anzuwenden[16]. Als Haupt der Freiburger Schule[17] und als allgemein anerkannter Führer der Neoliberalen in Deutschland hat er in den „Grundlagen der Nationalökonomie"[18] auf der Suche nach der „wirtschaftlichen Wirklichkeit"[19] seine Lehre von den Wirtschaftssystemen und Marktformen entwickelt. Diese theoretisch-analytische Leistung bot ihm die Basis für eine fundierte Wertung der Wirtschaftsordnungen. Er entschied sich eindeutig für die Wirtschaftsordnung der Verkehrswirtschaft. Und es ist ihm auch gelungen, die Krönung seiner rastlosen Nachkriegstätigkeit zu erleben. Die Entscheidung für die neue Wirtschaftsordnung der „Sozialen Marktwirtschaft" läßt das geistige Gerüst seiner wirtschaftspolitischen Konzeption deutlich erkennen. Obgleich seine Forderungen keineswegs völlig erfüllt wurden, so ist ihnen doch in der wirtschaftspolitischen Auseinandersetzung der erste Rang nicht streitig zu machen.

Diese wirtschafts- und wissenschaftstheoretischen Leistungen und die wirtschaftspolitischen Erfolge haben den Blick auf den Teil des Euckenschen Lebenswerkes verstellt, der den Geldproblemen gewidmet war. Wenn auch die Trennung von Geldtheorie und Wirtschaftstheorie der Euckenschen Lehre widerspricht und daher der Vergleich letztlich nicht zulässig ist, könnte man doch sagen: der Geldtheoretiker (und -politiker) Walter Eucken steht im Schatten des Wirtschaftstheoretikers (und -politikers) Walter Eucken.

Die vorliegende Arbeit versucht, diesen Schatten etwas aufzuhellen und die Beiträge zur Geldlehre im Zusammenhang darzustellen. Eucken hat sich zunächst in die zu jener Zeit sehr rege Diskussion gewisser Einzelfragen des Geldwesens eingeschaltet und ist erst später beim

---

16 Vgl. *Weippert*, Georg: Walter Euckens Grundlagen der Nationalökonomie, in: Zeitschrift für die gesamte Staatswissenschaft (1941), S. 48.

17 Worauf auch in den zahlreichen Nachrufen immer wieder hingewiesen wurde. Vgl. Deutsche Universitätszeitung, Göttingen, 5. Jg. (1950), Heft 7, S. 7.

18 Im folgenden als „Grundlagen" zitiert.

19 *Zottmann*, Anton: Walter Eucken, in: Die Zeit, Hamburg, 5. Jg. (1950), Nr. 13, S. 3.

Aufbau seines morphologischen Systems zu Grundfragen einer Geldtheorie vorgestoßen. Wir wollen unser Thema aber nicht chronologisch abhandeln, sondern geben einer systematischen Gliederung den Vorzug. Dieser Rahmen bietet ausreichend Gelegenheit, chronologische Gesichtspunkte zu berücksichtigen.

Abgesehen vom Einleitungs- und vom Schlußkapitel gliedert sich die Arbeit in 3 Teile, die sich zwanglos aus dem Werk Euckens ergeben. Zunächst werden Grundfragen einer Geldtheorie erörtert. Hier untersuchen wir das Verhältnis der Geldtheorie zur Wirtschaftstheorie, die der Geldtheorie gestellten Aufgaben und die geforderten und verwendeten Methoden. Jede Methode muß anhand der Ergebnisse der Forschungarbeit überprüft werden. Wir werden daher anschließend die zwei Hauptformen der Geldwirtschaft — wobei sich auch der Geldbegriff Euckens ergibt — und die Geldsysteme vorführen, die ein Ergebnis der Euckenschen Forschung sind. Euckens Denken ist ein Denken in Ordnungen. Folgerichtig mündet die Untersuchung der Grundfragen der Geldtheorie in eine Erörterung der Zusammenhänge zwischen Geld- und Wirtschaftssystem, Wirtschaftsverfassung und Staatsordnung.

Unter der zusammenfassenden Überschrift „Einzelfragen der Geldlehre" werden hauptsächlich, aber nicht ausschließlich die frühen geldtheoretischen Arbeiten vorgestellt. Von allen den stabilen Geldwert bedrohenden Gefahren hat Eucken die Inflation am gründlichsten untersucht. Seine Inflationslehre werden wir daher als erste Einzelfrage der Geldlehre behandeln. Euckens Stellung zum Geldwertproblem ist damit zum Teil schon beschrieben. Wegen der nicht nur historischen Bedeutung dieser Frage werden wir aber dem inneren und äußeren Wert des Geldes und im Zusammenhang damit dem Transferproblem ein eigenes Kapitel widmen. Vom Ende der zwanziger Jahre an hat sich Eucken Fragen der Konjunktur- und Kapitaltheorie zugewandt. Werden nach dieser Lehre Konjunktur, Kapital, Zins und Sparen vom Geld beeinflußt? Sind Geldlehre, Konjunktur- und Kapitallehre aufeinander abgestimmt? Diese Einzelfragen der Geldlehre werden ebenfalls im Teil C der Arbeit diskutiert. Um die Zusammenhänge zwischen Geldlehre und den genannten Teilen der Wirtschaftslehre darstellen zu können, müssen wir jeweils zunächst einen kurzen Überblick über Euckens Konjunktur-, Kapital-, Zins- und Spartheorie geben.

Eine Geldtheorie ohne Geldpolitik ist für Eucken undenkbar. Im Teil D unserer Arbeit werden wir daher Euckens geldpolitische Aussagen untersuchen. Zunächst soll grundsätzlich das Verhältnis der Geldpolitik zur Wirtschaftspolitik geklärt werden, bevor Euckens Geldpolitik selbst dargestellt wird. Geldpolitik und Konjunkturpolitik erscheinen zuweilen schlechthin als identisch, auf jeden Fall gibt es zwischen ihnen sehr viele Berührungspunkte. Wir werden daher auch zu prüfen haben, wie Eucken ihr Verhältnis sieht. Mit einer kritischen Auseinandersetzung mit diesen geldpolitischen Ansichten schließen wir den Teil der Arbeit ab.

In einem Schlußkapitel versuchen wir zu beantworten, ob Euckens zahlreiche Aussagen über Geldprobleme sich zu einer einheitlichen Geldtheorie zusammenfügen lassen. Bei dieser Zusammenschau wird sich über das eigentliche Thema hinaus ein Bild des Forschers Walter Eucken im Spiegel seiner geldtheoretischen und geldpolitischen Arbeiten formen.

B. Allgemeine geldtheoretische Fragen im Werk Walter Euckens

I. Die Stellung der Geldtheorie in der Wirtschaftstheorie Aufgabe und Methode der Geldtheorie

Ein besonderes Merkmal der Euckenschen theoretischen Arbeit ist das Bemühen um eine klare wissenschaftstheoretische und methodologische Basis.

Auch wir wollen deshalb zunächst untersuchen, welchen Standort und Stellenwert Eucken der Geldtheorie im Gefüge der Wirtschaftstheorie zuweist, welche Aufgabe er ihr stellt und was für eine Methode er zur Lösung ihrer Probleme vorschlägt und benutzt. Erst wenn dieser Bezugsrahmen herausgearbeitet ist, soll Euckens Geldbegriff erörtert werden, um so Klarheit über das Objekt der Geldtheorie und Geldpolitik zu bekommen.

1. Darstellung der Euckenschen Lehre

a) Verhältnis von Geldtheorie und Wirtschaftstheorie in Euckens System

Theorien sind für Eucken keine Abbilder der Wirklichkeit. Sie sagen nichts über die *Existenz* individueller Tatbestände aus, sondern enthalten allgemeine hypothetische Wahrheiten, Modelle, „gedankliche Werkzeuge", mit denen konkrete Zusammenhänge erklärt werden können, wenn jeweils bestimmte reale Bedingungen gegeben sind. Dieser Theoriebegriff hatte Euckens wissenschaftliche Arbeit von den „Kritischen Betrachtungen zum deutschen Geldproblem" an geleitet. Er hat ihn auch immer wieder formuliert, so z. B. schon 1933 in seinem Beitrag zur Spiethoff-Festschrift, oder in den „Grundlagen der Nationalökonomie"[1].

In der Vergangenheit hat die Geldtheorie sehr häufig, oder wie Forstmann meint, sogar „im wesentlichen immer"[2] ein verhältnismäßig

[1] *Eucken:* Beitrag, in: Stand und nächste Zukunft der Konjunkturforschung, Festschrift zum 60. Geburtstag von A. Spiethoff, München 1933, S. 76; Grundlagen passim; vgl. insbes. S. 20 ff., S. 65, S. 172 ff.

[2] *Forstmann,* Albrecht: Geld und Kredit. Erster Teil: Die Grundlagen der Geld- und Kredittheorie, Göttingen 1952, S. 15 (Grundriß der Sozialwissenschaften, Bd. 3/I). Künftig zitiert als „Geld und Kredit".

selbständiges Dasein außerhalb oder neben der volkswirtschaftlichen Theorie geführt. Der Grund dafür wird zu Recht in der allzu starken und ausschließlichen Konzentration auf das Geldwertproblem gesehen[3].

Eucken behandelt die Geldtheorie als Teil der allgemeinen Theorie. Sie ist ein integrierter Bestandteil seiner volkswirtschaftlichen Theorie. Daher werden z. B. in den „Grundlagen der Nationalökonomie“ Geldprobleme zwar auch in einem ganz kurzen eigenen Abschnitt behandelt, nämlich im Abschnitt B des 2. Kapitels des 3. Teils[4]. Dieser geschlossene geldtheoretische Teil des Buches umfaßt jedoch nur 11 von 242 Seiten. Fragen des Geldwesens werden vielmehr in allen Kapiteln des Buches erörtert. An vielen Beispielen demonstriert Eucken, daß eine isolierte Behandlung geldtheoretischer Probleme zu unbefriedigenden Ergebnissen führen muß[5].

b) Überblick über die der Geldtheorie gestellten Aufgaben

Die erste, wenn auch nicht wichtigste Aufgabe jeder Geldtheorie ist es, Klarheit über ihren Forschungsgegenstand, das „Geld“, zu gewinnen und zu vermitteln. Hierbei geht es nicht um ausgeklügelte Begriffsbestimmungen, die zu leicht zu einem Streit um bloße Worte werden. Der Geldtheoretiker muß jedoch eine klare Vorstellung davon haben, welche Erscheinungen bei den geldtheoretischen Erörterungen jeweils mit dem Wort „Geld“ gemeint sind. Davon geht auch Eucken aus, ohne sich ausdrücklich darüber zu äußern. Bevor er sich in den „Grundlagen“ mit den Geldsystemen befaßt, definiert er das Geld bereits bei den einleitenden Erörterungen zur Verkehrswirtschaft[6]. Die Definition des Geldes soll nicht durch Deduktion gewonnen werden, sondern sich gleichsam als Frucht der Klärung der Funktion des Geldes im ökonomischen Gesamtzusammenhang ergeben[7].

Damit ist jedoch nur die notwendige Voraussetzung für die eigentliche geldtheoretische Arbeit geschaffen, die sich nun den Problemen zuwenden kann, die mit der Bestimmung des äußeren und inneren Wertes des Geldes zusammenhängen. Diese Fragestellung hat jahrhundertelang die Geldtheorie beherrscht. Eucken verweist sie in die Vorhalle der Geldtheorie, wenngleich er sich in seinen ersten geldtheoretischen Schriften, insbesondere den „Kritischen Betrachtungen“, eingehend mit den Bestimmungsgründen des Geldwertes befaßt hat. Eine Geldtheorie,

---

[3] Vgl. *Eucken:* Grundlagen, S. 126.

[4] a.a.O., S. 112—123.

[5] Vgl. *Eucken:* Grundlagen passim; vgl. insbes. S. 126.

[6] Vgl. *Eucken:* Grundlagen, S. 90.

[7] Vgl. *Eucken,* Grundlagen, S. 28.

die ihre Aufgabe allein in der „Bestimmung des Geldwertes oder des Preisniveaus" sehe, sei zur Lösung konkreter Probleme nicht zu gebrauchen; sie habe daher zu Mißerfolgen führen müssen[8, 9].

Die Geldtheorie hat aus dem geschichtlichen Befund die reinen Formen zu gewinnen und zu klären, wie und inwieweit der Wirtschaftsprozeß durch das Geld beeinflußt wird[10]. Diese Aufgabe kann sie nur erfüllen, wenn der „einheitliche gesellschaftliche Gesamtprozeß der Wirtschaft"[11] zergliedert, der Einfluß des Geldes auf jedes dieser Segmente erforscht[12] und dargestellt wird, inwieweit die Teilprozesse monetär bedingt sind.

Die Geldtheorie kann sich dabei auf die Analyse des Wirtschaftsprozesses in der Verkehrswirtschaft beschränken. Nur in Wirtschaftsordnungen, bei denen die Merkmale dieses Systems überwiegen, kommt dem Geld eine bestimmende Rolle zu. Nur hier wird der Wirtschaftsprozeß durch den Preismechanismus gelenkt, der die Pläne der vielen einzelnen Betriebe und Haushalte zu koordinieren hat[13].

In allen Wirtschaftsordnungen, in denen Elemente der „zentralgeleiteten Wirtschaft" vorherrschen, werden Produktion und Verteilung entscheidend vom Gesamtplan bestimmt[14]. Hier spielt weder die Entscheidung des einzelnen Wirtschaftssubjekts noch deren Übermittler, das Geld, eine große Rolle. Beide werden erst für die Produktion und den ganzen Wirtschaftsprozeß bedeutend, wenn die staatliche Monopolverwaltung stets und grundsätzlich versucht, den Plänen der einzelnen im Gesamtplan Rechnung zu tragen. Das ist in der „zentralgeleiteten

---

[8] Vgl. *Eucken:* Grundlagen, S. 126. In der Anmerkung zu dieser Stelle wird die Abneigung Euckens gegen alle makroökonomischen Betrachtungsweisen sichtbar, wenn er sich dagegen wendet, in der Theorie von einer Durchschnittsgröße wie dem allgemeinen Preisniveau auszugehen, weil damit der Wirtschaftende nicht rechne, da er nur die einzelnen Preise kenne. Derartige Durchschnittsgrößen will er nur zulassen, um damit als Ergebnis einer Analyse mit einem Wert oder einer Zahl eine Gesamtsituation auszudrücken.

[9] Damit wandte sich *Eucken* gegen die ältere Geldtheorie. Im Jahre 1940, als diese Sätze erschienen, war eine derart enge Fragestellung allgemein aufgegeben worden.

[10] Vgl. *Eucken:* Grundlagen, S. 91.

[11] *Eucken:* Grundlagen, S. 6.

[12] In den Grundlagen versucht *Eucken,* den einheitlichen Wirtschaftsprozeß mit folgenden 5 Fragen in den Griff zu bekommen:

1. Welche Güterarten werden hergestellt?
2. Wie erfolgt die Verteilung des jährlichen Sozialproduktes?
3. Warum wird ein bestimmter zeitlicher Aufbau der Produktion vorgenommen, warum wird gespart und investiert?
4. Warum wird eine bestimmte Technik angewandt?
5. Wonach richtet sich die räumliche Lenkung des wirtschaftlichen Prozesses?

[13] Vgl. *Eucken:* Grundlagen, S. 141.

[14] Vgl. *Eucken:* Grundlagen, S. 80 ff.

Wirtschaft mit freier Konsumwahl" der Fall. Die Grenze zur Verkehrswirtschaft ist damit schon überschritten[15].

Aufgabe des Geldtheoretikers ist es also, den gesamten verkehrswirtschaftlichen Prozeß in seiner Beeinflussung vom Geld her zu sehen[16]. Oder wie Eucken es an gleicher Stelle formuliert: „Wie ist der Wirtschaftsprozeß, der in der Verkehrswirtschaft abläuft, monetär bedingt? Das ist die Aufgabe der Geldtheorie." Hierbei sind auch die verschiedenen Geldsysteme und -ordnungen zu berücksichtigen. In der Verkehrswirtschaft waren und sind die unterschiedlichsten Geldverfassungen verwirklicht. Eine Geldtheorie, für die etwa nur die Goldwährung oder nur die Kreditwährung existierte, vermöchte ihrer Aufgabe nicht gerecht zu werden.

Der Ablauf des Wirtschaftsprozesses wird jedoch nicht nur von der Geldverfassung beeinflußt, sondern auch von den Marktformen[17]. Marktform und Geldsystem sind für die Koordination der vielen Haushaltungen und Betriebe einer verkehrswirtschaftlich organisierten Volkswirtschaft entscheidend[18]. Das Geldsystem selbst wird von der bestehenden Wirtschaftsordnung mitgeprägt, wie umgekehrt auch die Auswahl des Geldsystems nicht ohne Rückwirkung auf die gesamte Wirtschaftsverfassung bleibt. Auf diese Interdependenz weist Eucken insbesondere in den „Grundlagen", aber auch in den „Grundsätzen" immer wieder nachdrücklich hin.

Das Problem der Geldtheorie ist daher nur dann richtig gestellt, wenn es nicht nur neben den Marktformen behandelt wird, sondern im wechselseitigen Zusammenspiel mit den verschiedenen Ordnungsformen des Marktes. „Zum Beispiel führt ein Goldabstrom in der Goldwährung zu anderen Folgen, wenn er in einer Wirtschaftsordnung stattfindet, in der Konkurrenzmärkte dominieren, als wenn er in einer Wirtschaftsordnung erfolgt, in der die Preise durch Monopole oder auch durch die öffentliche Gewalt festgesetzt sind[19]."

Zusammenfassend läßt sich festhalten: Die Geldtheorie ist für Eucken ein Bestandteil der allgemeinen Wirtschaftstheorie. Ihre *Aufgabe* ist es, die Einflüsse des Geldes auf den gesellschaftlichen Gesamtprozeß der Wirtschaft in *den* Wirtschaftsordnungen zu erforschen, in denen ver-

---

[15] Vgl. *Eucken:* Grundlagen, S. 85.

[16] Vgl. *Eucken:* Grundlagen, S. 126.

[17] Daher sind „die 5 Fragen nach Produktionslenkung, Verteilung, zeitlichem Aufbau der Produktion, angewandter Technik und räumlicher Lenkung des Wirtschaftsprozesses für alle geschlossenen und offenen *Marktformen* aufzuwerfen". *Eucken:* Grundlagen, S. 125.

[18] Vgl. *Eucken:* Grundsätze der Wirtschaftspolitik, Tübingen, Zürich 1960, S. 23 und 29. In Zukunft als „Grundsätze" zitiert.

[19] *Eucken:* Grundlagen, S. 126.

kehrswirtschaftliche Züge überwiegen. Daher muß sie danach fragen, wie Produktionslenkung und Verteilung, ihr zeitlicher Aufbau, die angewandte Technik und die räumliche Lenkung des Wirtschaftsprozesses in allen geschlossenen und offenen Marktformen monetär bedingt sind, d. h. von den möglichen Geldarten beeinflußt werden.

Auf diese Weise sind in der Theorie alle denkbaren Konstellationen von Markt- und Geldformen zu erforschen, wodurch ein umfassendes Instrumentarium zur „Aufdeckung des konkreten Wirtschaftsablaufes“[20] und darüber hinaus zur Lösung der konkreten Probleme des wirtschaftlichen Alltags bereitgestellt wird[21].

Letztlich ist es also Aufgabe einer Geldtheorie — wie jeder Theorie — Instrumente zur besseren Erkenntnis der komplexen Wirklichkeit und über die reine Erkenntnis hinaus auch zur Meisterung und besseren Gestaltung der Realität bereitzustellen.

c) Die pointierend-hervorhebende Abstraktion als Methode der Geldtheorie

Zur Lösung der Aufgabe bietet Eucken eine eigene Methode an, die er in Auseinandersetzung mit der historischen Schule entwickelte[22]. Wenngleich Eucken bereits im ersten Absatz des Vorwortes der ersten Auflage der Grundlagen der Nationalökonomie betont: *„Dieses Buch ist kein methodologisches Buch“*, so entwickelt er diese Methode in seinem Hauptwerk doch in aller Klarheit. Sein Ziel ist es, die Szylla der historisch-deskriptiven Methode ebenso zu vermeiden wie die Charybdis der „Begriffsnationalökonomie“, die ohne Rücksicht auf die Wirklichkeit deduziert. Dem Historismus wird ein „historisches Vorurteil“ vorgeworfen, das die zeitlose Wahrheit richtig gewonnener theoretischer Erkenntnisse leugne und ihre zeitliche und räumliche Beschränkung lehre[23]. Unter „Begriffsnationalökonomie“ wird das Bemühen verstanden, durch Begriffsanalysen zum Wesen der Wirtschaft zu gelangen, dieses Wesen zu definieren, aus solchen Begriffen Systeme zu errichten und dann davon Einzelergebnisse zu deduzieren[24].

Hinter diesen Irrwegen verbirgt sich ein ernstes Problem, die „große Antinomie“ von Geschichte und Theorie; *Geschichte*, die Intuition, Anschauung, Synthese, Verstehen und Einfühlen ins Leben erfordert, und

---

[20] *Eucken:* Grundlagen, S. 172.

[21] Vgl. *Eucken:* Grundlagen, S. 126.

[22] Vgl. *Eucken:* Wissenschaft im Stile Schmollers, in: Weltwirtschaftliches Archiv, Jena 52. Bd. (1940), S. 468—506.

[23] Vgl. *Eucken:* Grundlagen passim, z. B. S. 172 f.

[24] Vgl. *Eucken:* Grundlagen, S. 27.

Theorie, die rationales Denken, Analyse und Arbeiten mit gedanklichen Modellen verlangt[25]. Sein ganzes Bemühen auf methodischem Gebiet gilt daher dem Versuch, geschichtliche und theoretische Forschungsweisen zu vereinen und dabei keine der beiden Betrachtungsweisen zu kurz kommen zu lassen. Vor allem hatte sich Eucken, der seine Dissertation und Habilitation noch ganz nach der historischen Methode angelegt hatte, immer wieder mit der in den Anfängen seiner Arbeit noch herrschenden historischen Denkweise auseinanderzusetzen, die über dem individuellen Anderssein der geschichtlichen Formen die grundsätzlich gleichbleibenden Züge der Phänomene übersah.

Hinzu kamen in Deutschland weitverbreitete Ansichten, die zuweilen auf Nietzsche zurückgingen, wonach Vernunft und Theorie nicht geeignet seien, große Probleme zu lösen: Entscheidungen könnten nur durch Willen, Tatkraft, Blut, Natur erzwungen werden.

Gegen solche Ansichten veröffentlichte er 1933, als die vernunft- und geistfeindliche nationalsozialistische Bewegung gerade zur Macht gelangt war, in der „Tatwelt", dem Organ des nach seinem Vater, dem Philosophen und Nobelpreisträger, benannten Eucken-Bundes, den Aufsatz „Denken — Warum?"[26]. Theoretische Fragen müssen gestellt werden, Denken ist erforderlich, „weil der Weltlauf die logischen Gesetze nicht verleugnet, sondern bestätigt; weil die Ergebnisse richtigen Denkens sich bei der Erklärung der Tatsachen stets bewähren"[27]. Richtiges Denken ist nicht nur Voraussetzung der Erkenntnis und Erklärung der Wirklichkeit, auch das Ziel, diese gegebene Umwelt neu zu gestalten, kann nur unter „vollem Einsatz der Kraft des Denkens" erreicht werden. Dabei beruft sich Eucken auf ein Wort seines Vaters: „Denn wo die Wirklichkeit auf dem Tun beruht, muß sie in einem fort neu erzeugt werden; das Denken aber ist es, welches diese Aufgabe erfüllt[28]."

Grundsätzliches Denken ist geboten. Wichtig ist es, Probleme zu isolieren und für sich zu untersuchen, aber das Denken darf sich nicht in Einzelheiten verlieren. Zusammenhang und übergreifende Einheit dürfen niemals außer acht gelassen werden. Die Volkswirtschaftstheorie hat also „Einzelfragen der Wirtschaft als Teilerscheinung einer höheren Einheit zu sehen". So fordern Eucken, Böhm und Großmann-Doerth in den programmatischen Ausführungen, die sie als Einleitung der von ihnen herausgegebenen Reihe „Ordnung der Wirtschaft" vorausgeschickt

25 Vgl. *Eucken:* Grundlagen, S. 22 f.

26 *Eucken:* Denken — Warum?, in: Tatwelt, Jena (1933), S. 148 ff.

27 *Eucken,* a.a.O., S. 149.

28 *Eucken,* a.a.O., S. 152.

haben[29]. So muß sie nach genauer Analyse der einzelnen Betriebe und Haushalte die Gesamtzusammenhänge der Verkehrswirtschaft aufdecken, „sonst entgleitet ihr ebenfalls die Realität“[30].

Für Eucken ist also das Denken nicht Selbstzweck. Es dient dem Menschen als „Werkzeug“ zur Welterkenntnis und Weltdeutung wie zur Weltgestaltung. Dieser Aufgabe kann es nur gerecht werden, wenn es auf dem Boden der Tatsachen bleibt und sich davor hütet, zur l'art pour l'art zu werden. Das Denken hat von der „geschichtlichen Erfahrung auszugehen“. „Tatsachen sind zu untersuchen[29].“ Sie sind aber mit dem vollen Rüstzeug der Wissenschaft zu untersuchen. Dem naiven „gesunden Menschenverstand erschließen sich die komplizierten wissenschaftlichen Zusammenhänge nicht. Es kommt nur eine wissenschaftliche Lösung in Frage“[31].

Der Überwindung des Gegensatzes zwischen Geschichte und Theorie, zwischen der alltäglichen Wirklichkeit und theoretischem Denken gilt Euckens wissenschaftliches Werk. Die „große Antinomie“ überwindet er mit seiner Methode der pointierend-hervorhebenden oder isolierenden Abstraktion[32]. Hierbei werden die einzelnen Seiten des konkreten Anschauungsobjektes lokalisiert, dann isoliert und schließlich herausgehoben. So werden echte „Idealtypen“ gefunden. Als solche kommen sie in der wirklichen Wirtschaft nie rein vor. Sie sind jedoch die Bausteine, aus denen sich die konkreten Wirtschaftsordnungen aller Epochen in jeweils anderer Kombination zusammensetzen. Sie bilden den morphologischen Apparat der Nationalökonomie. Nachdem die Bausteine durch diese Abstraktion gewonnen sind, wendet sich das Interesse wieder dem konkreten Objekt zu. Mit Hilfe generalisierender Abstraktion werden die vorwiegend realisierten Ordnungsformen festgestellt[33].

Diese Methode hat Eucken — ohne sie ausdrücklich zu bezeichnen — bereits 1937 in dem Aufsatz „Vom Hauptproblem der Kapitaltheorie“[34] unter Berufung auf Thünen verwendet, um den Aufbau der Produktion zu erkennen und das „temporale Hauptproblem“ zu lösen[35].

Diese methodischen Grundsätze gelten auch für die Geldtheorie. Mit der Methode pointierend-hervorhebender Abstraktion und prinzipiell-

---

[29] *Böhm*, Franz, Walter *Eucken* und Hans *Großmann-Doerth:* Einleitung, in: Ordnung der Wirtschaft, Heft 1, Stuttgart 1937, S. XVIII.

[30] *Eucken:* Grundlagen, S. 143.

[31] *Eucken:* Grundlagen, S. 68.

[32] Vgl. *Eucken:* Grundlagen, S. 70 und Anm. 28.

[33] Besonders klar: Grundlagen, S. 168.

[34] *Eucken:* Vom Hauptproblem der Kapitaltheorie, in: Jahrbücher für Nationalökonomie und Statistik 145 (1937). Wieder abgedruckt in: Kapitaltheoretische Untersuchungen, 2. Aufl., Tübingen 1954 (als „Untersuchungen“ zitiert).

[35] Vgl. *Eucken:* Untersuchnungen, S. 202.

genetischer Betrachtungsweise — die Eucken schon 1937 in dem eben erwähnten Aufsatz „Vom Hauptproblem der Kapitaltheorie" verwendet und als ökonomische Methode gegen die historisch-genetische abgegrenzt hatte — untersucht Eucken den Kassenbestand eines beliebigen Wirtschaftssubjekts. Bei der Wahl des Kassenbestands als Ausgangspunkt geldtheoretischer Analyse beruft er sich unter anderem auf das Vorbild von Menger und K. F. Maier[36]. Beide Autoren verbinden aber diese Fragestellung nicht mit dem Problem der Entstehung des Geldes[37]. Das Ziel dieser Untersuchung ist es, die reinen Geldarten, die „Bausteine der Währungen" herauszudestillieren.

So wählt Eucken eine deutsche Kasse des Jahres 1910 aus. Er findet ein goldenes 10-Mark-Stück, Pfennigstücke, die Reichsbanknote und ein täglich fälliges Guthaben bei einer Privatbank. Jeden einzelnen Bestandteil dieser Kasse greift er heraus und fragt: Wie ist dieses Geld entstanden[38]? Dabei interessieren ihn aber nicht die geschichtlichen und psychologischen Prozesse, die zur Entstehung des Geldes aus seinen Vorformen geführt haben.

Die verschiedenen Bestandteile des konkreten Kassenbestandes werden lokalisiert, dann isoliert und schließlich so herauspräpariert, hervorgehoben (pointierend-hervorgehoben) und analysiert. Eucken stellt also zunächst fest, was alles als Geld dient, daß (z. B.) das Zehnmarkstück Geld ist. Dieses Geld wird untersucht. Die Analyse zielt zunächst darauf, zu erfassen, was und wer das Stück Gold zu Geld gemacht hat. So ergibt sich, daß die Ware Gold durch Prägung Geldform gewinnt, das täglich fällige Guthaben bei der Bank dadurch, daß die Bank einen Kredit gewährt und in dieser Höhe ein Guthaben des Kunden ausweist. Das ist die Antwort auf die gestellte prinzipiell-genetische Frage.

Auf diese Weise findet Eucken die Geldsysteme, die sich voneinander dadurch unterscheiden, daß das Geld in ihnen verschieden entsteht und verschwindet, und die dadurch gekennzeichnet sind, daß in ihnen nur *eine* Geldart existiert, z. B. nur das Kreditgeld. Geldsysteme sind also Modelle, die in den konkreten Geldordnungen selten rein vorkommen; meist erscheinen sie miteinander verschmolzen. Eucken nennt sie reine Idealtypen[39]. Alle geschichtlichen Geldordnungen bestehen aus diesen Bausteinen und nur aus diesen, wenn auch in verschiedenen Kombinationen.

---

[36] Vgl. *Eucken:* Grundlagen, S. 123 und Anm. 36.

[37] Vgl. *Menger,* Carl: Grundsätze der Volkswirtschaftslehre, 2. Aufl., Wien, Leipzig 1923, S. 325 ff.; *Maier,* Karl Friedrich: Goldwanderungen, Jena 1935, S. 25.

[38] Vgl. *Eucken:* Grundlagen, S. 117.

[39] Vgl. *Eucken:* Grundlagen, S. 117.

Neben der *prinzipiell-genetischen* Fragestellung wendet Eucken die *funktionale* auf das Phänomen Geld an. Auf diese Weise findet er zwei Hauptformen der Geldwirtschaft, die sich durch die Funktionen unterscheiden, die das Geld wahrnimmt. In diesem Zusammenhang wird auch der Geldbegriff herausgearbeitet.

Die Probleme der Geldtheorie sollen mit den morphologischen Instrumenten nach den allgemeinen methodischen Prinzipien gelöst werden. Der Sachverhalt ist genau zu erfassen, dann ist das Arsenal der „Werkzeuge" daraufhin zu mustern, ob sie für diesen Sachverhalt brauchbar, aktuell sind. Für jede mögliche Kombination Wirtschaftssystem und Geldsystem soll im voraus am Modell die Beeinflussung des Wirtschaftsprozesses durch das Geld untersucht werden. Basis und Instrumente der theoretischen Analysen sind die Idealtypen[40], die damit nicht nur der Erkenntnis der konkreten Geldordnungen dienen, sondern auch der geldpolitischen Einflußnahme auf die konkreten Wirtschaftsprozesse. Auch diese Art von Analysen hat von den einzelnen Kassenbeständen und den sie bestimmenden einzelnen Wirtschaftsplänen auszugehen[41].

2. Kritische Stellungnahme zu Euckens Auffassung von Standort, Aufgabe und Methode der Geldtheorie

a) Das Verhältnis von Geldtheorie und Wirtschaftstheorie in der neueren Literatur

Ganz allgemein geht die neuere Literatur von einer engen Verbindung zwischen Geldtheorie und allgemeiner Theorie aus. So weist z. B. Halm darauf hin, daß die Geldtheorie eng mit der Theorie der Beschäftigung, der Produktion und der Verteilung zusammenhängt[42]. Dieser Einbau der Geldtheorie in die allgemeine Theorie wird als theoretische Forderung nicht mehr bestritten. Das zeigt ein Überblick über die vorwiegend einkommenstheoretisch orientierten Geldwerke der neueren Zeit. Wir nennen hier nur von Stucken „Geld und Kredit"[43], von Schneider den 3. Band seiner „Einführung in die Wirtschaftstheorie"[44], von Kraus „Geld — Kredit — Währung"[45] und Samuelsons „Volkswirt-

---

[40] Vgl. *Eucken:* Grundlagen, S. 124.

[41] Vgl. *Eucken:* Grundlagen, S. 123.

[42] Vgl. *Halm,* George N.: Geld, Außenhandel und Beschäftigung, 3. Aufl., München 1957, S. 40 f.

[43] *Stucken,* Rudolf: Geld und Kredit, 2. Aufl., Tübingen 1957.

[44] *Schneider,* Erich: Einführung in die Wirtschaftstheorie, 10. Aufl., Teil 3: Geld, Kredit, Volkseinkommen und Beschäftigung, Tübingen 1967.

[45] *Kraus,* Otto: Geld — Kredit — Währung, Berlin 1958.

schaftslehre"[46]. Auch die Beiträge über Geldtheorie in den Standardsammelwerken seien als Nachweise angeführt, so z. B. der Artikel „Geldtheorie"[47] im Handwörterbuch der Sozialwissenschaften von Ehrlicher und der Beitrag desselben Verfassers zum „Kompendium der Volkswirtschaftslehre"[48]. Die Vertreter der Liquiditätstheorie haben den Einbau der Geldtheorie in die allgemeine Theorie zu ihrem besonderen Anliegen gemacht[49]. Auch die aus der Liquiditätstheorie erwachsene „Reale Theorie" des Geldes, die den Derivativcharakter des Geldes endgültig überwinden will[50], verfolgt das gleiche Ziel. Ehrlicher stellte schon 1955 fest, daß diese Verbindung theoretisch hergestellt ist[51]. Wie Ehrlicher[52] mit Recht betont, hat Wicksell[53] mit der nachdrücklichen Untersuchung der kurzfristigen Bewegungen den Weg zur Synthese von Geldtheorie und allgemeiner Theorie gewiesen. Der Fortschritt der kreislauftheoretisch konzipierten Geldlehren hat diese Synthese entscheidend gefördert. Keynes' Werke „Vom Gelde"[54] und seine „Allgemeine Theorie"[55] bilden Marksteine dieser Entwicklung.

b) Die der Geldtheorie in der geldtheoretischen Literatur gestellten Aufgaben

Entsprechend dieser Sicht des Verhältnisses zwischen Geldtheorie und Wirtschaftstheorie hat die Geldtheorie es heute allgemein als ihr Ziel und ihre Aufgabe erkannt, nicht Geldprobleme für sich und um ihrer selbst willen zu erörtern, sondern sich Klarheit „über die Wirksamkeit des Geldes im Wirtschaftsleben" zu verschaffen, wie es Stucken ausdrückt[56]. Halm sieht die Aufgabe der Geldtheorie im *engeren* Sinn in der

---

[46] *Samuelson,* Paul A.: Volkswirtschaftslehre. Übersetzt nach der 3. amerikanischen Auflage, Köln-Deutz 1958.

[47] *Ehrlicher,* Werner: Geldtheorie, in: Handwörterbuch der Sozialwissenschaften, Bd. 4, Stuttgart, Tübingen, Göttingen 1965, S. 231 ff.

[48] *Ehrlicher,* Werner: Geldtheorie, in: Kompendium der Volkswirtschaftslehre, Hrsg. Werner Ehrlicher (u. a.), Bd. 2, Göttingen (1968), S. 2.

[49] Vgl. *Schmölders,* Günter: Von der „Quantitätstheorie" zur „Liquiditätstheorie" des Geldes, in: Akademie der Wissenschaften und Literatur, Abhandlungen der Geistes- und Sozialwissenschaftlichen Klasse, Jg. 1960, Wiesbaden 1961, S. 1115 ff.

[50] *Veit,* Otto: Reale Theorie des Geldes, Tübingen 1966, S. 136.

[51] Vgl. *Ehrlicher,* Werner: Geldkapitalbildung und Realkapitalbildung, Tübingen 1956, S. VI.

[52] Vgl. *Ehrlicher,* Werner: Geldtheorie, in: Handwörterbuch der Sozialwissenschaften, Stuttgart, Tübingen, Göttingen 4. Bd. (1965), S. 240.

[53] Vgl. *Wicksell,* Knut: Geldzins und Güterpreise, Jena 1898.

[54] *Keynes,* John M.: Vom Gelde, München 1932.

[55] *Keynes,* John M.: Allgemeine Theorie der Beschäftigung, des Zinses und des Geldes, München 1936.

[56] *Stucken,* Rudolf: Geld und Kredit, 2. Aufl., Tübigen 1957, S. 215.

Darstellung der Bestimmungsgründe der Geldnachfrage und des Geldangebots, warnt aber davor, diese Faktoren nur im Hinblick auf den Geldwert zu untersuchen[57]. Andere Autoren schließen sich der Euckenschen Aufgabenstellung ausdrücklich an. So bezeichnet es z. B. Forstmann als die eigentliche Aufgabe der Geldtheorie, den gesamten verkehrswirtschaftlichen Prozeß in seiner Beeinflussung vom Geld her zu sehen[58], und Lütge folgt ihm und Eucken[59]. Auch Schneider will den ganzen Fragenkomplex nach „den vom Gelde ausgehenden" Einflüssen auf den Ablauf des Wirtschaftsprozesses aufrollen[60]. Wir können auf weitere Nachweise verzichten, denn auch diejenigen modernen Autoren, die sich nicht ausdrücklich und programmatisch über die Aufgabe der Geldtheorie äußern, legen ihre Untersuchungen mit dem Ziel an, nicht mehr nur den Geldwert zu erklären, sondern die Einflüsse, die das Geld auf den Wirtschaftsprozeß ausübt.

c) Vergleich der Euckenschen Thesen über Standort und Aufgabe der Geldtheorie mit den in der neueren Literatur vertretenen

Euckens Thesen erweisen sich grundsätzlich noch heute als gültig und aktuell. Einen bestimmenden Einfluß auf die gegenwärtige Lehre über Standort und Aufgabe der Geldtheorie wollen wir nicht behaupten, wenngleich sich manche Autoren in den Formulierungen und auch ausdrücklich an Eucken anschließen.

Mit Sicherheit aber läßt sich feststellen, daß Eucken kräftig am heutigen Kleid der Geldtheorie mitgewebt hat, soweit es Standort und Aufgabenstellung anlangt. Im Einklang mit Eucken kann man daher als heute unbestrittene Meinung festhalten, daß die Geldtheorie nur noch sinnvoll als Teil der allgemeinen Theorie betrieben werden kann. Ihre Aufgabe ist es, den Einfluß des Geldes auf den gesamten verkehrswirtschaftlichen Prozeß und seine einzelnen Phasen sichtbar zu machen. So kann Ehrlicher mit Recht feststellen, daß die Geldtheorie „zunehmend mit der allgemeinen Wirtschaftstheorie integriert wird"[61].

---

[57] Vgl. *Halm,* George N.: Geld, Außenhandel und Beschäftigung, 3. Aufl., München 1957, S. 40 f.

[58] Vgl. *Forstmann,* Albrecht: Geld und Kredit, Bd. 1, Göttingen 1952, S. 36. Vgl. auch Volkswirtschaftliche Theorie des Geldes, I. Bd., Berlin 1943, S. 1.

[59] Vgl. *Lütge,* Friedrich: Einführung in die Lehre vom Geld, München (1948), S. 11.

[60] *Schneider,* Erich: Einführung in die Wirtschaftstheorie, III. Teil, Geld, Kredit, Volkseinkommen und Beschäftigung, 8. Aufl., Tübingen 1964, S. 1.

[61] *Ehrlicher,* Werner: Geldtheorie, in: Kompendium der Volkwirtschaftslehre, Hrsg. Werner Ehrlicher (u. a.), Bd. 2, Göttingen (1968), S. 2.

Wenn auch Eucken diese Integration nicht erfunden hat, so hat er den Gedanken doch in dieser Klarheit in Deutschland als erster formuliert und so dazu beigetragen, der schon in Gang befindlichen Entwicklung Schwung und Kraft zu verleihen.

d) Diskussion der von Eucken vorgeschlagenen Methode in der Literatur

Interessanterweise hat der erste Satz der Euckenschen „Grundlagen der Nationalökonomie", in dem er sagt, er lege kein methodologisches Buch vor, nicht verhindern können, daß vorzugsweise seine Methode schnell, ausführlich und gründlich diskutiert wurde. Kritische Äußerungen riefen besonders seine Angriffe gegen Stufen- und Stillehren und zeitbedingte Theorien hervor. Die Anhänger der verstehenden, anschaulichen Theorie im Sinne Spiethoffs unterzogen seine Lehre einer scharfen Kritik; insbesondere Weippert[62] und Ritschl[63], die sich in mehreren Studien mit Euckens Methode auseinandergesetzt haben. Ritschl bezeichnet die Idealtypen der Marktformen und Geldsysteme als Konstruktivmodelle, denen weder Realität noch Erkenntniswert zukomme, die zur Kennzeichnung der Wirklichkeit nicht zu gebrauchen seien[64]. Wesentlich vorsichtiger äußert sich Weippert. Auch er glaubt zwar, die „große Antinomie" könne nicht allein mit Euckens Modellen, sondern nur unter Einsatz der Wirtschaftsstilbetrachtung überwunden werden[65]. Eucken habe übersehen, daß sein Anliegen, Wirtschaftsordnungen zu erfassen, etwas anderes sei als das Anliegen der Wirtschaftsstile. Einmal gehe es um die Form, das andere Mal um den Inhalt, die Eigenart und Geschichtlichkeit der Wirtschaft[66]. Er hält aber Modellerkenntnisse im Bereich der rationalen Theorie für notwendig[67] und erkennt an, daß Eucken die Modellbetrachtung freigesetzt hat[68].

---

[62] Vgl. *Weippert*, Georg: Walter Euckens Grundlagen der Nationalökonomie, in: Zeitschrift für die gesamte Staatswissenschaft, 102. Bd., Tübingen 1941, Heft 1 und 2; ders.: Zum Begriff des Wirtschaftsstils, in: Schmollers Jahrbuch für Gesetzgebung, Verwaltung und Volkswirtschaft, 67. Bd., Berlin 1943 (II. Halbbd.), S. 33 ff. (künftig zitiert als Schmollers Jahrbuch).

[63] Vgl. *Ritschl*, Hans: Wandlungen im Objekt und in den Methoden der Volkswirtschaftslehre, in: Schmollers Jahrbuch, 67. Bd., Berlin 1943 (II. Halbband), S. 3 ff.; ders.: Die strukturanalytische Theorie der Wirtschaftsordnung, in: Die Grundlagen der Wirtschaftsordnung, Tübingen 1954.

[64] Vgl. *Ritschl*, Hans: Wandlungen im Objekt und in den Methoden der Volkswirtschaftslehre, a.a.O., S. 21.

[65] Vgl. *Weippert*, Georg: Zum Begriff des Wirtschaftsstils, a.a.O., S. 87.

[66] Vgl. *Weippert*, Georg: Walter Euckens Grundlagen der Nationalökonomie, a.a.O., S. 43, 55.

[67] Vgl. *Weippert*, Georg: Zum Begriff des Wirtschaftsstils, a.a.O., S. 87.

[68] Vgl. *Weippert*, Georg: Walter Euckens Grundlagen der Nationalökonomie, a.a.O., S. 48.

Andere Forscher, wie von Stackelberg, halten zwar das Euckensche System für einen Fortschritt und bejahen es daher, sehen es aber doch mehr als Eucken selbst in der historischen Kontinuität[69]. Auch Clausing[70] und Hans Möller[71] sehen die Euckensche Methode als fruchtbringend an. Sie könne die anschauliche Theorie nützlich ergänzen. Jöhr hält sogar „eine eigentliche Synthese der beiden Methoden" für grundsätzlich möglich und erblickt darin eine wichtige Zukunftsaufgabe der Nationalökonomie[72]. Wir wollen diese äußerst interessante wissenschaftstheoretische Frage hier nicht vertiefen. Nicht wenige Autoren sehen jedenfalls wie Erich Preiser[73] Euckens Bedeutung in seiner wissenschaftstheoretischen Leistung, die wesentlich dazu beigetragen habe, den Historismus in der Nationalökonomie zu überwinden. Spiethoff selbst hält die Methode pointierender Abstraktion für brauchbar, um reine Theorie und Wirklichkeit zu verbinden[74].

e) Kritische Stellungnahme zu Euckens Methode unter Berücksichtigung dieser Diskussion

Aus den Stellungnahmen der Verfechter einer anschaulichen Theorie läßt sich schließen, daß selbst sie die idealtypischen Geldsysteme für brauchbare Instrumente — zumindest der reinen — Geldtheorie halten. Die Geldsysteme werden nicht deduktiv gewonnen, sondern ergeben sich als Frucht einer genauen analysierenden Untersuchung der realen Phänomene, indem nach dem Entstehen dieser konkreten Geldarten gefragt wird. Sie sind aus der Wirklichkeit durch Abstraktion gewonnen und durchaus geeignet, den Aufbau der realen Geldordnungen erkennen zu lassen. Mit Spiethoff sind wir daher der Meinung, daß die Methode pointierend-hervorhebender Abstraktion geeignet ist, Theorie und Wirklichkeit zu verbinden.

---

[69] Vgl. *von Stackelberg*, Heinrich: Die Grundlagen der Nationalökonomie, in: Weltwirtschaftliches Archiv, 51. Bd., Jena (1940), S. 259 f.

[70] Vgl. *Clausing*, Gustav: Arthur Spiethoffs wissenschaftliches Lebenswerk, in: Schmollers Jahrbuch, 78. Jg., 1958, S. 257 ff., insbes. S. 274 ff.

[71] Vgl. *Möller*, Hans: Wirtschaftsordnung, Wirtschaftssystem und Wirtschaftsstil. Ein Vergleich der Auffassungen von W. Eucken, W. Sombart und A. Spiethoff, in: Schmollers Jahrbuch, 64. Bd., 1940, S. 459 ff., insbes. S. 482.

[72] *Jöhr*, Walter Adolf: Walter Euckens Lebenswerk, in: Kyklos, Vol. IV, Bern (1950), S. 266.

[73] Vgl. *Preiser*, Erich: Vorwort zu den „Grundlagen der Nationalökonomie", 6. und 7. Aufl.

[74] Vgl. *Spiethoff*, Arthur: Anschauliche und reine volkswirtschaftliche Theorie in ihrem Verhältnis zueinander, in: Synopsis, Festgabe für Alfred Weber, Heidelberg 1949, S. 584.

Weippert ist insoweit zuzustimmen, als er meint, Eucken gehe es mit seinen idealtypischen Systemen darum, die Form in den Griff zu bekommen. In der Tat werden mit Hilfe der „reinen Idealtypen" Struktur und Aufbauplan zunächst einer konkreten Geldordnung und dann — zusammen mit den Bausteinen Marktformen — auch der ganzen Wirtschaftsordnung erkennbar und faßbar. Das ist kein Mangel einer ökonomischen Methode, sondern bringt in der Beschränkung auf das Ökonomische die erforderliche Klarheit in die vielschichtigen sozialen Gefüge. Für die Kenntnis der gesamten sozialen Wirklichkeit müssen andere Wissenschaften mit anderen Methoden hinzukommen.

II. Die zwei Hauptformen der Geldwirtschaft und der Euckensche Geldbegriff

Bevor wir uns den Geldsystemen zuwenden, die Eucken mit dieser Methode aus der Wirklichkeit destilliert hat, wollen wir erst Euckens Geldbegriff und seine zwei Hauptformen der Geldwirtschaft untersuchen.

1. Darstellung der zwei Hauptformen der Geldwirtschaft und des Geldbegriffs Walter Euckens

Die konkreten, in der Geschichte realisierten Währungsordnungen lassen sich nach Eucken in zwei Gruppen gliedern, die er Hauptformen der Geldwirtschaft nennt[1]: Ordnungen, in denen das Geld zugleich auch die Funktion der Recheneinheit wahrnimmt, und solche, in denen Geld und Recheneinheit getrennte Größen sind.

Schon aus dieser Einteilung läßt sich entnehmen, daß für Eucken Recheneinheit, Rechenskala oder Generalnenner für die Tauschwerte nicht für den Geldbegriff wesentlich sind. Freilich darf man daraus nicht den Schluß ziehen, er erachte die Recheneinheit für überflüssig oder auch nur unwichtig. Vielmehr wird kein Zweifel daran gelassen, daß eine Rechenskala, an der als tertium comparationis die auszutauschenden Waren gemessen werden, für einen entwickelten Tauschverkehr unabdingbare Voraussetzung ist.

Eucken schildert, wie zunächst ein Standardgut als Recheneinheit gedient hat. In einem Prozeß zunehmender Abstraktion habe sich schließlich die Recheneinheit von dem Gut gelöst und sei eine ideelle Größe geworden. Das Verhältnis dieser Recheneinheit zum Geld habe sich im Laufe der geschichtlichen Entwicklung mehrfach gewandelt. Anhand zahlreicher Beispiele aus der Münzgeschichte wird nachgewie-

---

1 Vgl. *Eucken:* Grundlagen, S. 115.

sen, daß häufig in ein und demselben Gebiet die verschiedensten Münzen aus mehreren Prägestätten nebeneinander verwendet wurden. Wenn sie auch alle Geld waren, so kann doch nur eine der Münzarten Recheneinheit gewesen sein [2]. In England hat sich z. B. noch heute in manchen Branchen des Handels als Recheneinheit die Guinee erhalten, während in Schilling und Pfund bezahlt wird.

Aus diesem Überblick über die Münzgeschichte zieht Eucken den Schluß, daß in der Geschichte nicht selten, aber keineswegs regelmäßig, das Geld als Recheneinheit benutzt wurde[3]. Während aber eine Verkehrswirtschaft ohne Geld denkbar ist und in der Geschichte tatsächlich oft ohne Geld funktioniert hat[4], nämlich die Naturaltauschwirtschaft, ist eine Rechenskala in der Verkehrswirtschaft unentbehrlich. Auch die Naturaltauschwirtschaft kann auf eine Recheneinheit nicht verzichten[5].

Abstrakte Rechenskala und konkretes Geld sind also zwei grundsätzlich getrennte Phänomene und Untersuchungsobjekte. Die Eigenschaft „Recheneinheit" ist keine das Wesen des Geldes begründende Funktion. Konstitutiv ist nur die „Tauschmittelfunktion". Alles was „allgemein anerkanntes Tauschmittel" ist, hat auch Geldqualität. Jedes allgemein anerkannte Tauschmittel ist Geld[6]. Ein Tauschmitel ist auch dann allgemein anerkannt, wenn es bei einer bestimmten Gruppe von Wirtschaftsobjekten eines Wirtschaftsraumes anerkannt und gebraucht wird[7]. So werden als Geld die Schuldscheine mittelalterlicher Verleger-Großhändler bezeichnet, auch wenn sie nur unter Großhändlern umliefen.

Auf sonstige Geldfunktionen außer den beiden genannten geht Eucken nicht weiter ein; er erwähnt sie nicht einmal. Sie werden offensichtlich nicht als wichtig oder gar konstitutiv für den Geldbegriff angesehen. Eucken begründet diesen extensiven Geldbegriff mit einem Hinweis darauf, daß das Giralgeld auch zu einer Zeit schon allgemein als Geld angesehen wurde, als es nur in gewissen Kreisen des Volkes gebraucht, von der Mehrzahl der Bevölkerung aber kaum gekannt wurde. Das Geld kann verschiedene technische Geldgestalten annehmen, Papiergeld, Buchgeld, Goldgeld sein. So wird z. B. auch der Wechsel als Geld bezeichnet[7]. Neben diesem Geldbegriff mißt Eucken den sog. Geldsurrogaten offenbar keine Bedeutung bei. Er gebraucht den Begriff „Geldsurrogat" oder einen gleichbedeutenden niemals in seinem geldtheoretischen Werk.

---

[2] Vgl. *Eucken*: Grundlagen, S. 114.

[3] Vgl. *Eucken:* Grundlagen, S. 113.

[4] Vgl. *Eucken:* Grundlagen, S. 112.

[5] Vgl. *Eucken*, Grundlagen, S. 88 ff.

[6] Vgl. *Eucken*, Grundlagen, S. 112, S. 90.

[7] Vgl. *Eucken*, Grundlagen, S. 119.

2. Die Stellungnahme der geldtheoretischen Literatur zu den zwei Hauptformen der Geldwirtschaft und zu Euckens Geldbegriff

Die Unterscheidung zwischen den Erkenntnisobjekten „allgemeines Tauschmittel" und „Recheneinheit" ist Eucken so wichtig gewesen, daß er daraus seine Hauptformen der Geldwirtschaft entwickelt. Wir werden die nicht sehr zahlreichen Stellungnahmen in der Literatur zu diesem Gliederungsvorschlag verfolgen und einen Überblick über die heute vertretenen Geldbegriffe anschließen.

a) Die Hauptformen der Geldwirtschaft in der geldtheoretischen Literatur

Der Gedanke, Tauschmittel und Rechnungseinheit voneinander streng zu unterscheiden und nicht als zwei konstitutive Funktionen des einen Geldes zu untersuchen, ist nicht neu. Schon der Merkantilist James Steuart hat in ähnlicher Weise das Geld als Tauschmittel, das als Preis gezahlt wird, von dem abstrakten Rechengeld getrennt, einem willkürlichen „in gleiche Teile geteiltem Maß, das zur Abmessung des respektiven Wertes verkäuflicher Dinge erfunden ist"[8].

Auch Cassel unterscheidet scharf zwischen der Rechenskala und dem Zahlungsmittel. Er nennt die Tauschwirtschaft, in der eine Rechnungsskala gebraucht wird, Geldwirtschaft[9]. Vor Eucken hatte J. G. Koopmans gelehrt, daß Tauschmittel und Rechnungseinheit „zwei grundsätzlich verschiedene Erkenntnisobjekte" seien[10]. In jüngster Zeit hat Sauermann den gleichen Gedanken formuliert: „Allgemeine abstrakte Rechnungs-

---

[8] *Steuart*, James: „Die Metalle haben solange als Geld gedient, daß Geld und Münzen fast gleichbedeutend geworden sind, obgleich sie in ihren Prinzipien ganz verschieden sind. Wenn wir das Geld behandeln, müssen wir daher vor allem zwei Vorstellungen trennen, deren Vermischung sehr dazu beigetragen hat, den ganzen Gegenstand zu verdunkeln. Das, was ich als Rechengeld nenne, ist nichts anderes als ein willkürliches in gleiche Teile geteiltes Maß, daß zur Abmessung des respektiven Wertes verkäuflicher Dinge erfunden ist. Das Rechengeld ist daher etwas ganz anderes als Geldmünzen, welche der Preis sind, und es könnte auch bestehen, wenn es nichts dergleichen wie einen Stoff gäbe, der für jede Ware ein angemessenes und verhältnismäßiges Äquivalent abgeben könnte." Diese Stelle wird von E. Wagemann mitgeteilt. Wagemann sieht darin einen Beweis. daß der Unterschied zwischen dem Geld und den Waren Gold und Silber erkannt wird. Uns scheint aber darüber hinaus aus dieser Bemerkung eindeutig hervorzugehen, daß hier Tauschmittel und Wertmesser klar unterschieden werden. Vgl. *Wagemann*, Ernst: Allgemeine Geldlehre, I. Bd., Theorie des Geldwertes und der Währung, Jena 1923, S. 15.

[9] Vgl. *Cassel*, Gustav: Theoretische Sozialökonomie, Leipzig (1918), 5. Aufl., 1932, S. 40 f.

[10] Vgl. *Koopmans*, Johan G.: Zum Problem des ‚Neutralen' Geldes, in: Beiträge zur Geldtheorie, Hrsg.: F. A. v. Hayek, Wien 1933, S. 247.

einheit und Geld sind nicht dasselbe[11]." Auch Schmölders teilt die Ansicht, daß „Geld als Rechnungseinheit" und „Geld als Zahlungs- und Tauschmittel" durchaus getrennt voneinander auftreten können[12]. In diesem Zusammenhang sind auch die Autoren zu nennen, die das Geld wie Eucken als allgemeines Tauschmittel verstehen. Sie ziehen damit — ohne es in der Regel eigens zu formulieren — grundsätzlich eine logische Grenze zwischen Geld und Recheneinheit. Wir denken dabei an Fisher, Menger, Mises, Stucken und Wicksell, deren Geldbegriffe wir im nächsten Abschnitt im einzelnen anführen wollen.

Schneider hat ganz ähnlich wie Eucken darauf hingewiesen, daß eine allgemein anerkannte Rechenskala Denkvoraussetzung für eine entwickelte Tauschwirtschaft ist. Ohne ein allgemeines Tauschmittel sei dagegen die Tauschwirtschaft wenigstens theoretisch denkbar[13].

Halm, der in Recheneinheit und Tauschmittel zwei konstitutive Funktionen des Geldes sieht, betont, daß sie nicht unbedingt durch dieselbe Ware vertreten werden müssen[14]. Samuelson, der sich hierzu nicht ausdrücklich äußert, ist offenbar auch dieser Meinung, wie sich aus zwei von ihm berichteten Beispielen ergibt. So teilt er z. B. mit, ein afrikanischer Stamm habe als Recheneinheit den sog. „Makut" benutzt, eine immateriell abstrakte Werteinheit, ein „gedachtes Rechengeld"[15]. Auch Autoren, die drei oder vier Funktionen des Geldes für wesentlich halten, wissen, daß die Funktionen durchaus „auf unterschiedliche Instrumente" verteilt sein können, wie Rist es im Anschluß an Jevons formuliert[16].

Einige Autoren haben sich ausdrücklich mit den Euckenschen Hauptformen der Geldwirtschaft befaßt. Forstmann hält eine Trennung von Wertmesser und Tauschmittel für ein Kennnzeichen dafür, daß in der historischen Entwicklung erst Vorformen des Geldes erreicht seien[17]. Komme es in der Neuzeit wieder zu dieser Erscheinung wie in der Inflation, dann müsse von „Degenerationserscheinungen" gesprochen werden[18]. Wie Forstmann verwirft auch Ritschl die 2. Hauptform der

---

11 *Sauermann*, Heinz: Geld und Kredit, in: Handbuch der Wirtschaftswissenschaften, Köln, Opladen 1966, 2. Aufl., 2. Bd., S. 126.

12 Vgl. *Schmölders*, Günter: Geldpolitik, Tübingen, Zürich 1962, S. 25.

13 Vgl. *Schneider*, Erich: Einführung in die Wirtschaftstheorie, Bd. I, 1. Teil: Theorie des Wirtschaftskreislaufs, 9. Aufl., Tübingen 1961, S. 19.

14 Vgl. *Halm*, N. G.: Geld, Außenhandel und Beschäftigung, 3. Aufl., München 1957, S. 16.

15 Vgl. *Samuelson*, Paul A.: Volkswirtschaftslehre, S. 53 f.

16 Vgl. *Rist*, Charles: Geschichte der Geld- und Kredittheorien von John Law bis heute, Bern 1947, S. 302.

17 Vgl. *Forstmann*, Albrecht: Geld und Kredit, S. 69.

18 Vgl. *Forstmann*, Albrecht, a.a.O., S. 72.

Geldwirtschaft. Dies sei ein anomaler Fall, der wenig Bedeutung habe[19].

Dagegen hat Moeller daran erinnert, daß die Geschichte des Denars die geldgeschichtliche Forschung schon vor der Veröffentlichung der „Grundlagen der Nationalökonomie" gezwungen hat, der Trennung zwischen Geld und Recheneinheit Rechnung zu tragen. Entsprechend der Euckenschen Forderung sei man bemüht gewesen, bei der Erforschung des antiken, des mittelalterlichen wie des modernen Geldwesens begreiflich zu machen, inwiefern als Geldeinheit oder als Recheneinheit jeweils gleiche oder verschiedene Größen verwendet worden seien[20]. Auch Meyer bejaht die Gliederung in die zwei Hauptformen der Geldwirtschaft[21].

In Anbetracht der häufigen Wiederkehr dieser Hauptformen im Laufe der Geschichte ist es auch wenig sinnvoll, solche Erscheinungen als Vor- oder Degenerationsformen des Geldes abtun zu wollen. Mit Moeller und Eucken sind wir ferner der Ansicht, daß diese Unterscheidung der Hauptformen auch zur Analyse der gegenwärtigen Geldordnungen gute Dienste leisten könnte. Es läßt sich nicht leugnen, daß z. B. die große deutsche Inflation anders verlaufen wäre, wenn damals in Deutschland das Geld nicht zugleich Rechnungseinheit gewesen wäre.

b) Die in der neueren volkswirtschaftlichen Literatur vertretenen Geldbegriffe

Für Eucken gibt es, wie wir sahen, nur eine bestimmende Geldfunktion: eine Sache oder ein Recht sind Geld, wenn und solange sie als Tauschmittel gehandelt werden. Diese überragende Bewertung der Tauschmittelfunktion ist nicht ohne Vorbild. Schon im Mittelalter wurde der entscheidende Zweck des Geldes in seiner Eignung als Tauschmittel gesehen[22].

Auch in unserer Zeit gilt die Tauschmittelfunktion allein einer Reihe von Autoren als bestimmend für die Geldqualität. Beispielhaft seien hier einige Definitionen nebeneinander gereiht. „Geld ist beim interpersonalen Güterverkehr verwandtes allgemein gebräuchliches Tauschmittel" (Stucken[23]). „Geldtausch im Gegensatz zum Naturaltausch liegt

---

19 Vgl. *Ritschl*, Hans: Wirtschaftsordnung und Wirtschaftspolitik, in: Weltwirtschaftliches Archiv, Bd. 65 (1950 II), S. 231.

20 Vgl. *Moeller*, Hero: Geld- und Münzgeschichte, in: HDSW, 4. Bd., 1965, S. 286.

21 Vgl. *Meyer*, Fritz W.: Natürliches Geld?, in: Weltwirtschaftliches Archiv, Bd. 64 (1950), S. 1 u. ff.

22 Nachweise bei *Messner*, Josef: Das Naturrecht, 5. Aufl., Innsbruck, Wien, München (1966), S. 1011, Fußnote 2.

23 *Stucken*, Rudolf: Geld und Kredit, S. 2.

bereits vor, wenn als Entgelt eine Ware dient, die allgemein als Mittel zur Ausführung von Zahlungen gebraucht wird, ohne als Geld gekennzeichnet zu sein" (Hero Moeller[24]). „Um Geld zu sein, muß eine Ware im Austausch allgemein annehmbar sein, und jede annehmbare Ware sollte Geld genannt werden" (Fisher[25]). „Was das Geld von *allen* übrigen Objekten des Güterverkehrs unterscheidet, sind dessen Tauschmittelfunktion und die Konsekutivfunktionen derselben" (Menger[26]). „... Ein einziges Gut, das allgemein als Tauschmittel gebraucht wurde: das Geld" (v. Mises[27]). Wicksell[28], der drei Funktionen des Geldes anführt, fährt fort: „Unter den 3 Hauptfunktionen ist es aber nur die letzte (nämlich die Tauschmittelfunktion; Verf.), die das Geld im eigentlichen Sinn charakterisiert."

Neben dieser monistischen, tauschmittelbestimmten Definition des Geldes gibt es auch andere monistische, z. B. am Wertmesser orientierte. So hat schon Marx als erste und bestimmende Funktion des Geldes die des Wertmessers bezeichnet: „Die erste Funktion des Geldes besteht darin, der Warenwelt das Materielle ihres Wertausdrucks zu liefern oder die Warenwerte als gleichnamige Größen, qualitativ gleiche und quantitativ vergleichbare, darzustellen. So funktioniert es als allgemeines Maß der Werte und nur durch diese Funktion wird Geld, die spezifische Äquivalenzware, zunächst Geld[29]." Ähnlich äußert sich auch Schäffle, der allerdings auch die Tauschmittelfunktion würdigt[30]. Gehrig dagegen bezeichnet als primäre Funktion des Geldes seine Eigenschaft, anerkanntes Zahlungsmittel zu sein[31].

Häufig werden die zwei Hauptfunktionen Tauschmittel und Recheneinheit (oder Wertmesser) als konstitutiv für das Geld bezeichnet, so z. B. von Adolf Weber[32], Samuelson[33], Halm[34] und besonders nachdrück-

---

[24] *Moeller*, Hero: Geld- und Münzgeschichte (II, 1), a.a.O., S. 285.

[25] *Fisher*, Irving: Die Kaufkraft des Geldes, 2. Aufl., Berlin, Leipzig 1922, S. 1 f.

[26] *Menger*, Carl: Geld, in: Handwörterbuch der Staatswissenschaften, 3. Aufl., Jena 1909, S. 567.

[27] *von Mises*, Ludwig: Theorie des Geldes und der Umlaufmittel, 2. Aufl., München, Leipzig 1924, S. 5 f.

[28] *Wicksell*, Knut: Vorlesungen über Nationalökonomie auf Grundlage des Marginalprinzips, II: Geld und Kredit, 2. Aufl., Jena 1928, S. 6.

[29] *Marx*, Karl: Das Kapital, 1. Bd., 2. Aufl., Berlin 1951, S. 99.

[30] Vgl. *Schäffle*, Albert: Das gesellschaftliche System der menschlichen Wirtschaft, I. Bd., 3. Aufl., Tübingen 1875, S. 221 ff.

[31] Vgl. *Gehrig*, Hans: Die primäre Funktion des Geldes, in: Festgabe für Georg Jahn, Hrsg.: Karl Muhs, Berlin 1955, S. 75 ff.; hier: S. 86.

[32] Vgl. *Weber*, Adolf: Geld und Kredit, Banken und Börsen, 6. Aufl., München 1959, S. 13.

[33] Vgl. *Samuelson*, Paul A.: Volkswirtschaftslehre, S. 54.

[34] Vgl. *Halm*, N. G.: Geld, Außenhandel und Beschäftigung, S. 16.

lich und in Auseinandersetzung mit Eucken von Forstmann[35, 36]. In der älteren deutschen Lehre wurden sogar vier Funktionen des Geldes als wesentlich angesehen (Knies[37]), (Lotz[38]). In der neueren deutschen und amerikanischen Literatur wird diese Meinung erneut vertreten. So meint Ehrlicher, daß sich alle Geldfunktionen auf die abstrakte Funktion der Recheneinheit und die drei konkreten Funktionen allgemeines Tauschmittel, gesetzliches Zahlungsmittel und Wertaufbewahrungsmittel zurückführen lassen[39]. In einer jüngeren Veröffentlichung hat Ehrlicher nur noch 3 konstitutive Funktionen angeführt. Mit dem „gesetzlichen Zahlungsmittel" ist eine der eben genannten drei konkreten Geldfunktionen weggefallen[40]. In den verschiedenen Geldfunktionen erblickt Reigrotzki weiterlebende Reste der ursprünglichen Geldarten[41].

Zuweilen werden abstraktere, allgemeinere Geldbegriffe formuliert. Wir denken etwa an Schmölders, für den Geld ein „dokumentiertes Wertversprechen allgemeiner Geltung"[42] ist. Dabei wird diese Definition von Schmölders zusätzlich mit einem subjektiven Akzent versehen, wenn er schreibt, „was von ihren Besitzern als Zahlungsmittel im weiteren Sinn betrachtet wird, um damit zu kaufen oder zu investieren, ist Geld ..."[43].

3. Kritische Würdigung der Hauptformen der Geldwirtschaft und des Euckenschen Geldbegriffs

a) Das Verhältnis des allgemeinen Tauschmittels zur Recheneinheit

So unterschiedlich die Meinungen über das Geld sein mögen, so ist es doch praktisch einhellige Meinung, daß allgemeines Tauschmittel und abstrakte Recheneinheit nicht identisch, sondern voneinander unterscheidbare Größen sind. Ihrem Wesen nach müssen sie auch nicht einen

---

35 Vgl. *Forstmann,* Albrecht: Geld und Kredit, I. Bd., S. 70 ff.

36 Von Autoren, die für jede Geldart einen eigenen Geldbegriff prägen oder die keine volkswirtschaftliche Begriffsbestimmung suchen, sehen wir ganz ab.

37 Vgl. *Knies,* Carl: Geld und Credit, 1. Bd., Berlin 1937 (Neudruck), S. 105 ff.

38 Vgl. *Lotz,* Walther: Geld, in: Wörterbuch der Volkswirtschaft, 3. Aufl., 1911, S. 989.

39 Vgl. *Ehrlicher,* Werner: Geldtheorie, in: HDSW, Bd. 4, S. 232.

40 Vgl. *Ehrlicher,* Werner: Geldtheorie, in: Kompendium der Volkswirtschaftslehre, Bd. 2, Göttingen 1968, S. 5.

41 Vgl. *Reigrotzki,* Erich: Wandlungen der Funktionendominanz des Geldes, in: Jahrbuch f. Sozialwissenschaften, Göttingen (1951), Bd. 2, S. 178.

42 *Schmölders,* Günter: Geldpolitik, Tübingen, Zürich 1962, S. 18.

43 *Schmölders,* Günter: Geldpolitik, S. 37.

gemeinsamen Träger haben. Dieses richtige Ergebnis wird durch die geschichtliche Erfahrung aus verschiedenen Epochen in überzeugender Weise bestätigt.

b) Das Wesen des Geldes

Damit ist aber erst eine Basis gelegt für die Antwort auf die Frage, ob Tauschmittel oder Recheneinheit für sich allein noch Geld genannt werden können. Wie jede Auseinandersetzung um Definitionen so hat auch diese zunächst den Charakter eines Streits um Worte. Zugleich handelt es sich aber auch um mehr. Es wäre für die wissenschaftliche Diskussion nur förderlich, wenn man sich allgemein auf eine Begriffsbestimmung des Geldes einigen könnte. Andernfalls muß bei jeder Aussage erst der Geldbegriff des Autors eruiert werden, damit feststeht, wovon die Rede ist.

Uns scheint die Definition, nach der Geld das allgemein anerkannte Tauschmittel ist, den Vorzug zu verdienen. Dafür spricht vor allem folgende Überlegung: Zu verschiedenen Zeiten, z. B. im Hellenismus, waren Münzen verschiedenster Prägestätten nebeneinander in Umlauf. Oder — ein zweites von Eucken angeführtes Beispiel — in Tarent fand man in der Kasse eines Fernhändlers des 5. Jahrhunderts v. Chr. neben anderen Münzen Geld aus sieben großgriechischen Prägestätten. Auch im Mittelalter liefen die verschiedensten Geldarten um. Offenbar waren also mehrere Tauschmittel allgemein anerkannt. Rechenskala waren aber sicherlich nicht alle. „Eine Geldart war höchstwahrscheinlich gleichzeitig Wertmaß, die anderen nicht[44].“

Für die Euckensche Entscheidung, die Geldqualität nicht an die Erfüllung der Funktionen der abstrakten Recheneinheit *und* des allgemein anerkannten Tauschmittels oder gar weiterer Funktionen zu knüpfen, lassen sich gute Gründe anführen. Einmal ist es eine einfache Definition, was natürlich noch nichts über ihre Richtigkeit besagt. Für die Untersuchungen über die Bildung des Geldwertes, über Inflation und Deflation u. a. m. sind auch die sog. Geldsurrogate oder Umlaufmittel zu berücksichtigen. Es erscheint konsequent, sie in möglichst großem Umfang direkt zum Geld zu rechnen, anstatt sie etwa über die Größe „Umlaufgeschwindigkeit“ in die Untersuchung einzuführen.

Den Ausschlag sollte vor allem folgende Überlegung geben: Aus allen Epochen der Geldgeschichte gibt es Beispiele dafür, daß in ein und demselben Wirtschafts- und Währungsgebiet verschiedene Münzen nebeneinander umliefen. Rechenskala waren sie sicher nicht alle, denn

---

[44] *Eucken:* Grundlagen, S. 114.

dann wäre jede Art von vernünftiger Rechnungsführung unmöglich. Vermutlich war eine der Geldarten auch Recheneinheit. Möglicherweise diente aber auch als Rechenskala eine abstrakte Größe, die gar nicht oder nicht mehr als Tauschmittel umlief. Das hätte auch für die Doppelwährung oder die Parallelwährung zu gelten, wie sie sich in der Merkantilzeit in England und Frankreich herausbildete. Ob das Greshamsche Gesetz wirkt oder nicht: Alle Münzarten können nicht zugleich als Recheneinheit dienen[45]. Jedenfalls dürfte inzwischen durch die geldtheoretische Diskussion geklärt worden sein, daß das Geld kein *Wertmesser* sein kann[46].

Werden also z. B. verschiedene Münzen nebeneinander gebraucht, so sind sie nach Euckens Definition, der wir uns anschließen, alle Geld. Spricht man aber von Geld nur dann, wenn Tauschmittel und Recheneinheit einen gemeinsamen Träger haben, dann waren die Münzen außer einer, die diese Voraussetzung erfüllt, kein Geld. Sie wären allenfalls zu dessen Vorformen zu zählen, obgleich sie im Wirtschaftsprozeß gleiche Wirkungen wie das Geld ausüben. Ein derartiges Ergebnis erscheint durch nichts gerechtfertigt.

Aus diesen Gründen halten wir das Ergebnis Euckens in der Formulierung Koopmans für richtig: Geld und Recheneinheit sind grundsätzlich nicht nur zwei Funktionen des Geldes, sondern zwei unterschiedliche Erkenntnisobjekte. Das allgemein anerkannte Tauschmittel nennt man Geld. Es kann — muß aber nicht — zugleich als Recheneinheit dienen.

Eucken vertritt einen prononciert ökonomischen Geldbegriff, der die Mitte hält zwischen den Meinungen, die auch sogenanntes „Kult"- oder „Prunkgeld", sei es „Hort"- oder „Zahlgeld", schon als Geld auch im wirtschaftlichen Sinn bezeichnen[47], und den Meinungen, die Geld nur annehmen, wenn und solange die Synthese von Tauschmittel und Recheneinheit gegeben ist, oder die sogar noch weitere Funktionen erfüllt sehen wollen.

III. Die Euckenschen Geldsysteme

Nachdem Eucken durch Analyse der Geldordnungen der Geldgeschichte vom Altertum bis zur Gegenwart in den 2 Hauptformen der Geldwirtschaft ein erstes Gliederungsmerkmal für die konkreten

---

[45] Vgl. *Moeller,* Hero: Geld- und Münzgeschichte (II, 1), in: HDSW, Bd. 4, S. 287.

[46] Vgl. *Veit,* Otto: Reale Theorie des Geldes, Tübingen 1966, S. 52; *Gehrig,* Hans: Die primäre Funktion des Geldes, a.a.O., S. 77.

[47] Vgl. *Gerloff,* Wilhelm: Die Entstehung des Geldes und die Anfänge des Geldwesens, Frankfurt 1940. Im gleichen Sinn auch: Ursprung und Sinn des Geldes, in: Weltwirtschaftliches Archiv, 60. Bd. (1944), S. 240 ff.

Währungen wie für mögliche Modelle von Geldarten gefunden hat, wendet er seine Methode pointierend-hervorhebender Abstraktion an, um in der Vielfalt der Währungen reine Formen, Bausteine der Währungen zu finden. In jedem dieser Modelle kann das Geld zugleich Recheneinheit sein oder nicht. Diese idealtypischen Geldsysteme, wie Eucken die *reinen* Geldarten nennt, bilden also ein weiteres Gliederungsmerkmal, gleichsam auf einer Ebene unter den Hauptformen der Geldwirtschaft.

Wir werden in diesem Kapitel zunächst die Euckenschen Geldsysteme so darstellen, wie sie in den „Grundlagen der Nationalökonomie" entwickelt wurden. Dabei wollen wir jedoch das dritte Geldsystem vor dem zweiten behandeln, weil das zweite Geldsystem nach Euckens eigener Meinung Elemente des ersten und des dritten Geldsystems enthält und so bald dem einen, bald dem anderen ähnelt. Auf dieser Grundlage werden wir skizzieren, wie Eucken selbst in den „Grundlagen der Nationalökonomie" und den „Grundsätzen der Wirtschaftspolitik" die Geldsysteme beurteilt.

In der Literatur hat sich vor allem Forstmann eingehend mit der Euckenschen Geldlehre befaßt und den drei Geldsystemen Euckens drei Geldarten gegenübergestellt. Diese Geldarten werden wir schildern und mit den Euckenschen Geldsystemen vergleichen. Abschließend versuchen wir, in diesem Kapitel den Strukturplan der Euckenschen Systematik nachzuzeichnen und nach dieser Konzeption erforderliche Änderungen an der Abgrenzung der einzelnen Geldsysteme vorzunehmen sowie zu den Geldsystemen Stellung zu nehmen.

1. Darstellung der Geldsysteme Euckens

Bei seiner Untersuchung der konkreten Geldordnungen findet Eucken immer wieder drei idealtypische Geldsysteme. Nur diese Bausteine kommen in den Währungen der Menschheitsgeschichte vor, wenn auch in verschiedenen Kombinationen.

a) 1. Geldsystem: Ein Sachgut wird zu Geld[1]

Eine Ware erlangt Geldqualität, wenn sie als Tauschmittel verwendet wird, und verliert diese, sobald sie wieder als Ware gebraucht wird. Geld entsteht dadurch, daß eine Ware nicht mehr verbraucht bzw. ihrem Warencharakter entsprechend gebraucht wird, sondern daß sie statt dessen als Tauschmittel Verwendung findet. Diese Ware wird nun nicht

---

[1] Vgl. *Eucken:* Grundlagen, S. 117.

mehr aufbewahrt, weil sie den Bedarf befriedigen kann, zu dessen Befriedigung sie als Ware bestimmt war, sondern weil sie den mittelbaren zirkulatorischen Bedarf zu stillen vermag, weil sie jederzeit gegen andere unmittelbar bedarfsdeckende Waren eingetauscht werden kann. Das Geld vergeht, wenn die Geldware wieder ihrem ursprünglichen Warencharakter gemäß verwendet wird. In diesem Fall überragt das Verlangen nach der — während des Geldgebrauchs nur ruhenden, nie erloschenen — Warenqualität des Geldstoffes. Das Gut wird jetzt als Ware verbraucht oder „warengerecht" gebraucht. Es dient zur Deckung eines unmittelbaren, primären Bedarfs, nicht mehr eines mittelbaren, sekundären.

Diese zweimalige Verwandlung Ware-Geld, Geld-Ware, kann vor sich gehen, ohne daß sich Substanz und Form ändern. So werden Datteln oder Getreidekörner ohne jede Bearbeitung zu Geld und wieder zu Waren. Es kann aber auch bei Erhaltung der Substanz die Form sich ändern: Ein Goldklumpen wird zu Geld geprägt. Die Münze wird wieder eingeschmolzen.

Zuweilen kommt es auch vor, daß das Geld zwar beim Entstehen eine besondere Form erhält, als Geld aber verschwindet, obwohl es völlig unverändert bleibt und sogar seine gesetzliche Zahlungskraft behält: Wir denken an den Fall, daß eine gültige Münze als Schmuck gebraucht wird und kaum bearbeitet als Schmuckstück oder Zierknopf verwendet wird.

In älteren Zeiten wurden in dieser Weise viele Güter zeitweise als Geld verwendet, auch solche von geringer Haltbarkeit, die nach wenigen Umsätzen wieder als Ware gebraucht oder verbraucht wurden, z. B. Datteln oder Getreide, in den Nachkriegsjahren in Deutschland Zigaretten. Später wurden haltbare Güter bevorzugt, die dann in eigene Geldform gebracht wurden. Höhepunkt dieser Entwicklung war die Münze, deren besondere Form und dauerhaftes Material sie lange Zeit als das Geld schlechthin erscheinen ließen.

b) 3. Geldsystem: Der Kreditgeber schafft Geld[2]

Den Gegenpol zum Warengeld (1. Geldsystem) bildet das Kreditgeld (3. Geldsystem). Geld dieser Art schaffen die Banken, wenn sie ihren Kunden einen Kredit gewähren. Das Geld verschwindet wieder, wenn die Kredite zurückgezahlt werden.

Auch die Zentralbank schafft Kreditgeld, wenn sie Geld nicht zur Bezahlung von Gold und Silber schöpft, sondern z. B. zur Bezahlung

[2] Vgl. *Eucken:* Grundlagen, S. 120 f.

von Staatsschuldverschreibungen oder zur Kreditgewährung im Wechseldiskont und Lombardgeschäft. Kreditgeld der Zentralbank kann die Form der Banknote oder des Giralgeldes annehmen.

Kreditgeld in Form von Banknoten wird heute allein durch die Zentralnotenbank geschaffen. In Form von Giralgeld können neben der Zentralnotenbank die anderen Kreditinstitute Kreditgeld schöpfen.

Das Warengeld ist konkret und faßbar in des Wortes wahrster Bedeutung. Es hat zusätzlich zu seiner Geldqualität stets — wenn auch latent — noch die Fähigkeit, auf die der Ware eigene Art zur Bedarfsbefriedigung beizutragen. Dieser Vorzüge muß das Kreditgeld entraten. Es ist ein abstraktes Geld, ganz auf dem Vertrauen aufgebaut, das die geldschöpfende Stelle genießt. In der Giralgeldvariante ist es nicht einmal in einem Papier konkretisiert.

c) 2. Geldsystem: Geld entsteht als Gegenleistung bei Lieferung einer Ware oder Leistung von Arbeit[3]

Das „zweite Geldsystem" ähnelt teils dem ersten, teils dem dritten reinen Typus, von denen es sich auch seine äußere Gestalt entleiht. Es kann in mannigfacher Form auftreten: als Giralgeld, Papiergeld oder Banknote, als Schuldschein oder Scheidemünze, mit oder ohne Einlösepflicht.

Das Geld des „zweiten Geldsystems" entsteht, wenn eine Zentralbank Gold ankauft und dem Verkäufer den Kaufpreis auf Girokonto gutschreibt. Auch der Schuldschein, den der mittelalterliche Großhändler für eine Lieferung hingab, zirkulierte als Geld. Staaten bezahlten häufig Lieferungen und Dienstleistungen mit Schuldscheinen, die als Geld umliefen, mit Papiergeld oder Scheidemünzen. Auch der umgekehrte Fall ist belegt. So lieferten im Babylon des 3. und 2. vorchristlichen Jahrhunderts Priester und König an Private gegen Schuldscheine Erntegüter, z. B. Getreide. Die Papiere zirkulierten als Geld und konnten bei Fälligkeit von dem jeweiligen Inhaber dem Schuldner zur Zahlung vorgelegt werden.

So trägt das zweite Geldsystem keinen einheitlichen Charakter, sondern ist bald dem ersten, bald dem dritten vergleichbar. Das zeigen besonders die Methoden, nach denen das Geld verschwindet. Entsteht z. B. Giralgeld als Gegenleistung für den Verkauf von Gold an eine Girobank und verschwindet es mit dem Weiterverkauf des Edelmetalls, „so unterscheidet sich das Geldsystem nur wenig von dem ersten"[4]:

---

[3] Vgl. *Eucken:* Grundlagen, S. 118 ff.

[4] *Eucken:* Grundlagen, S. 120.

Hier Prägen und Einschmelzen der Münzen, dort Ankauf und Verkauf des Goldes. Ware und Geld bleiben in gewisser Weise verbunden. Bezahlt dagegen der Staat einen Tuchlieferanten mit staatlichem uneinlöslichem Papiergeld, „so ist die Verbindung von Geld und Ware nach der Entstehung des Geldes gelöst". Nur selten wird das Geld durch Verkauf der Tuche durch den Staat verschwinden. Diese Variante nähert sich — wie Eucken darlegt — ein wenig dem dritten Geldsystem. Einmal wird der Lieferant mit selbstgeschaffenem Papiergeld des Staates bezahlt, im anderen Fall hat der Staat das Geld gegen Schatzwechsel von der Notenbank erhalten.

Beide Varianten werden nicht nur aus systematischen Gründen unterschieden, sondern deshalb, weil das Geld jeweils unterschiedlich auf den Wirtschaftsprozeß und vor allem auf das Zustandekommen des Gleichgewichts einwirkt.

d) Die Marktformen der Geldschöpfung

Soll die Untersuchung der Geldphänomene zur Erkenntnis der wirtschaftlichen Tatbestände führen und nicht in juristischen Kategorien stehenbleiben, so ist es nötig, in Marktformen zu denken[5]. Es muß untersucht werden, in welchen Marktformen die Geldschöpfung vor sich geht.

Geld wird in drei Systemen in den verschiedensten Marktformen geschaffen. Der Staat (bzw. die Zentralnotenbank) hat ein *Angebotsmonopol,* wenn etwa eine griechische Polis Münzen (1. Geldsystem) schlug oder der Staat Papiergeld als Gegenleistung hingibt (2. Geldsystem) oder die Zentralnotenbank Noten im Lombardgeschäft in Verkehr bringt (3. Geldsystem).

Vollständige *Konkurrenz* ist gegeben, wenn freies Prägerecht herrscht (1. Geldsystem). In *Konkurrenz* oder *Oligopol* wird noch heute von den Geschäftsbanken Giralgeld geschaffen (3. Geldsystem) oder wurden früher von den Banken Noten ausgegeben (2. oder 3. Geldsystem).

2. Beurteilung der Geldsysteme durch Eucken

Eucken hat in den „Grundlagen der Nationalökonomie" und in den späteren wirtschaftspolitischen Werken die Vorzüge und die Nachteile der drei Geldsysteme analysiert. Bei der Darstellung dieser Kritik behandeln wir zunächst das 3. Geldsystem, weil es heute vorwiegend verwirklicht ist und sich daher auch Eucken besonders mit dieser

---

5 Vgl. *Eucken*: Grundlagen, S. 118.

Geldart befaßt hat. Die Stärken und Schwächen der beiden ersten Geldsysteme lassen sich dann in wenigen Zügen davon abheben.

a) Beurteilung des dritten Geldsystems

Als Hauptkennzeichen dieses Geldsystems hatte Eucken bereits in den „Grundlagen der Nationalökonomie" seine geringe Stabilität und die überragende Stellung der Banken und Unternehmer herausgestellt.

Da die Geldversorgung abhängig ist vom Umfang der täglichen Kreditgewährung der Banken und der täglichen Rückzahlung an Banken, neigt sie zu Expansionen und Kontraktionen[6]; sogar kumulative Prozesse sind möglich[7]. Denn es besteht die Neigung, bei steigendem Preisniveau die Geldmenge zu erhöhen, sie bei sinkendem Preisniveau zu verringern[8]. Die größere Geldmenge führt wiederum zu einem höheren Preisniveau, die verringerte zu einem niedrigeren und so weiter in unabsehbarer Folge[9]. In der Depression schrumpft die Geldmenge, weil die Banken Kredite kündigen, keine neuen gewähren und auch die Unternehmer wenig Investitionslust zeigen, ihre Kreditnachfrage senken und Kredite zurückzahlen. Bei inflatorischer Tendenz wirkt der kumulative Prozeß umgekehrt[10].

Dieses Verhalten der Banken und Unternehmer ist einzelwirtschaftlich durchaus begründet. Bei steigenden Preisen und günstigen Gewinnaussichten sind sie bereit, das Kreditvolumen auszuweiten, bei fallenden Preisen und drohender Depression schränken sie es als vorsichtige Kaufleute mit Rücksicht auf ihre Liquidität ein. Die einzelwirtschaftlich richtige Handlung ist aber volkswirtschaftlich falsch und schädlich[11].

Dieser dem dritten Geldsystem immanente Faktor der Instabilität stört nicht nur das Geldwesen selbst, sondern die ganze Wirtschaft. Ohne „monetäre" Stabilität können die in der industriellen Wirtschaft unvermeidlichen Störungen des Gleichgewichts nicht abgefangen und schnell behoben werden[12]. Ein stabiles Geldwesen ist eine Voraussetzung für ein reibungsloses Funktionieren der Wirtschaft[13].

---

[6] Vgl. *Eucken:* Grundlagen, S. 122; Grundsätze, S. 216 f.

[7] Vgl. *Eucken:* Grundsätze, S. 47.

[8] Vgl. *Eucken:* Grundsätze, S. 262.

[9] Vgl. *Eucken:* Unser Zeitalter der Mißerfolge, Tübingen 1951, S. 42.

[10] Vgl. *Eucken:* Grundsätze, S. 258.

[11] Vgl. *Eucken:* Grundsätze, S. 359.

[12] Vgl. *Eucken:* Grundsätze, S. 54.

[13] Vgl. *Eucken:* Grundsätze, S. 258.

Das 3. Geldsystem wirkt noch in anderer Weise unstabil. Da es kumulativ vom Gleichgewicht wegführen kann[14], wird das Gleichgewicht dauerhaft gestört. Das Geld ist nicht wie andere Waren in das System des gesamtwirtschaftlichen Gleichgewichts einbezogen[15]. Diese Lage ruft geradezu gebieterisch nach staatlichen Eingriffen zentralleitender Art, die immer neue Maßnahmen nach sich ziehen, bis die Marktwirtschaft in eine zentrale Verwaltungswirtschaft umgewandelt ist[16].

Auch wenn man von diesen verhängnisvollen Wirkungen auf die Wirtschaftsordnung selbst absieht, bleiben als Folgen monetärer Unstabilität Wirtschaftskrisen und Fehlleitungen produktiver Mittel[17]. Die kumulative Kontraktion der Geldversorgung bewirkt einen kumulativen Depressionsprozeß, kumulative Verringerung des Angebots an Arbeitsplätzen und schließlich Massenarbeitslosigkeit, wie die Weltwirtschaftskrise bewiesen hat. Die kumulative Geldexpansion gefährdet die Sicherheit des einzelnen auf andere Weise, indem sie die Ersparnisse entwertet und die Inflation mit allen ihren verhängnisvollen Folgen mit sich bringt. Die Unstabilität des 3. Geldsystems ist also eine wesentliche Ursache für die soziale Frage unserer Zeit, für die soziale Unsicherheit in der modernen Wirtschaft[18].

Dem dritten Geldsystem ist eine ganz bestimmte Verteilung der wirtschaftlichen Macht eigen, die Eucken offensichtlich ablehnt: Sparer und Konsumenten verlieren ihren bestimmenden Einfluß auf den zeitlichen Aufbau der Wirtschaft, auf Art und Umfang der Investitionen und das Tempo des wirtschaftlichen Fortschritts. An ihre Stelle treten die Banken, die sich mit den Unternehmern die Führungsrolle teilen. Der Mechanismus des Zwangssparens sorgt dafür, daß die Konsumenten nachträglich die von den Banken vorfinanzierten Investitionen bezahlen.

An dieser Stelle werden auch die Vorteile dieses Geldsystems sichtbar. Es ermöglicht eine sehr elastische Geldversorgung, erleichtert Investitionen, die in anderen Geldsystemen nur vorgenommen werden können, wenn Konsumenten im entsprechenden Umfang sparen. Der Konsumverzicht kann hier nachträglich erzwungen werden. Dadurch eignet sich das Kreditgeldsystem besonders als Instrument und Motor raschen wirtschaftlichen und technischen Fortschritts. Unter seiner Herr-

---

14 Vgl. *Eucken:* Grundsätze, S. 54; an anderer Stelle meinte Eucken sogar, gleichgewichtslose Marktformen und Geldsysteme müßten zu kumulativer Depression führen; in: Unser Zeitalter der Mißerfolge, S. 42.

15 Vgl. *Eucken:* Grundlagen, S. 123.

16 Diese Kausalkette hat Eucken mehrfach dargelegt; vgl. Grundlagen, S. 194; Grundsätze, S. 56, 216, 256.

17 Vgl. *Eucken:* Grundsätze, S. 259.

18 Vgl. *Eucken,* Grundsätze, S. 48.

schaft wurde denn auch die Industrialisierung sehr gefördert und beschleunigt[19]. „Ein großer Teil der Investitionen und damit der Industrialisierung des *späten* 19. und 20. Jahrhunderts hätte nicht stattgefunden, wenn nicht Geld — in Form von Noten und Giralgeld — in Akten der Kreditgewährung von Banken geschaffen worden wäre[20]."

b) Euckens Beurteilung des ersten und des zweiten Geldsystems

Im Gegensatz zum dritten Geldsystem kann in den beiden anderen die Geldversorgung nicht beliebig manipuliert werden. Sie ist mit der Produktion verbunden. Die Edelmetallproduktion oder die Warenproduktion etwa, die im ersten und zweiten Geldsystem der Geldschöpfung vorausgehen müssen, sind teuer und zeitraubend. Kredite können nur gewährt werden, wenn und soweit gespart worden ist. Konsumenten und Sparer bestimmen daher das Tempo des wirtschaftlichen Fortschritts, den sie in jedem Fall bezahlen müssen. Aus der Summe ihrer Wirtschaftspläne erhalten die Unternehmer die Direktiven für die Produktion. Am Ertrag des wirtschaftlichen Fortschritts, der Neuinvestitionen, werden die Sparer, sei es als Kreditgeber oder als Anteilseigner, beteiligt.

Zu beachten ist allerdings, daß das erste Geldsystem in der in der Neuzeit üblichen Goldwährung die Geldschöpfung und damit den Geldwert von den Zufälligkeiten der Goldproduktion abhängig macht[21]. Diese Abhängigkeit von der Produktion *eines* Gutes ist ein Nachteil, der im zweiten Geldsystem vermieden wird. In diesem Geldsystem läßt sich die Geldschöpfung mit der Produktion einer Reihe von Gütern verbinden, die für die Wirtschaft wichtig sind.

Mit diesem großflächigen Bild des Euckenschen Urteils über die Geldsysteme soll es hier sein Bewenden haben. Wir werden im Zusammenhang mit der Geldpolitik Euckens noch einmal darauf zurückkommen.

3. Darstellung der drei Geldarten Albrecht Forstmanns

Die Euckenschen Geldsysteme sind von Forstmann, insbesondere in seinem Buch „Geld und Kredit"[22], eingehend diskutiert worden. Wir wollen im folgenden die Forstmannschen Geldarten darstellen, weil er das Problem mit der gleichen, nämlich mit der prinzipiell-genetischen

---

[19] Vgl. *Eucken:* Grundlagen, S. 122; Grundsätze, S. 258.

[20] *Eucken,* Grundlagen, Anm. 36, S. 258.

[21] Vgl. *Eucken,* Grundsätze, S. 262.

[22] Göttingen 1952.

Fragestellung wie Eucken angeht[23] und dessen Gedankengänge in manchem weiterführt. In dem Vergleich der Geldsysteme Euckens mit den Geldarten Forstmanns, den wir anschließend vornehmen, soll der Grund für die eigene kritisch-verstehende Stellungnahme zu den Geldsystemen gelegt werden.

Forstmann findet drei Geldarten, Warengeld, Kreditgeld, autonomes Geld. Das konkret gegebene Geldsystem kann entweder aus einer Geldart oder aus einer Kombination mehrerer bestehen[24].

a) Das Warengeld

Warengeld ist dadurch charakterisiert, daß ein bestimmtes Gut Geldqualität erlangt und jederzeit wieder den ursprünglichen Warencharakter annehmen kann. Es bietet also zugleich die „zirkulatorische Befriedigungsmöglichkeit" des Geldes und die „reale" der Ware[25]. Warengeld in diesem Sinn ist nur dann gegeben, wenn „die geldschöpfende Stelle verpflichtet ist, jede ihr angebotene Menge des Geldstoffes zu einem festgesetzten Verhältnis in Geld umzuwandeln oder — anders ausgedrückt — zu einem festen Preis anzukaufen, aber auch zu einem solchen abzugeben"[26]. Unter diesen Voraussetzungen und bei voller Deckung durch den Geldstoff wird auch Papiergeld zum Warengeld gezählt[27].

b) Das Kreditgeld[28]

Kreditgeld entsteht durch einen Akt der Kreditgewährung. Geldschöpfende Stellen sind die Banken, einschließlich der Zentralbank, als Kreditgeber. Das Geld kann die Form von Giralgeld oder von Noten der Zentralbank annehmen. Allerdings bedeutet das nicht nur einen Unterschied der äußeren Form. Giralgeld ist „*regelmäßig Geschäftsgeld* und daher *als solches* preisneutral in bezug auf die Preisgestaltung der *Verbrauchs*güter, während das seitens der Zentralbank geschaffene *Notalgeld regelmäßig Einkommensgeld* ist und daher auch den Verbrauchswert des Geldes unmittelbar beeinflußt"[29].

---

[23] Vgl. *Forstmann*, Albrecht: Geld und Kredit, S. 77.

[24] Vgl. *Forstmann*, Albrecht, a.a.O., S. 78.

[25] *Forstmann*, Albrecht: Geld und Kredit, S. 79.

[26] *Forstmann*, Albrecht, a.a.O., S. 87.

[27] Vgl. *Forstmann*, Albrecht, a.a.O., S. 88.

[28] Vgl. *Forstmann*, Albrecht, a.a.O., S. 79, 89 ff.

[29] *Forstmann*, Albrecht, a.a.O., S. 89; Hervorhebung im Original.

c) *Das autonome Geld*[30]

Autonomes Geld wird daurch geschaffen, „daß der Empfänger einer Ware oder Leistung zu ihrer Bezahlung Geld schöpft“[31]. Als geldschöpfende Stelle kommt nur der Staat oder sein Beauftragter in Frage[32]. Das Geld wird autonomes Geld genannt, weil die geldschöpfende Stelle autonom ist. Das bedeutet, die Initiative zur Geldschöpfung liegt in vollem Umfang, „total“, bei ihr, und zwar „in bezug sowohl auf die Geldentstehung wie auf die Geldentstehungsursachen, d. h. die güterwirtschaftliche Veranlassung der Geldentstehung“[33].

Abarten des autonomen Geldes sind das Scheidegeld, das indirekt autonome Geld und das Geld, das im Wege der Offen-Markt-Politik geschaffen wird. Unter indirekt autonomem Geld versteht Forstmann Geld, das die Zentralbank dem Staat gegen gewisse Unterlagen (z. B. Schatzwechsel) zur Verfügung stellen muß. In diesem Fall besteht eine gesetzliche Verpflichtung der Bank zur Geldschöpfung für den Staat. Es ist ihr nicht möglich, das Ansinnen abzulehnen, während sie über Kreditwünsche Privater selbst entscheidet[34]. Formell erscheint das indirekt autonome Geld als Kreditgeld.

Auch im Rahmen der Offen-Markt-Politik wird Geld wie das Kreditgeld aufgrund von Kreditunterlagen geschaffen. Jedoch sind es andere Arten von Effekten. Sie repräsentieren kein güterwirtschaftliches Umlaufgeschehen, sondern Realinvestierungen. Geldschöpfung ist hier nicht der Zweck, sondern nur ein Mittel der Kreditpolitik der Zentralbank. Bei dieser Art der Geldschöpfung ist die Zentralbank autonom. Die Bank hat die totale Initiative[35]. Das ist der entscheidende Gesichtspunkt.

Das Scheidegeld wird auch dann zum autonomen Geld und nicht zum Warengeld gerechnet, wenn es aus wertvollem Metall ist. Der Grund dafür besteht darin, daß die geldschöpfende Stelle bei der Schaffung von Scheidemünzen autonom ist, also kein freies Prägerecht besteht.

Warengeld, Kreditgeld, autonomes Geld sind Idealtypen im Euckenschen Sinn. Diese Modelle nennt Eucken Geldsysteme, während sie Forstmann als Geldarten bezeichnet. Unter Geldsystem versteht er das, was für Eucken Geldordnung ist, also die konkrete Kombination von Geldarten, in der das Geld in der geschichtlichen Wirklichkeit aufzu-

---

30 Vgl. *Forstmann*, Albrecht: Geld und Kredit, S. 80, 103 ff.

31 *Forstmann*, Albrecht, a.a.O., S. 80.

32 Vgl. *Forstmann*, Albrecht, a.a.O., S. 104.

33 *Forstmann*, Albrecht, a.a.O., S. 104.

34 Vgl. *Forstmann*, Albrecht, a.a.O., S. 105.

35 Vgl. *Forstmann*, Albrecht, a.a.O., S. 106. Forstmann beruft sich an dieser Stelle ausdrücklich auf Keynes.

treten pflegt. Doch sind das Fragen der Terminologie. Wir haben nun zu untersuchen, ob dies die einzigen Unterschiede zwischen den beiden Autoren auf unserem Prüffeld sind.

4. Vergleich der Geldsysteme Euckens mit den Geldarten Forstmanns

Zunächst ist vor dem eigentlichen Vergleich ins Gedächtnis zurückzurufen, daß Eucken und Forstmann nicht den gleichen Geldbegriff haben. Während für Eucken die Tauschmittelfunktion konstitutives Merkmal des Geldes ist, müssen nach Forstmann 2 Funktionen wahrgenommen werden. Er nennt nur das Geld, was die abstrakte Funktion den Recheneinheit und die konkrete des allgemeinen Tauschmittels zugleich erfüllt[36]. Dieser unterschiedliche Ausgangspunkt ist stets zu beachten. Wir werden davon absehen, im folgenden immer wieder darauf zu verweisen.

Sowohl die Geldarten Forstmanns wie die Geldsysteme Euckens sind reine Idealtypen im Euckenschen Sinn. Sie sind die Bausteine, aus denen alle konkreten Geldordnungen bestehen. Unterschiedlich ist ihre Bezeichnung. Eucken nennt diese Modelle Geldsysteme, Forstmann Geldarten. Auch Forstmann gebraucht den Ausdruck „Geldsystem", versteht aber darunter die konkret gegebene Ordnung des Geldwesens, die aus einer Geldart oder einer Kombination mehrerer bestehen kann[37]. Das „Geldsystem" Forstmanns entspricht also der „Geldordnung" Euckens. Mehr als einen terminologischen Unterschied vermögen wir in den abweichenden Namen für dieselben Dinge nicht zu sehen. Im übrigen ist Forstmann auch nicht ganz konsequent beim Gebrauch dieser Termini. So benutzt er gelegentlich den Ausdruck „Geldsystem" auch im Euckenschen Sinn[38]. Wir werden im folgenden „Geldsystem" und „Geldordnung" im Sinne Euckens anwenden. „Geldart" gilt uns demnach als Synonym für „Geldsystem".

Nach diesen Vorbemerkungen werden wir die Geldsysteme mit den Geldarten im einzelnen vergleichen. Wir werden entsprechend unserer bisherigen Gliederungsversuche zunächst das erste Euckensche Geldsystem dem Warengeld, das dritte dem Kreditgeld und das zweite dem autonomen Geld gegenüberstellen.

---

[36] Vgl. *Forstmann*, Albrecht: Geld und Kredit, S. 71.

[37] Vgl. *Forstmann:* Geld und Kredit, passim; besonders S. 77 f., S. 111.

[38] Vgl. *Forstmann*, a.a.O., S. 104.

a) *Vergleich des ersten Geldsystems (Eucken) mit dem Warengeld (Forstmann)*

Die Basis dieses Geldsystems ist bei Eucken und Forstmann gleich: Ein Sachgut, eine Ware wird zu Geld. Das eigentliche Kriterium des Warengeldes ist aber der Kontrahierungszwang der geldschöpfenden Stelle. Nicht immer dann, wenn eine Ware als Geld gebraucht wird, spricht Forstmann von Warengeld, sondern nur, wenn die geldschöpfende Stelle verpflichtet ist, jede ihr angebotene Menge Geldstoff zu einem festen Preis anzukaufen. Dagegen ist dies nur einer von den vielen möglichen Fällen der Entstehung von Geld des ersten Geldsystems Euckens: Ein Sachgut wird in vollständiger Konkurrenz in Geld umgewandelt. Die geldschaffende Stelle hat nur eine technische Funktion. Er herrscht freies Prägerecht[39]. Das eventuell vorhandene Monopol der Zentralbank wird durch den Kontrahierungszwang ausgeglichen.

Geld kann im ersten Geldsystem grundsätzlich in jeder Marktform geschaffen werden. Ausdrücklich weist Eucken auf das Monopol des byzantinischen oder der griechischen Polis hin. Er erwähnt auch das offene Angebotsoligopol, in dem im Hochmittelalter die Münzen von Städten und großen Grundherren miteinander konkurrierten[40].

Papiergeld rechnet Eucken entweder zum zweiten oder zum dritten Geldsystem, nie zum ersten. Für Forstmann ist Papiergeld im allgemeinen autonomes Geld. Er läßt es — wie oben dargelegt — unter bestimmten Voraussetzungen aber auch als Warengeld gelten, wenn die allgemeinen definitorischen Voraussetzungen erfüllt sind und wenn es voll gedeckt ist.

Papiergeld, das voll gedeckt ist und das jederzeit auf Verlangen des Inhabers von der geldschöpfenden Stelle gegen eine festgesetzte Menge des Geldstoffes eingelöst werden muß, scheint zunächst tatsächlich nichts anderes zu sein, als eine praktikable, billige und leichtbewegliche Art des Warengeldes. Eucken selbst räumt ein[41], daß sich in diesem Fall das zweite Geldsystem nur wenig vom ersten unterscheidet. Immerhin ist aber zu bedenken, daß der Übergang zu einem deckungslosen Geld sehr viel leichter ist, wenn die Menschen sich erst einmal an den Gebrauch eines stoffwertlosen Geldes gewöhnt haben. Die neuere Geldgeschichte hat gezeigt, daß es nicht bei dem ersten relativ kleinen Schritt bleibt. Bei einer statischen Betrachtungsweise erscheint die Zuordnung des Papiergeldes zum ersten Geldsystem, zum Warengeld, durchaus gerechtfertigt. Berücksichtigt man in dynamischer Sicht die

---

39 Vgl. *Eucken:* Grundlagen, S. 118.

40 Vgl. *Eucken:* Grundlagen, S. 118.

41 Vgl. *Eucken:* Grundlagen, S. 120.

dadurch erleichterte weitere Entwicklung, den transitorischen Charakter dieses Geldes, so ist es durchaus vertretbar, hierin bereits die Spielart eines neuen Geldsystems zu konstatieren.

Für Eucken ist das entscheidende Kriterium die Stoffidentität Ware — Geld. Forstmann dagegen stellt darauf ab, daß jedermann jederzeit in der Lage ist, eine beliebige Menge Geldstoff in festgelegter Relation in Geld umzutauschen und umgekehrt. Das Geldzeichen selbst kann aus wertlosem Material sein, wenn nur die volle Deckung gewährleistet ist. Andererseits ist auch ein vollwertiges Metallgeld nicht immer ein Warengeld. Für Eucken wäre also die Goldumlaufwährung stets dem ersten Geldsystem zuzurechnen, die Goldkernwährung nie. Für Forstmann könnten unter gewissen Umständen beide Währungsarten Warengeld sein, auch das umlaufende Goldgeld wäre es aber nicht in jedem Falle.

Das Warengeld Forstmanns ist also zugleich weiter und enger als das erste Euckensche Geldsystem, von dem es deutlich beeinflußt ist. Es ist ein modifiziertes erstes Geldsytem.

b) Vergleich des dritten Geldsystems (Eucken) mit dem Kreditgeld (Forstmann)

Das dritte Geldsystem Euckens und das Kreditgeld unterscheiden sich in der Formulierung nur unwesentlich. Im dritten Geldsystem „schafft der Kreditgeber Geld“, während das Kreditgeld „durch einen Akt der Kreditgewährung“ entsteht. Forstmann läßt keinen Zweifel darüber, daß nur die Banken Kreditgeld schöpfen können. Bei Eucken könnte man den Eindruck bekommen, als ob Banknoten und Giralgeld nur Beispiele seien. Doch führt er keinen Fall an, in dem eine Nichtbank durch Kreditgewährung Geld geschaffen hat. Wir ziehen daraus den Schluß, daß auch Eucken — offenbar selbstverständlich — davon ausgeht, daß im dritten Geldsystem nur Banken Geld schöpfen. Forstmann hat also das von Eucken geprägte dritte Geldsystem mit einer Klarstellung in der Formulierung voll übernommen.

Auch bei der Zuordnung der einzelnen Phänomene konnten wir nur einen Unterschied feststellen: Ist die Zentralbank verpflichtet, dem Staat auf dessen Anforderung gegen gewisse Unterlagen Geld zur Verfügung zu stellen, mit dem der Staat Waren kauft oder Bedienstete bezahlt, so ist dieses Geld für Eucken im dritten Geldsystem geschaffen. Forstmann dagegen rechnet es zum autonomen Geld und bezeichnet den Staat als geldschöpfende Stelle[42]. Eucken meint zwar, es sei auch

[42] Vgl. *Eucken:* Grundlagen, S. 120; *Forstmann,* Albrecht: Geld und Kredit, S. 105.

ökonomisch bedeutsam, ob der Staat das Papiergeld selbst schaffe oder ob er Schatzwechsel begebe und sich dafür von der Zentralbank Geld auszahlen lasse. Wir vermögen hierin nur einen technischen Unterschied zu sehen. Dieses Geld hat mit dem Kreditgeld der Banken nur die Form gemein. Wenn und insoweit die Zentralbank die Schatzwechsel gegen Geld annehmen muß, ist sie nicht mehr als ein Werkzeug. Ihre Organe haben nicht die Möglichkeit zur eigenen Willensbildung. Genauso wenig wie eine Druckerei Geld schöpft, wenn sie für die Bank oder den Staat Geld druckt, genauso wenig schöpft in unserem Fall die Zentralbank Geld. Wer weder auf das Ob noch Wie noch Wieviel der Geldschöpfung Einfluß hat, schöpft kein Geld. Im übrigen gibt sich auch Eucken über die Rolle der Zentralbanken in modernen Geldordnungen keinen Illusionen hin, wie folgende Stelle zeigt: „Dabei (im dritten Geldsystem) liegt der Schwerpunkt der Kreditpolitik zunächst auf den Zentralbanken selbst, die eine gewisse Selbständigkeit besitzen; seit den dreißiger Jahren unseres Jahrhunderts aber bei den staatlichen Zentralbehörden, z. B. bei den Finanzministerien, welche die Zentralbanken als Kredit- und Geldbeschaffungsmaschinen benutzen[43].“ Dem ist nur noch hinzuzufügen, daß in der Nachkriegszeit wenigstens in einigen Ländern, wie z. B. den USA und der Bundesrepublik Deutschland, die Stellung der Zentralbank gegenüber der Regierung wieder wesentlich gestärkt worden ist. So bestimmt das Gesetz über die Deutsche Bundesbank, daß die Bundesbank von Weisungen der Bundesregierung unabhängig ist, aber unter Wahrung ihrer Aufgabe (Sicherung der Währung) die allgemeine Wirtschaftspolitik der Bundesregierung zu unterstützen hat[44]. Auch im Rahmen des Bund, Ländern und Gemeinden bei der Bundesbank eingeräumten Kreditplafonds ist die Bundesbank zwar *berechtigt*, aber *nicht verpflichtet*, den genannten Gebietskörperschaften — auch dem Bund! — Kredit zu gewähren[45]. Aus diesen Gründen erscheint uns die Entscheidung Forstmanns besser begründet, wonach Geld, zu dessen Schaffung die Zentralbank auf Verlangen des Staates *verpflichtet* ist, nicht zum Kreditgeld gerechnet wird, auch wenn die Zentralbank dem Staat formal einen Kredit gewährt[46].

Abgesehen von dieser einen Abweichung ist das Kreditgeld Forstmanns mit dem Euckenschen dritten Geldsystem identisch.

---

[43] *Eucken:* Grundlagen, S. 122.

[44] Vgl. Gesetz über die Deutsche Bundesbank vom 26. Juli 1957, BGBl. I, S. 745 ff, §§ 12, 3.

[45] Vgl. Gesetz über die Deutsche Bundesbank vom 26. Juli 1957, a.a.O., § 20 Abs. 1.

[46] Zu diesem Ergebnis kommt auch Friedrich *Thomée:* Die Bedeutung der Geldschöpfung für den zeitlichen Aufbau der Produktion — unter besonderer Berücksichtigung Euckenscher Geldsysteme, Dissertation, Bonn (Promoviert am 30. 1. 1954), S. 43 f.

c) Vergleich des zweiten Geldsystems (Eucken) mit dem autonomen Geld (Forstmann)

Auch die Definitionen des zweiten Geldsystems und des autonomen Geldes sind fast identisch: „Geld entsteht bei Lieferung einer Ware oder bei Leistung von Arbeit als Gegenleistung" (Eucken), autonomes Geld entsteht dadurch, „daß der Empfänger einer Ware oder einer Leistung zu deren Bezahlung Geld schöpft" (Forstmann). Die Kennzeichnung „autonom" bringt kein neues, zusätzliches Element. Auch die geldschöpfende Stelle des zweiten Geldsystems hat die „totale Initiative"; sie bestimmt, ob sie kaufen oder Leistungen in Anspruch nehmen will, und sie entscheidet ebenfalls darüber, ob sie als Gegenleistung neues Geld schöpfen will. Sie ist autonom.

So bleibt ein Unterschied in der Formulierung: Eucken stellt auf „Leistung von Arbeit" ab, Forstmann dagegen auf „Leistung" schlechthin. Auch wenn Arbeit in einem weiten Sinn begriffen wird, etwa im Sinn aller menschlichen Dienstleistung physischer und psychischer Art, so ist die Forstmannsche Fassung doch weiter. Eine praktische Bedeutung kommt diesem Unterschied aber kaum zu.

Wiederum bleibt ein Zuordnungsproblem übrig, das einer Erörterung bedarf und sie auch wert ist. Forstmann spricht auch dann von autonomem Geld, wenn die Zentralbank Geld schafft, um damit im Rahmen der Offen-Markt-Politik gekaufte Effekten zu bezahlen. Diese Zuordnung begegnet einigen Zweifeln. Voraussetzung für autonome Geldschöpfung soll es doch sein, daß die geldschöpfende Stelle die „totale Initiative" bezüglich der Geldschöpfung *und* der güterwirtschaftlichen Geldentstehungsursachen hat. Im Fall der Offen-Markt-Politik gibt es keine güterwirtschaftliche Veranlassung der Geldschöpfung. Für die Geldschöpfung selbst liegt die Initiative auch nur in dem Maß bei der Zentralbank, als sie in ihrer Entscheidung wirklich frei ist und nicht nur Weisungen der Regierung ausführt — also etwa Mobilisierungstitel einlösen muß. Der Grund für die Geldschöpfung liegt also entweder darin, daß die Zentralbank Geld in den Bankenapparat pumpen *will* — dann hat sie insoweit die Initiative — oder pumpen *muß* — dann hat sie auch insoweit die Initiative nicht. Der Entstehung der Effekten selbst wird zwar in der Regel eine güterwirtschaftliche Veranlassung zugrunde liegen; sie gehört aber zum Zeitpunkt des Offen-Markt-Geschäftes bereits der Vergangenheit an und geht zudem nicht auf die Initiative der geldschöpfenden Stelle zurück.

Sieht man von diesen Bedenken ab, so bleibt die grundsätzliche Frage, ob Effekten Waren oder Leistungen sind. Wären sie weder das eine noch das andere, so könnte zu ihrer Bezahlung kein autonomes Geld geschöpft werden. Die Effekten verbriefen zum Teil Geldforderungen, zum Teil Eigentumsrechte. Letztere repräsentieren Realinvestitionen und könnten daher in diesem Zusammenhang wohl als Waren bezeichnet werden. Mit dieser Begründung entscheidet sich denn auch Forstmann dafür, dieses Geld zum autonomen Geld und nicht zum Kreditgeld zu rechnen. Eucken hat sich nicht mit der Frage befaßt. Da aber solche Papiere einen realen Wert in der Güterwelt repräsentieren, ist das zu ihrem Ankauf geschöpfte Geld auch dem zweiten Euckenschen Geldsystem zuzuzählen. Es kann keinen Unterschied machen, ob eine Bank z. B. ein ganzes Unternehmen auf einmal oder durch Kauf aller Aktien erwirbt. In jedem Fall kauft sie einen realen Wert[47]. Wenn also die Zentralbank im Rahmen der Offen-Markt-Politik derartige Papiere erwirbt und sie mit Zentralbankgirogeld bezahlt, so schöpft sie Geld des zweiten Geldsystems.

Das Offen-Markt-Geschäft erstreckt sich aber auch auf Papiere, wie Wechsel und Schatzwechsel, die Geldforderungen verbriefen und nicht Realinvestitionen repräsentieren[48]. Derartige Papiere können nicht als Waren oder (Sach-)Güter bezeichnet werden. Wechsel z. B. repräsentieren allenfalls, wenn es Warenwechsel sind, ein güterwirtschaftliches *Umlauf*geschehen. In anderem Zusammenhang hat Forstmann daher keine Bedenken, das zu ihrem Ankauf geschöpfte Geld zum Kreditgeld zu rechnen. Eucken zählt es zum dritten Geldsystem[49]. Das stimmt mit der Definition des Kreditgeldes bei beiden Autoren überein. Werden von der Zentralbank oder den Banken Schatz- oder Warenwechsel übernommen, so bedeutet dies wirtschaftlich eine Kreditgewährung durch die Bank. Räumt die Bank dem Kunden in Höhe des Übernahmepreises ein Guthaben ein, so ist dieses Buchgeld „durch den Kreditgeber geschaffen" oder „in einem Akt der Kreditgewährung" entstanden[50]. Nur der Vollständigkeit halber sei daran erinnert, daß weder die Hingabe der Waren- und Schatzwechsel noch diese selbst eine „Leistung" darstellen, sondern nur ein Leistungs-(Zahlungs-)versprechen.

---

[47] Wenn Eucken Geld, das beim Kauf von Wertpapieren geschaffen wird, dem dritten Geldsystem zurechnet, dann hat er an Papiere, die Anteilrechte verkörpern, wohl nicht gedacht, sondern an solche, die eine Geldforderung verbriefen. Vgl. *Eucken:* Untersuchungen, S. 314.

[48] *Forstmann* geht zu Unrecht davon aus, daß im Offen-Markt-Geschäft derartige Papiere nicht gehandelt würden (vgl. z. B. § 21 des Bundesbankgesetzes vom 26. 7. 1957; BGBl. I, S. 745).

[49] Allerdings wird hier nicht ausdrücklich der Fall der Offen-Markt-Politik behandelt, sondern ganz allgemein die Diskontierung von Wechseln und der Kauf von Wertpapieren durch die Banken. Aber die Argumente gelten auch für das Offen-Markt-Geschäft der Zentralbank. Vgl. *Eucken:* Untersuchungen, S. 314.

[50] Zu diesem zutreffenden Ergebnis kam für den Fall der Wechseldiskontierung auch schon von Stackelberg in der Besprechung der 1. Auflage der „Grundlagen der Nationalökonomie". Vgl. *von Stackelberg*, Heinrich: Die Grundlagen der Nationalökonomie, in: Weltwirtschaftliches Archiv, 51. Bd. (1940), S, 279, Anm. 1.

Wir kommen also zu dem Ergebnis, daß im Rahmen der Offen-Markt-Politik geschaffenes Geld bei Eucken je nach Art der Papiere zum zweiten oder zum dritten Geldsystem gehört, während es bei Forstmann in jedem Fall zum autonomen Geld zählt. Forstmann geht dabei aber von der unzutreffenden Voraussetzung aus, daß diese Papiere nie ein Umlaufgeschehen repräsentieren, sondern stets eine Realinvestition. Soweit die Offen-Markt-Geschäfte auch andere Papiere erfassen, müßte man auch nach Forstmanns Systematik das Geld zum Kreditgeld zählen.

Abschließend soll noch erwähnt werden, daß Scheidemünzen für Forstmann auch dann autonomes Geld sind, wenn ihr Nennwert dem Stoffwert entspricht, da der Staat nicht zur Geldschöpfung verpflichtet ist[51]. Eucken dagegen würde *derartige* Scheidemünzen wohl dem ersten Geldsystem zurechnen, da sie alle Voraussetzungen dieser Geldart erfüllen.

Zum zweiten Geldsystem zählt Eucken auch Schuldscheine Privater, die zumindest in einer Gruppe von Menschen, z. B. bei Großhändlern, als Tauschmittel anerkannt und gebraucht werden. Für Forstmann stellt sich die Frage nicht, da für ihn bloße Tauschmittel wie solche Wechsel kein Geld sind.

d) *Zusammenfassung der Ergebnisse des Vergleichs*

Forstmann schließt sich in der prinzipiell genetischen Fragestellung nach den Geldsystemen an Eucken an. Er kommt auch zu drei Geldsystemen, die im wesentlichen den Euckenschen entsprechen, wenn auch die Formulierungen zuweilen abweichen.

Beide Autoren gehen vom äußeren Vorgang aus. Dieser äußere Entstehungsprozeß bleibt für Eucken das entscheidende Kriterium, während Forstmann einen Schritt weiter geht und zusätzlich darauf abstellt, wer diesen Geldschöpfungsprozeß lenkt, wer die Planungshoheit und Verfügungsmacht über die Geldentstehung innehat. Ähnliche Überlegungen klingen auch bei Eucken an, wenn er darauf hinweist, daß Geld in den verschiedenen Marktformen geschaffen werden könne. Aber sie klingen eben nur an und werden nicht konsequent als Kriterium eingeführt, während sie bei Forstmann als Abgrenzungsmerkmal sogar wichtiger werden als der äußere Vorgang. Das ist um so verwunderlicher, als doch Eucken beim Aufbau seiner Wirtschaftssysteme der Frage nach dem Träger der Planungshoheit die Schlüsselfunktion zuweist. Im Endergebnis führt der zusätzliche Gesichtspunkt aber doch

---

[51] Vgl. *Forstmann*, Albrecht: Geld und Kredit, S. 106.

nur beim ersten Geldsystem zu einer nennenswert anderen Definition. Bei der Zuordnung der einzelnen Geldphänomene zu den verschiedenen Geldsystemen kommt es kaum zu Ergebnissen, die sich nicht auch ohne das zusätzliche Kriterium erzielen ließen.

5. Kritisch-verstehende Beurteilung der Euckenschen Geldsysteme

Nach dieser vergleichenden Untersuchung können wir den Versuch wagen, die Konstruktionsidee, den Bauplan der Geldsysteme nachzuzeichnen, die Abgrenzung der einzelnen Geldsysteme extrapolierend nach diesem Bauplan soweit nötig zu verändern und schließlich die Geldsysteme zusammenfassend zu beurteilen.

a) Die dem Aufbau der Geldsysteme zugrunde liegende Leitidee

Wie die Ergebnisse der Euckenschen Arbeit beweisen, kann mit Hilfe seiner Methode eine der Grundfragen jeder Geldtheorie mit Aussicht auf Erfolg beantwortet werden, nämlich die Frage nach der Unterscheidung und Einteilung der Geldarten. Mit der Methode pointierend-heraushebender Abstraktion hat Eucken einen Kassenbestand und die aus der Geschichte bekannten Währungen untersucht. Damit hat er eine bewährte Ausgangsposition übernommen, die vor ihm K. F. Maier und J. R. Hicks[52], aber auch schon ältere Autoren gewählt hatten. Wie Knapp[53] stellt er die prinzipiell-genetische Frage nach dem Entstehen des Geldes, sucht aber anders als dieser stark juristisch orientierte Vorgänger nach ökonomischen Kriterien. Das erscheint für eine volkswirtschaftliche Geldtheorie ein grundsätzlich optimaler Ansatz. Die entscheidende Frage, die zwar nie ausgesprochen wird, aber erkennbar hinter der Einteilung der Geldsysteme steht, heißt: *In welchem Verhältnis steht das Geld zur realen Welt der Güter?*

Das *erste* Geldsystem ist voll in die Güterwelt integriert. Das Geld ist ein reales Gut, das eigenen Wert hat und zeitweilig *zusätzlich* Tauschmittelfunktion übernimmt. Neben dem stets, wenn auch latent, vorhandenen „Warenwert" hat es nun noch vorübergehend den „Geldwert" des allgemeinen Tauschmittels. Es ändert sich in der Substanz gar nicht, allenfalls — in höheren Erscheinungsarten (Münze) — in der Form. Geld und Gut sind identisch.

Das *zweite* Geldsystem kennt diese Identität nicht mehr. Immerhin kann Geld auch in diesem Geldsystem nur aufgrund eines realen

---

[52] Eucken bezieht sich ausdrücklich auf Hick, K. F. Maier, Menger, Marshall und Walras. Vgl. *Eucken*, Grundlagen, S. 260, Anm. 45, 2. Abs.

[53] Vgl. *Knapp*, Georg Friedrich: Staatliche Theorie des Geldes, 2. Aufl., München und Leipzig 1918.

korrespondierenden Vorgangs in der Welt der Güter und Dienstleistungen entstehen. Fließen im ersten Geldsystem z. B. in die Münze die zu ihrer Produktion vom Bergwerk bis zum Prägestock erforderlichen Leistungen der Produktionsfaktoren sichtbar, „greifbar" ein, so verkörpert das Geld des zweiten Geldsystems zeichenhaft die Leistungen, die vorher oder Zug um Zug erbracht worden sind und einen realen Güterzuwachs bewirkt haben[54]. Das Geld verschwindet wieder, wenn die geldschöpfende Stelle selbst Dienste leistet oder Waren in den Wirtschaftskreislauf zurückgibt. Die Bindung an die Güterwelt ist also noch sehr eng: ohne Vorgang auf dem Güter-(und Leistungs-)sektor entsteht kein Geld.

Das Geld selbst ist wertlos. Diese Geldart kann daher ihre Aufgabe nur erfüllen, wenn ihr ein noch größeres Vertrauen in ihre Tauschmittelqualität entgegengebracht wird als dem Geld des ersten Systems, das immer noch als Gut ver- oder gebraucht werden kann, wenn es als Geld nicht mehr verwendbar ist.

Das Vertrauensmoment wird beim *dritten* Geldsystem beherrschend. Die Verbindung zum Bereich der realen Güter oder der Dienstleistungen wird sehr locker oder entfällt ganz. Das Gut ist nicht dem Geld identisch, es muß auch nicht vorher produziert sein. Die Leistung wird weder vorher noch Zug um Zug erbracht, sie wird vielmehr erst für die Zukunft erwartet. Dem Geld korrespondiert das Versprechen einer zukünftigen Leistung. Die versprochene Leistung ist formell nur ein Rückzahlungsversprechen. Es wird nur eingehalten werden können, wenn die gewährten Kredite so produktiv angelegt werden, daß *in Zukunft* ein entsprechender wertschöpfender Vorgang in der Welt der realen Güter und Dienste zu erwarten ist. Die Verbindung zwischen dem Geld und der realen Güterwelt ist aber im Zeitpunkt der Geldschöpfung noch nicht Wirklichkeit, sondern erhoffte Zukunft. Sie ist daher auch mit all den sich daraus zwangsläufig ergebenden Risiken und Zufälligkeiten belastet.

Wird die Bindung des Geldes an die Güterwelt vom ersten zum dritten Geldsystem immer dünner, so wird umgekehrt proportional die Manipulierbarkeit des Geldes immer größer. Das erste Geldsystem ist an knappe Güter gebunden, deren Produktion teuer ist. Das zweite weitet den Kreis prinzipiell auf alle Güter und Dienste aus, die aber schon produziert oder geleistet sein müssen. Die Geldproduktion selbst

---

[54] Damit ist nichts darüber gesagt, ob dem zusätzlichen Geld ein vermehrtes Angebot an produzierten Waren entspricht. Das Gegenteil wird der Fall sein: Geld kommt neu in Umlauf, Waren dagegen werden dem Kreislauf (zunächst) entzogen. Auf diesen Aspekt, den Friedrich Thomée betont hat, wollen wir nicht weiter eingehen. Vgl. *Thomée*, Friedrich, a.a.O., bes. S. 74 f.

ist hier bereits so gut wie kostenlos. Das Geld hat die Form von Noten oder Giralgeld. Es hat also gar keinen materiellen Träger oder einen ohne nennenswerten Materialwert. Das dritte Geldsystem besteht ebenfalls aus Papier- oder Giralgeld, setzt aber daneben überhaupt keine Vorgänge voraus, die etwas kosten. Man kann das Ergebnis auch mit Euckens Worten so ausdrücken: Die Elastizität der Geldversorgung nimmt auf dem Weg vom ersten zum dritten Geldsystem immer mehr zu[55].

Der Zugang zu diesem gedanklichen Gerüst erschließt sich nicht leicht aus den von Eucken gewählten Formulierungen, die — anders als die Forstmanns — ohne ausdrückliches Korrektiv allein an den äußeren Vorgang der Geldschöpfung (im ersten Geldsystem) oder an das zugrunde liegende Rechtsgeschäft (zweites und drittes Geldsystem) anknüpfen. Diese Darstellungsmethode ist vor allem deshalb verwirrend, weil — wie eben dargetan allerdings nur scheinbar — der Beurteilungsmaßstab wechselt. Man würde an sich nach einem ersten Geldsystem mit wertvoller Trägersubstanz ein zweites Geldsystem mit wertloser Trägersubstanz, Papier- oder Notalgeld, und als drittes ein substanzloses Geld (Giralgeld) erwarten. Eucken geht diesen Weg nicht. Er wählt vielmehr eine Gedankenführung, die zwar auch auf das Verhältnis des Geldes zur realen Güterwelt abstellt, dabei aber zu einem tieferen Verständnis der Zusammenhänge gelangt.

Im übrigen hat es durchaus eine Bedeutung, wenn — scheinbar nur im zweiten und dritten Geldsystem, in Wirklichkeit aber auch im ersten — solcher Nachdruck auf das Rechtsgeschäft der Geldschöpfung gelegt wird. Die Muscheln werden erst Geld, wenn sie als Tauschmittel und nicht als Schmuck verwendet werden, d. h. genau genommen, wenn sie zu diesem neuen Zweck bestimmt werden. Da diese Bestimmung aber als psychischer Vorgang nicht erkennbar ist, wird die Muschel erkennbar erst dann Geld, wenn sie als Tauschmittel in Umlauf gegeben wird. Bei diesem Geldsystem kommt es darauf an, ob die Sache als Tauschmittel oder als Ware *gebraucht* wird. Das ergibt sich unmißverständlich aus den folgenden Bemerkungen: „Geld verschwindet in diesem Geldsystem, indem es wieder als Ware gebraucht wird." „Getreide diente bei einigen Umsätzen als Geld und später wieder als Ware[56]." Selbst die Münze wird erst Geld, wenn sie als Tauschmittel in Verkehr gebracht wird. Sie wird es also, juristisch gesprochen, durch den Begebungsvertrag und die Übergabe. Daher kann Eucken formulieren: „Oft erfolgt sie (die Geldschaffung) in ‚geschlossenem Angebotsmonopol‘: Wenn etwa eine griechische Polis in

[55] Vgl. *Eucken:* Untersuchungen, S. 315.

[56] *Eucken:* Grundlagen, S. 117.

Monopol Münzen schlug und ausgab und wenn der römische Staat seit Caesar den Goldaureus und der byzantinische Kaiser als Monopolist den Goldsolidus in Verkehr setzten[57]." Solange die geprägte Münze noch in der Münzanstalt lagert, ist sie noch kein Geld[58]. Wir können feststellen, daß sich durch diese „Begebungstheorie" der Geldbegriff Euckens praktisch dem Stuckens annähert, der ja die in den Tresoren der Banken lagernden Tauschmittel nicht zum Geld rechnet.

Auch das Papiergeld wird erst Geld, wenn es als Gegenleistung oder als Kredit hingegeben wird. Es wird nicht durch die Druckerei geschöpft. Das Papier wird nicht etwa durch das Drucken zu Geld — bei den Banknoten ist dies ganz klar sichtbar. Nur bei einer solchen Deutung der Geldentstehung wird es verständlich, wenn Eucken schreibt: „Tag für Tag *entstehen* Noten durch Kreditgewährung und verschwinden durch Kreditrückzahlung[59]." Auch in der Definition des zweiten Geldsystems heißt es folgerichtig, „Geld entsteht ... als Gegenleistung"[60] und eben nicht durch das Bedrucken des Papiers. Ganz offenkundig gilt das gleiche für das Giralgeld, das keinen materiellen Träger hat. Hier entsteht Geld durch die Kreditgewährung selbst (drittes Geldsystem) oder wenn dem Konto ein gewisser Betrag als Gegenleistung gutgeschrieben wird (zweites Geldsystem).

Die von Eucken gewählten Formulierungen sind wohl nicht als unabänderliche Wortdefinitionen zu verstehen, sondern eher als Beschreibungen der Phänomene. Wenn sie auch dem flüchtigen Betrachter den roten Faden des Aufbaues der Geldsysteme vorenthalten, so beweisen sie andererseits, daß diese Geldsysteme auch einer juristischen Betrachtungsweise standhalten. Sie bilden eine Synthese wirtschaftlicher und juristischer Sicht des Geldes.

b) Überprüfung der Abgrenzung der Geldsysteme nach den im Vergleich mit den Geldarten Forstmanns gewonnenen Gesichtspunkten

So positiv der methodische Ansatz und der grundsätzliche Aufbau der Geldsysteme zu beurteilen sind, so erscheinen doch im einzelnen manche Grenzkorrekturen erforderlich. Dies wurde bereits beim Vergleich zu den Forstmannschen Geldarten dargelegt. Wir wollen an dieser Stelle lediglich die Änderungen zusammenfassen, die uns

---

57 *Eucken:* Grundlagen, S. 118.

58 Derartige Münzen sind kein Falschgeld, sondern Nichtgeld. Werden sie auf unlautere oder unerlaubte Weise in den Verkehr gebracht, so haben sie den Rechtsschein der Gültigkeit für sich.

59 *Eucken:* Grundlagen, S. 110. Hervorhebung durch den Verfasser.

60 *Eucken:* Grundlagen, S. 118.

erforderlich erscheinen. Die Begründung im einzelnen wurde bereits beim Vergleich der Geldsysteme mit den Geldarten Forstmanns gegeben.

aa) Am *ersten Geldsystem* sind demnach keine Korrekturen vorzunehmen. Es erscheint weder erforderlich noch auch nur von Vorteil, das vollgedeckte Papiergeld mit Einlösungsverpflichtung dem ersten Geldsystem zuzurechnen. Forstmann folgen wir auch nicht, wenn er den Kontrahierungszwang zu festem Preis als wesentliches Kriterium dieser Geldart einführt.

bb) Beim *zweiten Geldsystem* ist zweierlei anzumerken. Einmal ist ein von Eucken nicht eigens erwähnter Fall hier zu subsumieren, also eine Lücke zu schließen. Weiter aber erwies es sich als nötig, die Grenze zwischen dem zweiten und dritten Geldsystem im ausdrücklichen Gegensatz zu Eucken zu verschieben. Wir zählen also das Geld, das die Banken — auch die Zentralbank in der Offen-Markt-Politik — zur Bezahlung von Wertpapieren hingeben, zum zweiten Geldsystem, wenn die Wertpapiere keine Forderungs-, sondern Anteilsrechte verbriefen.
Das Geld, das die Zentralbank dem Staat gegen gewisse Unterlagen zur Verfügung stellen *muß*, betrachten wir nicht als Kreditgeld der Notenbank, sondern als vom Staat geschöpftes Geld des zweiten Geldsystems. Insoweit weichen wir im Sinne der Euckenschen ökonomischen Betrachtungsweise ausdrücklich von der Euckenschen Systematik ab.

cc) Abgesehen von dieser Grenzberichtigung schließen wir uns dem *dritten Geldsystem* in der Euckenschen Formulierung voll an. Lediglich der Klarheit halber bemerken wir noch, daß nur die Banken Geld dieser Art schaffen können.

c) Kurze zusammenfassende Beurteilung der Euckenschen Geldsysteme

Euckens Versuch, seine idealtypische Betrachtungsweise und die Methode pointierend-hervorhebender Abstraktion auch auf die Geldordnungen anzuwenden, ist als gelungen zu bezeichnen. Damit hat er zugleich einen Beweis für die Brauchbarkeit dieser Methode zur Erarbeitung theoretischer Modelle geführt.

Die Anwendung des morphologischen Apparates der Marktformen auf die Geldentstehung bereichert die geldtheoretische Betrachtung um eine wichtige Facette. Die Währungsbausteine „Geldsysteme“ geben auch dem geldtheoretisch weniger Bewanderten ein ideales Rüstzeug für die Erkenntnis dieser Strukturen. Sie sind geeignet für die Beschreibung und Erklärung der verschiedenen konkreten Geldordnungen[61].

Mit Recht bezeichnet daher Wilhelm Vleugels in einer Besprechung der 1. Auflage der „Grundlagen der Nationalökonomie" die Geldsysteme als besonders geeignet für den Praktiker. Zugleich sieht er darin etwas, was die Theorie auflockert und „die theoretische Durchleuchtung der Wirtschaftswirklichkeit grundsätzlich weiterführt"[62]. Allerdings hat dieser Impuls in der späteren geldtheoretischen Forschung von wenigen Ausnahmen, wie z. B. Forstmann, abgesehen, lange Zeit kaum eine Reaktion hervorgerufen.

Neuerdings wird die Euckensche Terminologie der Geldsysteme und Geldordnungen in der geldtheoretischen Literatur wieder aufgenommen. So kommt Ehrlicher in seiner Theorie der Geldordnung zur prinzipiell gleichen Unterscheidung zwischen drei „Geldsystemen", die als „reine Formen der Geldschöpfungstechnik"[63], als „Bauelemente"[64], als „theoretische Instrumente"[65] bezeichnet werden, und den „konkreten Geldordnungen"[66]. Letztere stellen sich „kaum jemals als reine Formen, sondern immer als Mischungen aus den Elementen verschiedener Geld- und Währungssysteme" dar[66]. Die drei Geldsysteme sind 1. das Warengeldsystem, 2. das Kreditgeldsystem und 3. das interventionistische Geldsystem. Sie sichern jeweils die Durchsetzung eines der folgenden Prinzipien 1. der internationalen Wertstabilität, 2. der Neutralität des Geldes und 3. des geldpolitischen Interventionismus. Im einzelnen sind bei aller Ähnlichkeit in den Benennungen der Geldsysteme gravierende Unterschiede in der Inhaltsbestimmung und Begründung im Vergleich zu Euckens Lehre vorhanden. Trotzdem handelt es sich unverkennbar um zeitgemäße Weiterentwicklungen der Euckenschen Geldsysteme unter Berücksichtigung mancher Gedanken und Formulierungen Forstmanns.

Dieser kurze Überblick über den aktuellen Beitrag Ehrlichers zur geldtheoretischen Grundlagenforschung zeigt, daß Euckens Geldsysteme prinzipiell und generell auch für den Geldtheoretiker und nicht nur für den Praktiker brauchbare Instrumente zur Analyse der Strukturen der konkreten Geldordnungen darstellen.

---

[61] Vgl. *v. Stackelberg*, Heinrich: Grundlagen der Nationalökonomie, in: Weltwirtschaftliches Archiv, Bd. 51 (1940), S. 279.

[62] *Vleugels*, Wilhelm: Volkswirtschaftslehre als Lehre von der geschichtlichen Wirklichkeit der Wirtschaft, in: Jahrbücher für Nationalökonomie und Statistik, 152. Bd., S. 517.

[63] Vgl. *Ehrlicher*, Werner: Geldtheorie, in: HDSW, 4. Bd., Stuttgart, Tübingen, Göttingen 1965, S. 248 ff.; hier S. 249.

[64] *Ehrlicher*, Werner, a.a.O., S. 254.

[65] *Ehrlicher*, Werner, a.a.O., S. 253.

[66] *Ehrlicher*, Werner, a.a.O., S. 248.

Die Frage nach der Entstehung des Geldes wird von Veit im Anschluß an Eucken beantwortet[67]. Auch die Erörterungen Veits beweisen, daß diesen drei Entstehungsarten des Geldes alle Geldarten subsumiert werden können und daß Eucken damit eine brauchbare und zweckmäßige, klare und eindeutige Einteilung gefunden hat. Diese positive Beurteilung schließt nicht aus, daß auch wir — ähnlich wie Röpke — eine ergänzende und extrapolierende, auch punktuell widersprechende Kritik *im einzelnen* für erforderlich halten[68], wie sie hier versucht wurde.

IV. Euckens Auffassung über die Rolle des Geldes in Wirtschaft und Staat

Wie bereits dargelegt, ist für Eucken die Geldtheorie nicht ein Übungsfeld für Spezialisten, sondern ein integrierter und integrierender Bestandteil der allgemeinen Theorie. Im letzten Kapitel dieses den Grundfragen der Geldtheorie gewidmeten Teils unserer Untersuchung werden wir die Position des Geldes unter einem andern Gesichtspunkt prüfen. Wir werden Euckens Ansichten über das Verhältnis zwischen Geld und Wirtschaft im Modell und in den realen Ordnungen sowie zwischen Geld und Staat darstellen und würdigen.

1. Das Verhältnis des Geldsystems zum Wirtschaftssystem in Euckens Sicht

Aus der Untersuchung der Wirtschaftspläne und ihres Zustandekommens destilliert Eucken zwei reine Grundformen, die „Zentralgeleitete Wirtschaft" und die „Verkehrswirtschaft"[1]. Insgesamt werden sechs idealtypische Formen der Zentralgeleiteten Wirtschaft[2] und hundert der Verkehrswirtschaft[3] unterschieden. Die Skala reicht von der total zentralgeleiteten Wirtschaft, in der Produktion, Verteilung und Konsum nach *einem* zentralen Plan ablaufen und überhaupt kein Tausch zugelassen ist, bis zur Verkehrswirtschaft der vollständigen Konkurrenz, in der beide Marktseiten offen sind[4].

Alle idealtypischen Wirtschaftssysteme zentraler Leitung verbindet ein Merkmal: Der Produktionsprozeß wird von *einem* Plan geleitet.

---

[67] Vgl. *Veit,* Otto: Reale Theorie des Geldes, S. 22 ff.

[68] Vgl. *Röpke,* Wilhelm: Blätter der Erinnerung an Walter Eucken, in: Ordo, XII. Bd., S. 17.

[1] Vgl. *Eucken:* Grundlagen, S. 79.

[2] Vgl. *Eucken:* Grundlagen, S. 80 ff.

[3] Vgl. *Eucken:* Grundlagen, S. 110 f.

[4] Vgl. *Eucken:* Grundlagen, S. 80 und S. 111.

Selbst wenn den Konsumenten der Tausch erlaubt ist und wenn Geld gebraucht wird, kann der Konsument doch den Plan nicht entscheidend beeinflussen. Das Geld erleichtert den Tausch, hilft zu einer besseren Befriedigung der Bedürfnisse, öffnet aber keinen Zugang zur Planungsgewalt. Im übrigen wird in den Modellen der zentralgeleiteten Wirtschaft, von der total zentralgeleiteten Wirtschaft ausgehend, der Freiheitsraum des einzelnen immer größer.

Am anderen Ende der Bandbreite steht der Typus „Zentralgeleitete Wirtchaft mit freier Konsumwahl". Auch hier wird die Produktion noch von *einem* Plan gelenkt. Den Konsumenten steht es aber frei, was sie mit dem verdienten Geld kaufen[5]. Sie können dadurch ihre Wirtschaftspläne der Zentralleitung gegenüber zu Gehör bringen. Werden die Preise nicht frei gebildet, sondern nach den Bedürfnissen des Zentralplans bestimmt, so kommt dem Geld im Wirtschaftsprozeß keine besondere Bedeutung zu. Der Staat muß lediglich für Geldfülle sorgen, damit der Wirtschaftsprozeß reibungslos ablaufen kann. Richtet die Leitung ihre Investitions- und Produktionspläne nach den in der Nachfrage sich äußernden Plänen aus, so ist die Grenze zwischen der zentralgeleiteten Wirtschaft und der Verkehrswirtschaft erreicht. Daher sagt Eucken: „Man kann diesen 2. Fall der dritten Variante schon der Verkehrswirtschaft zuweisen: Eine Monopolverwaltung, die alle Märkte beherrscht, versucht die Nachfrager nach dem Prinzip ‚bestmöglicher Versorgung' zu beliefern[6]." Das Geld spielt hier schon eine bedeutsame Transformationsrolle. Eine echte, d. h. die Nachfrage der Produzenten korrekt spiegelnde Preisbildung ist nötig, die durch das Geld ermöglicht werden muß.

Abgesehen von diesem Grenzfall läßt sich feststellen, daß es Geld in den idealtypischen Wirtschaftssystemen zentraler Leitung entweder gar nicht gibt oder daß es allenfalls in dienender Funktion vorkommt. Es spielt eine geringe Rolle und ist für die Lenkung des Wirtschaftsprozesses nicht wesentlich[7]. Es gehört daher auch nicht zu den Daten, von denen die Wirtschaftspläne abhängen[8].

Konsequenterweise werden geldtheoretische Fragen nicht im Rahmen der reinen zentralgeleiteten Wirtschaft, sondern ausschließlich im Zusammenhang mit den idealtypischen Formen der Verkehrswirtschaft behandelt[9]. Diese Position wird auch in den späteren wirtschaftspolitischen Arbeiten beibehalten[10]. In den Modellen der Verkehrs-

---

5 Vgl. *Eucken:* Grundlagen, S. 83.

6 *Eucken:* Grundlagen, S. 85.

7 Vgl. *Eucken:* Grundsätze, S. 256.

8 Vgl. *Eucken:* Grundlagen, S. 133 f.

9 Vgl. *Eucken:* Grundlagen, S. 79 ff., 87 ff., 91 ff., 112 ff.

10 Vgl. z. B. *Eucken:* Grundsätze, S. 22.

wirtschaft spielt das Geld eine Hauptrolle — natürlich nur, wenn sie überhaupt geldwirtschaftlich organisiert ist. Der Ablauf des Wirtschaftsprozesses ist nicht in *einem* Plan programmiert, sondern hängt von der Koordination der vielen Einzelpläne ab, die einen funktionierenden Preismechanismus voraussetzt. Dieser wiederum wird durch drei Faktoren bestimmt: Die Marktform einerseits, die Hauptform der Geldwirtschaft und das Geldsystem andererseits[11]. Das Geld beeinflußt den Wirtschaftsprozeß nachhaltig. Ohne dieses Medium würde er wesentlich anders ablaufen[12]. Folgerichtig werden bei den Modellen der geldwirtschaftlichen Verkehrswirtschaft Geldsystem und Geldpolitik zu den vorgegebenen Daten gerechnet. Sie zählen zur Datengruppe „soziale und rechtliche Organisation"[13].

Wie in dem Kapitel über die Geldsysteme dargestellt, kann die Geldschöpfung in ganz verschiedenen Marktformen vor sich gehen. Eucken betont auch immer wieder, daß Marktformen und Geldsysteme den Wirtschaftsprozeß bestimmen. Überraschenderweise wird aber in den „Grundlagen der Nationalökonomie" an keiner Stelle versucht, die Geldsysteme bestimmten Wirtschaftssystemen zuzuordnen.

Immerhin lassen sich einige Grundsätze ableiten: In zentralgeleiteten Wirtschaftssystemen mit Geldgebrauch, wie z. B. in dem mit freier Konsumwahl, ist eine große Geldfülle für den planvollen Ablauf des Wirtschaftsprozesses günstig, wenn nicht erforderlich. Sie sorgt dafür, daß möglichst alle produzierten Waren abgesetzt werden. Geld läßt sich am billigsten und leichtesten im dritten Geldsystem schaffen, das daher am besten geeignet ist, eine große Geldmenge in den Wirtschaftskreislauf zu pumpen. Das dritte Geldsystem wird also in Affinität zu den zentralgeleiteten Wirtschaftssystemen stehen.

Umgekehrt wird das Wirtschaftssystem der Marktform der vollständigen Konkurrenz nur dann seine volle Wirkung entfalten können, nur dann die innere Stabilität und das Gleichgewicht des Wirtschaftsprozesses herbeiführen können, wenn das Geldsystem in das Gleichgewichtssystem eingebaut ist[14]. Das Geld muß also mit den Vorgängen in der Welt der realen Güter eng verbunden sein. Wie wir sehen, entsprechen erstes und zweites Geldsystem diesem Erfordernis. Doch ist das eine theoretische Einsicht, die — kaum ausgesprochen — schon zu einer Forderung an die Geldpolitik wird, wenn es darum geht, im Rahmen der Wirtschaftsordnung die Geldordnung zu gestalten.

---

[11] Vgl. *Eucken:* Grundlagen, S. 91; Grundsätze, S. 23.

[12] Vgl. *Eucken:* Grundlagen, S. 154.

[13] *Eucken:* Grundlagen, S. 148.

[14] Vgl. *Eucken:* Grundsätze, S. 198.

2. Die Interdependenz von Geldordnung und Wirtschaftsordnung in der Sicht Euckens

Noch klarer als auf der Ebene der reinen Theorie zwischen den idealtypischen Modellen der Wirtschaft und des Geldwesens sind die Affinitäten auf der Ebene der wirklichen Wirtschaft zu erkennen. Die konkreten Geld- und Wirtschaftsordnungen stehen nicht beliebig nebeneinander, sondern in enger Beziehung zueinander.

Jede Geldordnung kann nur in einer bestimmten Wirtschaftsordnung Bestand haben und zufriedenstellend arbeiten. So kann die Goldwährung nur in einer Verkehrswirtschaft mit Konkurrenz, elastischen Preisen und intakter Weltwirtschaft bestehen und funktionieren[15]. Es ist also erforderlich, bei der Analyse einer Geldordnung zugleich die Wirtschaftsordnung mit im Blickfeld zu behalten. Wird die Wirtschaftsordnung verändert, so wird sich auch die Geldordnung verwandeln. „Wie aber das Geld mit dem Vordringen der Elemente zentralgeleiteter Wirtschaft seine Funktion ändert, wissen wir; dieser Funktionswandel ist auch in den Jahren vor 1940 deutlich zutage getreten — die Einzelerscheinung und ihre Veränderung wird verständlich, wenn man sie als das sieht, was sie ist: Teil einer Gesamtordnung[16].“ Eucken kommt daher zu dem Schluß, daß jeder geldwirtschaftlichen Wirtschaftsordnung eine bestimmte Geldordnung, ja sogar ein bestimmtes Geldsystem zugeordnet ist[17].

Geldordnung und Wirtschaftsordnung stehen also in einem Verhältnis gegenseitiger Abhängigkeit. Auch die Wirtschaftsordnung kann nur erfolgreich analysiert werden, wenn die Geldordnung mit berücksichtigt wird. Geldordnung und Marktformen sind ja die konstitutiven Elemente der überwiegend verkehrswirtschaftlich geprägten Wirtschaftsordnung. Eine bestimmte Wirtschaftsordnung wird nur Bestand haben können, wenn die entsprechende Geldordnung verwirklicht ist. Diesen Gesichtspunkt hat Eucken schon 1942 in dem Aufsatz „Wettbewerb als Grundprinzip der Wirtschaftsverfassung“[18] betont und in seinen wirtschaftspolitischen Nachkriegsarbeiten immer wieder herausgestellt.

Wir haben schon darauf verwiesen, daß der Typ Verkehrswirtschaft mit vollständiger Konkurrenz ein bestimmtes Geldsystem verlangt. Der diesem Idealtypus möglichst angenäherten Wirtschaftsordnung ist eine Geldordnung zugeordnet, die ein stabiles, wertbeständiges Geld

---

15 Vgl. *Eucken:* Grundlagen, S. 57/58. Ähnliche: Grundsätze, S. 168.

16 *Eucken:* Grundlagen, S. 165/166.

17 Vgl. *Eucken:* Grundsätze, S. 168 und Grundlagen, S. 57: „In Wahrheit ist — um mit Lutz zu sprechen — ‚ein bestimmtes Geldsystem einer bestimmten Wirtschaftsordnung zugeordnet‘.“

18 In: Der Wettbewerb als Mittel volkswirtschaftlicher Leistungssteigerung und Leistungsauslese, Hrsg. Schmölders, Günther, Berlin 1942, S. 29 ff.

gewährleistet, denn ohne Stabilität des Geldwertes ist der Aufbau einer Wettbewerbsordnung nicht möglich[19]. In dieser Geldordnung darf das dritte Geldsystem nicht dominieren, da es die Geldversorgung zwar elastisch, aber unstabil werden läßt[20].

Wie bereits dargelegt, wird eine Geldordnung, in der das dritte Geldsystem dominiert, zur monetären Unstabilität neigen, damit den Preismechanismus zerstören, Korrekturen und Lenkungsmaßnahmen des Staates herausfordern. So führt sie zu Eingriffen in die Verkehrswirtschaft, ja letztlich zu einem Umbau in Richtung auf die Zentralverwaltungswirtschaft. Diesen Weg ist Deutschland in den Jahren nach 1929 gegangen[21]. Andererseits bedarf eine Wirtschaftsordnung, in der zentralverwaltungswirtschaftliche Elemente vorherrschen, des dritten Geldsystems, da es am besten manipulierbar ist und eine inflationistische Geldpolitik gestattet. Nur eine Überfülle an Geld kann den gleichgewichtslosen Wirtschaftsprozeß in Gang halten, da sie alle produzierten Waren an ihren Bestimmungsort bringt ohne Rücksicht auf die wahren Bedürfnisse[22]. Wird die Geldordnung dagegen geändert, das Geld verknappt, so kann die zentrale Verwaltungswirtschaft nicht lange dauern. „Zentrale Pläne und Preise können nicht gleichzeitig den Wirtschaftsprozeß lenken[23].“ Daher wird eine Zentralverwaltungswirtschaft immer eine Geldordnung festlegen, die nicht automatisch funktioniert, sondern die Geldschöpfung der Leitung verfügbar macht[24]. Der Wettbewerbsordnung dagegen entspricht eine Geldordnung, die auf strengen Regeln beruht, wie sie selbst. Ihr ist das zweite Geldsystem adäquat[25].

Wenn die richtige Geldordnung auch kein Wundermittel ist, so wird sie doch neben den Marktformen zur tragenden Säule der Wirtschaftsordnung. Sie vermag eine Tendenz für oder gegen die Wettbewerbswirtschaft, für oder gegen die zentrale Verwaltungswirtschaft auslösen, der nur schwer zu widerstehen ist. Die Geldordnung ist eines der konstituierenden Prinzipien der Wirtschaftsordnung.

3. Das Verhältnis der Geldordnung zur Staatsordnung in Euckens Sicht

Die von der Geldordnung ausgelöste Tendenz hat nicht nur eine wirtschaftspolitische Dimension, sondern darüber hinaus eine staats-

[19] Vgl. *Eucken:* Grundsätze, S. 256. Im gleichen Sinn schon am 26. 1. 1950 in dem Vortrag „Wettbewerb, Monopol und Unternehmer“.

[20] Vgl. *Eucken:* Grundlagen, S. 122.

[21] Vgl. *Eucken:* Grundsätze, S. 218 ff.

[22] Vgl. *Eucken:* Grundsätze, S. 117.

[23] *Eucken:* Grundsätze, S. 117.

[24] Vgl. *Eucken:* Grundsätze, S. 168.

[25] Vgl. *Eucken:* Grundsätze, S. 264.

und gesellschaftspolitische. Staatsordnung und Wirtschaftsordnung hängen voneinander ab. Sie bedingen einander[26]. Das ist ein Ausdruck der Interdependenz aller Sozialbereiche und Ordnungen. Eine zentralistische diktatorische Staatsführung neigt dazu, über kurz oder lang auch die Wirtschaft zentral zu leiten. Die Kausalkette kann aber auch umgekehrt verlaufen: Die zentrale Verwaltungswirtschaft führt zu einem Übergewicht der Verwaltung — und dazu noch der zentralen Verwaltung über die föderalistische —, die sich nicht auf das wirtschaftliche Leben beschränkt, sondern bald die sonstigen gesellschaftlichen Bereiche erfaßt. Die Folge ist eine zunehmende Entrechtung des Bürgers auf wirtschaftlichem und schließlich auch noch auf politischem Gebiet. Immer mehr Freiheitsrechte werden immer weiter eingeschränkt[27].

Da die Geldordnung ein wichtiges Element der Wirtschaftsordnung ist, wirkt sie auf diese Weise mittelbar auf die Staatsordnung ein. Daneben gibt es auch direkte Zusammenhänge zwischen Geldordnung und Wirtschaftsordnung. Die deutsche Geschichte der letzten Jahrzehnte lehrt, daß ein Geldsystem, das große Inflationen und Deflationen ermöglicht, die bestehende Staatsordnung direkt gefährdet. Eine gesunde Währung, eine funktionsfähige Geldordnung ist eine wesentliche Voraussetzung für eine freiheitliche Staats- und Gesellschaftsordnung.

Umgekehrt bedarf es aber auch einer intakten Staatsgewalt, um die richtige Ordnung des Geldwesens herzustellen und zu bewahren. Darauf hat Eucken schon am Ende der Kritischen Betrachtungen zum deutschen Geldproblem, seiner ersten geldtheoretischen und geldpolitischen Abhandlung, hingewiesen[28]. Mit den Aufgaben des Staates in der Geldpolitik werden wir uns noch zu beschäftigen haben.

4. Stellungnahme zu Euckens Ansichten über die Interdependenz von Geldsystem und Wirtschaftssystem, von Geldordnung, Wirtschaftsordnung und Staatsordnung

Wir können uns in diesem Abschnitt kurz fassen. Die neueren Autoren, die sich zum Verhältnis von Geldsystem zu Wirtschaftssystem, von Geldordnung zu Wirtschaftsordnung und Staatsordnung äußern, stimmen im wesentlichen mit den Ansichten Euckens überein. Auch wir schließen uns den Euckenschen Thesen an.

Schon bei der Erörterung der Aufgaben der Geldtheorie haben wir darauf hingewiesen, daß in der heutigen wirtschaftswissenschaftlichen

---

26 Vgl. *Eucken:* Grundsätze, S. 332 ff., 180 ff.

27 Vgl. *Eucken:* Grundsätze, S. 177.

28 Vgl. *Eucken,* a.a.O., S. 80 ff.

Literatur das Geld keinesfalls als ein über der wirtschaftlichen Realität liegender Schleier angesehen wird. Der Einfluß des Geldes auf den Wirtschafts*prozeß* wird nicht mehr bestritten. In diesem Sinn könnte man die ganze Geldtheorie heute als „Reale Theorie des Geldes" bezeichnen, wenngleich Veit in seinem gleichnamigen Werk diese Wortbedeutung erst in zweiter Linie im Auge hat[29]. Über das Verhältnis der Geldsysteme zu den Wirtschaftssystemen konnten schon kaum Aussagen Euckens nachgewiesen werden. Da die Geldsysteme lange Zeit wenig Anklang gefunden haben, ist es nicht verwunderlich, wenn positive Aussagen über die Verträglichkeit von Geldsystem und Wirtschaftssystem in seinem Modell selten sind. Allerdings weist z. B. Forstmann wie Eucken darauf hin, daß in der reinen Form der totalen Zentralverwaltungswirtschaft für die volkswirtschaftliche Erscheinung des Geldes keine Existenzmöglichkeit besteht[30]. Wir halten diese Aussage für richtig, verkennen aber nicht, daß dies letztlich nur beweist, daß die volkswirtschaftlich relevanten Funktionen des Geldes aus der Perspektive des verkehrswirtschaftlichen Wirtschaftssystems definiert sind[31].

Forstmann behandelt unter der Überschrift „Die Beziehungen zwischen Geldordnung und Wirtschaftsordnung"[32] eigentlich die Frage, welche Geldart für die verschiedenen Wirtschaftssysteme charakteristisch sei. Er kommt zu dem Ergebnis, daß der „freien Marktwirtschaft" das Warengeld entspricht[33]. Die für die „marktwirtschaftlich gelenkte Wirtschaft" typische Geldart sei das Kreditgeld[34], während für die „zentralverwaltungswirtschaftlich gelenkte Wirtschaft" das autonome Geld charakteristisch sei[35].

Zumindest für die Zukunft oder generell für die moderne Volkswirtschaft wird man daher der Feststellung Halms zustimmen können, der meint, daß die Volkswirtschaft immer eine Geldwirtschaft bleiben wird[36]. Das gilt auch für Wirtschaftsordnungen, die mehr zentralverwaltungswirtschaftlich orientiert sind. Doch sind wir damit schon bei den Beziehungen zwischen Geldordnung und Wirtschaftsordnung, mit denen sich eine reiche Literatur befaßt. Wir wollen uns auf wenige Stellen beschränken.

---

29 Vgl. *Veit*, Otto: Reale Theorie des Geldes, Tübingen 1966, S. 4 f.

30 Vgl. *Forstmann*, Albrecht: Geld und Kredit, 2. Bd., S. 545.

31 Vgl. *Ehrlicher*, Werner: Geldtheorie, in: HDSW, 4. Bd., 1965, S. 232.

32 Vgl. *Forstmann*, Albrecht, a.a.O., S. 565 ff.

33 Vgl. *Forstmann*, Albrecht, a.a.O., S. 566.

34 Vgl. *Forstmann*, Albrecht, a.a.O., S. 567.

35 Vgl. *Forstmann*, Albrecht, a.a.O., S. 568.

36 Vgl. *Halm*, George N., a.a.O., S. 20.

Stucken hat sowohl in seiner Deutschen Geld- und Kreditpolitik wie in dem Werk Geld und Kredit immer wieder und mit allem Nachdruck hervorgehoben, daß Geldordnung und Wirtschaftsordnung eng miteinander verzahnt sind und sich wechselseitig beeinflussen[37]. Die Umwandlung der Geldordnung zieht Schritt für Schritt auch die Verwandlung der Wirtschaftsordnung nach sich. Am Ende sind alle entscheidenden Daten und Zusammenhänge anders[38]. Ebenso wie Eucken sieht Stucken, wie in den Jahren vor dem 2. Weltkrieg die Wirtschaftsordnung unter Führung der Geldordnung auf dem Weg zur Zwangswirtschaft weiter und weiter ging[39]. Ähnlich wie Eucken kommt auch Stucken zu dem Ergebnis, daß eine funktionierende Geldschöpfungspolitik Voraussetzung einer freiheitlichen Wirtschaftsordnung ist[40]. Das bedeutet aber zunächst einmal, daß eine Geldordnung vorhanden ist, die eine solche Politik ermöglicht.

Forstmann spürt mit besonderem Nachdruck den Abhängigkeiten zwischen Geldordnung und Wirtschaftsordnung nach und widmet dieser Thematik in seinem Werk „Geld und Kredit" ein eigenes Kapitel[41]. Wie wir schon dargelegt haben, hat er die Affinitäten der reinen Formen der Geldsysteme, die er Geldarten nennt, zu den Wirtschaftssystemen untersucht. Daraus ergibt sich, daß er für die Wirtschaftsordnung, in der das entsprechende Wirtschaftssystem überwiegt, die dazugehörige Geldart für charakteristisch hält.

Zusammenfassend könen wir als wohl heute unbestrittene Meinung mit Liefmann-Keil festhalten, daß „jede Wirtschaftsordnung einer entsprechenden Organisation des Geldwesens bedarf, wie umgekehrt sich eine Ordnung des Geldwesens nur dann auf die Dauer durchzusetzen vermag, wenn sie mit den gegebenen Ordnungsprinzipien der Wirtschaft harmoniert"[42].

Auch der weiteren den Rahmen einer rein wirtschaftswissenschaftlichen Beurteilung sprengenden Feststellung Euckens, die Geldordnung beeinflusse direkt und indirekt auch die Staats- und Gesellschaftsordnung, wird in der Literatur nicht widersprochen. Die Bedeutung des Geldwesens für die staatliche Ordnung wird allseits erkannt. Wir erinnern nur an das viel und auch von Eucken[43] zitierte Wort Lenins:

---

37 Vgl. *Stucken*, Rudolf: Geld und Kredit, S. 218—221.

38 Vgl. *Stucken*, Rudolf: Deutsche Geld- und Kreditpolitik, S. 182.

39 Vgl. *Stucken*, Rudolf, a.a.O., S. 155.

40 Vgl. *Stucken*, Rudolf, a.a.O., S. 296.

41 Vgl. *Forstmann*, Albrecht, a.a.O., S. 521 ff.

42 *Liefmann-Keil*, Elisabeth: Geldwirtschaft und Wirtschaftssystem, in: Jahrbücher für Nationalökonomie und Statistik, Bd. 155 (1942), S. 435.

43 Vgl. *Eucken:* Grundsätze, S. 255.

„Um die bürgerliche Gesellschaft zu zerstören, muß man ihr Geldwesen verwüsten.“ Wir haben der Euckenschen Beweisführung nichts mehr hinzuzufügen. Allein die Geschichte der vergangenen fünf Jahrzehnte hat gelehrt, daß ein zerrüttetes Geldwesen der Wirtschaft schwere Schäden zufügt. Schon das muß sich auf Staat und Gesellschaft auswirken. Zumindest in einem demokratisch verfaßten Staat sind die Regierung, die Regierungsform und die Staatsform aber auch direkt gefährdet, wenn die realisierte Geldordnung und die verfolgte Geldpolitik Geldkatastrophen wie eine Hyperinflation oder eine umfassende Deflation möglich werden lassen.

Zusammenfassend läßt sich feststellen, daß das Geldproblem bei Eucken als ein Schlüsselproblem der reinen Wirtschaftstheorie, aber auch der Wirtschaftsordnung, der Staats- und Gesellschaftsordnung erscheint. Wenngleich nicht alle modernen Autoren, die sich mit diesen Zusammenhängen befassen, so prononciert Stellung beziehen, so dürften sich doch Euckens Grundthesen im Einklang mit der heute herrschenden Meinung befinden. Wir wollen aber ausdrücklich darauf hinweisen, daß diese Übereinstimmung für die theoretische Beurteilung konstatiert wird. Ob sich auch hinsichtlich der daraus zu ziehenden Folgerungen für die Geldpolitik das gleiche Bild ergibt, wird später noch zu untersuchen sein.

Das Problem der „Verträglichkeit“, das in der modernen gesellschaftswissenschaftlichen wie naturwissenschaftlichen Diskussion eine große Rolle spielt und das auf dem Gebiet der Transplantationschirurgie ins Bewußtsein der Allgemeinheit gerückt wurde, stellt sich auch hier: Gewisse Wirtschaftssysteme vertragen sich mit bestimmten Geldsystemen, den Geldordnungen sind bestimmte Wirtschaftsordnungen adäquat. Anders kombiniert, können sich Geldordnung und Wirtschaftsordnung aber auch einen tödlichen Kampf liefern, der mit der Umwandlung in eine ganz andere Ordnung endet.

Es ist oft dargestellt worden, wie eine Marktwirtschaft sich schrittweise in Richtung auf die zentrale Verwaltungswirtschaft hin verändert, wenn erst einmal eine dirigistische Geldpolitik den Anfang gemacht hat. Wir haben in Deutschland diese Entwicklung in den dreißiger Jahren erlebt. Zwar gibt es keine *zwingenden* theoretischen oder auch nur praktischen Gründe für diese Ausbreitung des Dirigismus von der Geldsphäre auf die gesamte Wirtschaft. Es ist vielmehr zuzugeben, daß ein geldpolitischer Dirigismus weitere Dirigismen überflüssig machen kann, wenn es ihm gelingt, die Geldmenge in den richtigen Grenzen zu halten. Die Erfahrung lehrt aber, daß dies kaum auf die Dauer gelingt, so daß doch weitere dirigistische Maßnahmen auf anderen Sektoren ergriffen werden müssen.

Gerade umgekehrt war die Situation bei der Währungsreform des Jahres 1948. Man wollte diesmal ganz bewußt die Wirtschaftsordnung ändern und eine möglichst freie Marktwirtschaft installieren. Aber in *einer* Hinsicht war der Ablauf ähnlich. Die ersten entscheidenden Schritte zur Neuordnung der Wirtschaft wurden auf dem Gebiet des Geldwesens gewagt. Die neue Geldordnung bildete den Auftakt für eine neue Wirtschaftsordnung. Man wußte, daß sich eine zentrale Verwaltungswirtschaft nicht lange halten kann, wenn das Geld knapp gehalten wird und daher begehrenswert erscheint. Die Produzenten werden dann alles daran setzen, die Produkte herzustellen, für die eine kaufkräftige Nachfrage vorhanden ist, und nicht diejenigen, die ein Plan ihnen vorschreibt. Damit wird der zentrale Plan an entscheidender Stelle ausgehöhlt. Über diese Zusammenhänge bestand bei der Währungsreform des Jahres 1948 Klarheit. War aber der Weg in die zentrale Verwaltungswirtschaft weniger bewußt und freiwillig beschritten worden, hatte sich vielmehr als einzige Möglichkeit ohne Alternative, gleichsam als notwendige Folge der letztlich doch nicht erfolgreichen Eingriffe in das Geldwesen aufgedrängt, so war diesmal ein klares Ziel vorhanden. Daher folgte der Umstellung des Geldwesens bereits nach fünf Tagen die Aufhebung des Preisstopps für fast alle Konsum- und Investitionsgüter und nach wenigen Monaten die des Lohnstopps. Dieses Ineinandergreifen von Reform des Geldwesens und der Wirtschaftsordnung zeigt, daß die von Eucken mit solchem Nachdruck vertretene These, daß Geldordnung und Wirtschaftsordnung sich entsprechen müssen, daß aber auch der Währungsordnung der Primat gebührt, sich inzwischen durchgesetzt hatte. Die Erfolge der Reform haben einen weiteren Beweis für ihre Richtigkeit geliefert.

C. Einzelfragen der Geldtheorie im Werk Walter Euckens

Eucken hat seine Geldlehre weder deduktiv vorgetragen noch deduktiv entwickelt. Er ist vielmehr von der Untersuchung von Einzelfragen der Geldtheorie über immer allgemeinere Fragestellungen bis zu den Grundfragen der Geldtheorie vorgestoßen, die wir bisher behandelt haben. In diesem zweiten Teil der Arbeit werden wir Euckens Erwägungen zu wichtigen Einzelfragen darstellen und erörtern. Dabei gehen wir von seinem Beitrag zur Inflationstheorie aus. Schon bei der Analyse dieser Arbeiten ergibt sich seine Position im Meinungsstreit um das Geldwertproblem, das wir im nächsten Kapitel gesondert behandeln wollen. Zusammen mit der Darlegung der Bestimmungsgründe des äußeren Wertes des Geldes diskutiert Eucken das Transferproblem. Wir werden es ebenfalls in diesem Kapitel erörtern.

Im Anschluß an die geldtheoretischen Arbeiten der ersten Schaffensepoche widmete sich Eucken dem Konjunkturproblem und kapitaltheoretischen Studien. Dieser chronologischen Reihenfolge folgt unsere Darstellung. Unser Ziel ist es, vor dem Hintergrund einer kurzen Skizze der Beiträge zur Konjunktur- und Kapitaltheorie die Rolle des Geldes in diesen Theorien herauszuarbeiten.

I. Walter Euckens theoretische Überlegungen zum Problem der Inflation

1. Darstellung des Euckenschen Inflationsbegriffes, seiner Erklärung des Verlaufs und der Wirkungen der offenen und der verdeckten Inflation

Euckens Konzept ergibt sich in erster Linie aus den „Kritischen Betrachtungen zum deutschen Geldproblem“[1] und aus folgenden zum Teil kleineren Arbeiten: „Die deutsche Währungspolitik und das Sachverständigengutachten“[2], „Pseudogoldwährung“[3], „Übertragungsplan“[4], „Das internationale Währungsproblem“[5], „Die Ursachen der potenzier-

[1] Jena 1923. Im folgenden als „Betrachtungen“ zitiert.

[2] In: Bankarchiv, XXIII. Jg. (1924), S. 233 ff.

[3] In: Deutsche Allgemeine Zeitung, 1924 Nr. v. 18. 7. 24.

[4] In: Jahrbücher für Nationalökonomie und Statistik, 123. Bd. (1924), S. 145 ff.

[5] Berlin 1925.

ten Wirkung des vermehrten Geldumlaufs auf das Preisniveau"[6], „Reparationsagent und Transfer"[7] und „Auslandsanleihen"[8]. Wir werden uns jedoch nicht auf die Frühwerke beschränken, sondern bei jedem Problem auch spätere Äußerungen heranziehen. Für manche Fragen, wie die Erscheinung der verdeckten Inflation, werden wir ganz auf die späten Veröffentlichungen angewiesen sein.

a) Euckens Inflationsbegriff

Bevor wir uns mit der Inflationstheorie näher befassen, soll zunächst einmal geklärt werden, wie Eucken den Begriff Inflation definiert. Wir finden in den „Betrachtungen" drei Beschreibungen des Phänomens „Inflation", die — wie wir sehen werden — nicht ganz fugenlos aneinander passen. Die verschiedenen Definitionen bauen auf einer gemeinsamen Basis auf, die sogar als 4. Definition verstanden werden könnte. In Wahrheit soll das für Eucken wesentliche Merkmal der Inflation damit nur besonders hervorgehoben und betont werden. Die Ausgangsposition lautet: „Inflation ist Geldvermehrung[9]."

Dabei handelt es sich aber nur um eine erste stark verkürzte und vorläufige Antwort. Diese telegrammartige Definition wird denn auch von Eucken Zug um Zug erweitert. Nicht jede Geldvermehrung ist Inflation. Zusätzliche Merkmale müssen hinzukommen. Wie schon erwähnt, finden sich in den Betrachtungen drei verschiedene Beschreibungen der Inflation:

1. Einmal soll eine Inflation dann vorliegen, wenn „Geld einfach neu geschaffen" wird, während „normalerweise jeder, der Geld auf den Markt bringt, diese Anweisungen vorher durch eine Leistung irgendwelcher Art oder durch Zwang (der Staat) erworben hat"[10].

2. Offenbar erklärend wird an gleicher Stelle als Inflation die „Geldvermehrung ohne gleichzeitige Vergrößerung der Warenerzeugung" bezeichnet[11]. Denn wenn keine Inflation vorliegt, „so kann eine Nachfrage nur entfaltet werden, wenn ein Angebot erfolgt". Zu dieser Definition bekennt sich Eucken ausdrücklich, wobei er Einwände Pigous verwirft[12].

---

[6] In: Jahrbuch für Nationalökonomie und Statistik, 125. Bd (1926, II), S. 289 ff.

[7] In: Bankarchiv, XXV. Jg., Nr. 16 vom 15. 5. 1926, S. 311 ff.

[8] In: Magazin der Wirtschaft, 1928, S. 120 ff.

[9] *Eucken:* Betrachtungen, S. 37.

[10] *Eucken:* Betrachtungen, S. 37, Anm. 3.

[11] Auf dieses Merkmal der „Zunahme der Warenproduktion" hatte auch der Federal Reserve Board der USA in seinem Bulletin vom Juli 1916 abgestellt. Vgl. *Cassel,* Gustav: Das Geldproblem der Welt. München 1921, S. 28 f.

[12] Vgl. *Eucken:* Betrachtungen, S. 37, Anm. 3.

3. An anderer Stelle gilt es offenbar als Inflation, wenn Geldmengen geschaffen werden, die den ersparten Gütervorräten auf der Grundlage ihres bisherigen Preisstandes nicht entsprechen[13].

Es sei hier noch einmal erwähnt, daß Eucken bereits in seinem ersten Werk neben dem Notengeld auch das Giralgeld der Notenbank und der Privatbanken zum Geld zählt. Das Giralgeld der Notenbank — die Beträge, die die Notenbank ihren Kunden auf deren Konten gutschreibt — wird eingehend gewürdigt. Zur Begründung wird angeführt, diese Geldart wirke noch eher preissteigernd als die Banknoten, weil Giralgeld erfahrungsgemäß früher auf den Warenmarkt gelange[14]. Eucken geht nicht darauf ein, daß auch in jener Zeit die Hauptkunden der Zentralbanken die Geschäftsbanken waren. Das von den Privatbanken geschöpfte Geld wird lediglich in einer Fußnote unter Bezug auf Fisher, Cassel, Schumpeter, Hahn und Bortkiewicz erwähnt. Zugleich wird angemerkt, daß die Geldschöpfungsmacht der Privatbanken von der Rücksicht auf ihre Liquidität begrenzt ist[15]. Im weiteren Verlauf der Abhandlung wird aber diese Geldart nicht berücksichtigt.

b) Verlauf der offenen Inflation — dargestellt am Beispiel der sog. großen deutschen Inflation[16]

Entgegen der allgemeinen Erwartung brachte die erste Nachkriegszeit nach dem Ende des Weltkrieges 1918 Geldvermehrung und Preissteigerung in allen Ländern, Wechselkursverschlechterung in vielen. In Deutschland verlief die Entwicklung nicht gleichmäßig. Das Tempo des Kaufkraftschwundes der Mark war in den einzelnen Phasen der Inflation sehr unterschiedlich. Epochen relativer Stabilität wechselten mit Zeiten, in denen die Inflation sich überstürzte. Die Inflation hatte zunächst das Wirtschaftsleben angeregt. Je weiter sie aber fortschritt, desto größere und gefährlichere Schäden erlitt die Wirtschaft, ja darüber hinaus die deutsche Gesellschaft. Es fehlte auch nicht an Versuchen der Theorie wie der Praxis, die Inflation zu beenden. Auch die „Kritischen Betrachtungen zum deutschen Geldproblem" gipfelten in einem fundierten Therapievorschlag. Zunächst allerdings legte Eucken die Sonde des Diagnostikers an und gab eine theoretische Erklärung des Verlaufs der Inflation.

---

[13] Vgl. *Eucken:* Betrachtungen, S. 46.

[14] Vgl. *Eucken:* Betrachtungen, S. 64.

[15] Vgl. *Eucken:* Betrachtungen, S. 44, Anm. 2.

[16] Vgl. *Eucken:* Betrachtungen, insbes. S. 37 ff. und S. 61 ff.

Als Quellen der Inflation fand Eucken das Defizit im Staatsbudget und den zu niederen Zinsfuß der Reichsbank[17]. Die Geldvermehrung führte unmittelbar zu erheblichem Wertverlust des Geldes, und zwar des inneren und des äußeren Wertes. Das bedeutete „Preissteigerungen im Inneren und Steigung der fremden Wechselkurse“[18]. Das Haushaltsdefizit ließ sich nur durch Geldschöpfung ausgleichen, da sich weder über Steuererhöhungen noch auf dem Kapitalmarkt eine Deckung finden ließ[19]. Dabei wurde folgender Weg gewählt: Die Reichsbank erhielt vom Reich unverzinsliche Schatzwechsel und gab dafür Geld. Die Schatzwechsel konnte sie nur zu immer geringeren Anteilen weitergeben, z. B. im Dezember 1922 nur noch 21 %. Neben diesem Weg führte noch ein zweiter zur Vergrößerung des Geldvolumens, und zwar die Schaffung umfangreicher Bankguthaben. Es wurde viel zuviel Giral- oder Buchgeld geschaffen. Insbesondere stiegen die Reichsbankkredite an Private, da der Zinssatz weit unter dem Realzins lag und damit viel zu niedrig festgesetzt war. Ende Juli 1923 betrug der Zinssatz 18 %, während am freien Markt für Tagesgeld 360 % bezahlt werden mußte, ein Satz, der durch den Reichsbanksatz zudem auch schon gedrückt war[20]. Der Unterschied zwischen Bargeld und Giralgeld ist lediglich ein Unterschied in der Erscheinungsform, der für die Wirkung im Endergebnis im wesentlichen belanglos ist[21]. Die Vermehrung des Bargeldes ist nicht gefährlicher. Es wirkt nicht mehr preissteigernd als das Giralgeld.

Damit widersprach Eucken ausdrücklich einer in der damaligen Diskussion oft vertretenen Meinung, welche die Vermehrung des Bargeldes als viel gefährlicher ansah, da Bargeld preissteigernder wirke als Giralgeld. Es ist jedoch zu beachten, daß Eucken lediglich die „grundsätzlich“ gleiche Wirkung der beiden Geldformen auf die Preise annimmt[22]. Unter Berücksichtigung des Zeitmoments stellt Eucken doch einen Unterschied — wenn auch nur vorübergehender Art — fest. Seiner Ansicht nach wirkt nämlich das Giralgeld früher preissteigernd, weil es rascher auf den Warenmarkt gelangt[23].

Der Vermehrung des Giral- und Bargeldes stand ein gleichbleibendes, im Laufe der Inflation sogar absinkendes Warenangebot gegenüber[24].

---

17 Vgl. *Eucken:* Betrachtungen, S. 62, Anm. 1.

18 *Eucken:* Betrachtungen, S. 37.

19 Vgl. *Eucken:* Die Deutsche Währungspolitik und das Sachverständigengutachten, a.a.O., S. 233.

20 Vgl. *Eucken:* Betrachtungen, S. 63.

21 Vgl. *Eucken:* Betrachtungen, S. 63.

22 Vgl. *Eucken:* Betrachtungen, S. 63.

23 Vgl. *Eucken:* Betrachtungen, S. 64.

24 Vgl. *Eucken:* Betrachtungen, S. 38, 70.

Denn die Inflation wirkt zunächst anregend auf die Produktion, führt später aber zu einem Produktionsrückgang[25]. Das Warenangebot wird in der Inflation aus verschiedenen Gründen geringer: Die Warenpreise steigen und mit ihnen erhöht sich das allgemeine Preisniveau. Kaufkraft und Wert des Geldes sinken. Lohnarbeit ist weniger lohnend, daher fällt die Arbeitsleistung. Die Unternehmerfunktion kann nicht mehr wahrgenommen werden, da eine exakte Kalkulation nicht mehr möglich ist[26]. Beides beeinflußt die Produktion negativ. Eine weitere Ursache für das abnehmende Angebot an Waren war die Flucht in die Sachwerte, die mit dem sinkenden Geldwert einherging. Jedoch war die Verminderung der angebotenen Warenmenge nur „von untergeordneter Bedeutung". Sie war weniger Ursache als Folge des Geldwertverlustes. Die Abnahme der Produktion fällt gegenüber der Geldvermehrung nicht ins Gewicht. Sie kann höchstens gewisse Rückwirkungen auf den Grad der Inflation ausüben[27]. Die Ursachen der Inflation lagen nicht in den Warenmärkten und in der Produktionssphäre, denen nur sekundäre Bedeutung zukam.

Ebensowenig ist das Defizit in der Zahlungs- oder Handelsbilanz für die Inflation ursächlich gewesen und kann es auch gar nicht gewesen sein. Ein Defizit in der Handelsbilanz muß immer ausgeglichen werden. Entweder gewährt der ausländische Gläubiger Kredit oder es muß in Devisen bezahlt werden[28]. Das heißt aber, daß die Zahlungsbilanz ebenfalls immer ausgeglichen sein muß. Wenn die Schulden nicht aus der laufenden Produktion beglichen werden können, müssen sie aus dem Vermögen bezahlt werden. Zudem ist die Höhe der Ein- und Ausfuhr völlig von den Preisen im Inland und im Ausland abhängig. Das gilt auch für die Einnahmen aus dem Reiseverkehr, dem Verkauf von Grundstücken und Wertpapieren[29]. Damit grenzte Eucken seine Inflationstheorie gegen die sog. Zahlungsbilanztheorie ab. Darauf werden wir noch eingehen. Es ist jedenfalls interessant, daß im Gegensatz zur damaligen Zeit heute nicht ein Defizit in der Handelsbilanz, sondern ein Überschuß für die Inflation verantwortlich gemacht wird.

Auch die Wechselkurse bestimmen nicht die Preisentwicklung im Inland, sondern umgekehrt. Der allgemeine Preisanstieg — das Absinken des Binnenwertes der Mark — vermindert die relative Kaufkraft der inländischen Währung im Vergleich zu der des Auslands. Das Inland wird zunächst teurer. Die Einfuhr nimmt zu, die Ausfuhr ab. Die

---

[25] Vgl. *Eucken:* Betrachtungen, S. 23, 24, 70.
[26] Vgl. *Eucken:* Betrachtungen, S. 24.
[27] Vgl. *Eucken:* Betrachtungen, S. 70.
[28] Vgl. *Eucken:* Betrachtungen, S. 12.
[29] Vgl. *Eucken:* Betrachtungen, S. 18.

Nachfrage nach Devisen steigt, das Angebot aus den Exporterlösen wird geringer[30]. Das fremde Geld wird immer wertvoller, das eigene wertloser. Denn das fremde Geld wird letzten Endes nach der Menge der Waren beurteilt, die dafür im „fremden" Währungsgebiet gekauft werden können. Entscheidend ist „in der Hauptsache" die relative Kaufkraft des Geldes im In- und Ausland für die Höhe der Wechselkurse, die sich also im ganzen auf der Höhe der „Kaufkraftparitäten" einstellen[31]. Allerdings gilt dies, wie Eucken mit Nachdruck betont, nur bei Freihandel[32]. So steigert die Geldvermehrung über den Umweg des erhöhten Preisniveaus auch die Preise für Devisen.

Die vermehrte Geldmenge wirkt aber teilweise auch direkt auf die Wechselkurse ein[33]. Einmal spielt bei steigender Geldentwertung die Kapitalflucht eine zunehmende Rolle. Devisen werden von Inländern zu Anlagezwecken erworben. Außerdem wird im Ausland gerne zu Spekulationszwecken Geld aufgenommen und gehortet, solange dort noch Vertrauen in die inländische Wirtschaftskraft gesetzt wird. Nimmt die Baisse jedoch kein Ende, so schlägt das Vertrauen um. Nun drücken auch diese gehorteten Gelder noch auf den Wechselkurs der inländischen Währung[34]. Schließlich führt die Geldvermehrung auch dann direkt zu einer Verschlechterung der Wechselkurse, wenn das Inland große Zahlungsverpflichtungen an das Ausland hat, z. B. Kriegsfolgelasten. Die Devisenkurssteigerung wird noch verschärft, da der Steigerung der Nachfrage aus den gleichen Gründen häufig eine Minderung des Angebotes gegenübersteht.

Die Preissteigerung der Devisen hat eine Verteuerung der Einfuhr und damit der Güter, für deren Herstellung ausländische Rohstoffe unentbehrlich sind, zur Folge. Die Kursverluste der inländischen Währung veranlassen erhebliche Käufe des Auslands im Inland, was die Inlandsnachfrage und damit die Warenpreise erhöht[35]. Das vermehrt wiederum die Nachfrage nach Devisen zu Anlagezwecken, wodurch deren Preise und auf dem eben beschriebenen Weg auch die der Waren erneut ansteigen.

Diese doppelten Preissteigerungen der Waren und Devisen vergrößern wieder das Haushaltsdefizit und veranlassen erweiterte Kreditansprüche der Privaten. Die Geldschraube dreht sich erneut. So enstand damals ein „dauernder circulus vitiosus"[36].

---

30 Vgl. *Eucken:* Betrachtungen, S. 56.

31 Vgl. *Eucken:* Betrachtungen, S. 38.

32 Vgl. *Eucken:* Betrachtungen, S. 57.

33 Vgl. *Eucken:* Betrachtungen, S. 64, 57.

34 Vgl. *Eucken:* Betrachtungen, S. 20 f., 51, 57, 65.

35 Vgl. *Eucken:* Betrachtungen, S. 65.

36 *Eucken:* Betrachtungen, S. 66 und 41.

Eucken faßt das Ergebnis seiner Analyse des Verlaufs der Inflation in folgender Übersicht zusammen[37]:

Reihe A	*Reihe B*
Verlorener Krieg Defizit im Budget	Künstliche Niedrighaltung des Zinses

Inflation

(Valutenmarkt)	(Warenmarkt)
Devisenpreissteigerung	Warenpreissteigerung
Warenpreissteigerung	Devisenpreissteigerung
Weitere Nachfrage nach Devisen zu Anlagezwecken	
Preissteigerung der Devisen und Waren	

Rückwirkung auf Staatsbudget und erweiterte Kreditansprüche der Privaten

Weitere Inflation und Preissteigerungen

Ist die Inflation durch außenpolitische Ursachen — wie etwa Reparatioslasten — angeregt worden, so steigen zuerst die Devisenkurse. Sind es innenpolitische Anstöße, so führen die Warenpreissteigerungen den verhängnisvollen Reigen an. Bei der deutschen Inflation überwogen die außenpolitischen Momente, so daß „die mit ‚A' bezeichnete Entwicklungsreihe an Bedeutung den Zusammenhang ‚B' in der Regel erheblich überwog"[38].

Eucken hat an dieser Deutung der Inflation der Jahre 1914—1923 auch später stets festgehalten. Noch in seinen letzten Vorträgen in London gibt er in knapper Form die gleiche Kausalkette an[39]. Er will jedoch damit mehr geben als die gültige Diagnose dieser Inflation. Sie dient ihm nur als Beispiel, an dem die Lehre entwickelt wird. Der Grundsatz ist allgemein gültig, daß die Geldentwertung monetär bedingt ist, daß sie ihre Ursache weder in der Produktions- und Warensphäre noch in Handels- oder Zahlungsbilanz hat, sondern in der Geldvermehrung. Nur so ist die *theoretische*, nicht historische Feststellung zu verstehen, daß die Warenseite das Ausmaß der Geldentwertung zwar beeinflußt, aber niemals die *Ursache* der Steigerung des Preisniveaus ist[40].

---

37 Vgl. *Eucken:* Betrachtungen, S. 61.

38 *Eucken:* Betrachtungen, S. 64.

39 Vgl. *Eucken:* Unser Zeitalter der Mißerfolge, S. 50/51.

40 Vgl. *Eucken:* Die Ursachen der potenzierten Wirkung des vermehrten Geldumlaufs auf das Preisniveau, a.a.O., S. 296.

c) Euckens theoretische Überlegungen über die zurückgestaute Inflation

Wie Röpke mitteilt, ist der Begriff „zurückgestaute Inflation" von ihm im Herbst 1946 während einer langen Aussprache mit Eucken unter dessen Mithilfe geprägt worden[41]. Eucken selbst verwendet auch den Terminus „verdeckte Inflation". Er hat die Erscheinungen der zurückgestauten oder verdeckten Inflation an der Rüstungswirtschaft der späten dreißiger und frühen vierziger Jahre beobachtet[42]. In dieser Zeit ist nach seinen Feststellungen die Gesamtkaufkraft wertmäßig sehr viel größer gewesen als das Gesamtangebot[43]. Das entscheidende Kennzeichen ist also der Kaufkraftüberhang.

Eine ähnlich umfassende Analyse wie die der offenen Inflation hat Eucken der verdeckten nicht gewidmet. Der Grund dafür mag darin zu finden sein, daß es 1923 vor allem darum ging, die Quellen und Ursachen der Inflation nachzuweisen, während darüber 20 Jahre später kein Zweifel möglich war. Der Kaufkraftübergang war die Folge der Kreditexpansion im Dienste der Aufrüstung.

Eucken hat seinen Inflationsbegriff bei der Analyse der offenen Inflation entwickelt. Er hat keinen Anlaß gesehen, diesen Inflationsbegriff — mit dem wir uns noch kritisch auseinanderzusetzen haben — im Hinblick auf seine Untersuchungen zur zurückgestauten Inflation zu revidieren. Er erachtet ihn offenbar auch hier als gültig. Das wesentliche Merkmale der Inflation ist für Eucken in jedem Fall die Geldvermehrung. Unterschiede ergeben sich erst bei den Folgen. Die wirtschaftlichen Folgen der zurückgestauten Inflation hat Eucken bereits 1942 in seinem bereits mehrfach zitierten Beitrag „Wettbewerb als Grundprinzip der Wirtschaftsverfassung" plastisch geschildert[44]. Während die offene Inflation zur offenen Geldentwertung führt, besteht „das Wesen der verdeckten gerade darin, daß bei Ausdehnung der Geldmenge die Preise festgehalten werden"[45]. Daher bleibt die Kaufkraft, der Wert des Geldes, *scheinbar* unverändert.

Die festgesetzten Preise geben aber die wirklichen Knappheitsverhältnisse nicht mehr wieder. Geld ist im Überfluß vorhanden. Die Gesamtkaufkraft übersteigt das Gesamtangebot bei weitem. Angebot

---

41 Vgl. *Röpke*, Wilhelm: Blätter der Erinnerung an Walter Eucken, in: Ordo, XII (1960), S. 10.

42 Vgl. *Eucken:* Grundsätze, S. 215.

43 Vgl. *Eucken:* Wettbewerb als Grundprinzip der Wirtschaftsverfassung, a.a.O., S. 33.

44 Vgl. *Eucken*, a.a.O., S. 32 ff., besonders S. 33.

45 *Eucken:* Unser Zeitalter der Mißerfolge, S. 48. Diese Stelle ist wörtlich in die „Grundsätze der Wirtschaftspolitik" (S. 256) übernommen.

und Nachfrage können nicht mehr durch die Preise aufeinander abgestimmt werden. So verlieren die Preise auch ihre Kraft, den Wirtschaftsprozeß zureichend zu lenken[46]. Die Lenkungsfunktion des Preismechanismus muß durch Bewirtschaftung, Zuteilung, Zwangsanleihen und ähnliche Instrumente einer zentralgeleiteten Wirtschaft ersetzt werden[47]. Häufig ist dabei die Devisenzwangswirtschaft der erste Schritt[48]. Trotz dieser Lenkungsmaßnahmen kommt es zu erheblichen Fehlleitungen, weil Kalkulation und Preise nicht mehr der Knappheit entsprechen[49]. Die Preise sind nicht mehr der Maßstab für die nachfragekräftigen Bedürfnisse. Es entstehen inoffizielle Wertskalen, die sich auf Schwarzen Märkten bilden. Das Währungsgeld verliert auf diesen Märkten häufig seine Tauschmittel- wie Rechenskalafunktion. Der Naturaltausch setzt sich durch[50]. Die an sich zur Befriedigung bestimmter Bedürfnisse vorgesehene Kaufkraft wird auf weniger benötigte Güter abgedrängt, wobei schlechte Qualität in Kauf genommen wird, denn wertvolle, begehrte Dinge sind mit Geld allein ohnehin nicht zu erwerben. Auch die Ergebnisse von Fehlinvestitionen werden abgesetzt, so daß Fehlinvestitionen nicht ohne weiteres erkannt werden. Auf diese Weise dient die Überliquidität dazu, den Wirtschaftsprozeß trotz Gleichgewichtslosigkeit in Gang zu halten[51].

Die Wirtschaft wird also durch die verdeckte Inflation ebenso wie durch die offene außerstandegesetzt, die wirtschaftlichen Bedürfnisse der Menschen richtig zu befriedigen.

d) Euckens Aussagen über die mittelbaren Folgen der Inflation

Walter Eucken hat in den „Kritischen Betrachtungen zum deutschen Geldproblem“ neben den unmittelbaren Folgen der Inflation auch deren mittelbare Wirkungen angedeutet. In späteren Schriften, z. B. in den „Grundsätzen der Wirtschaftspolitik“, legt er darauf besonderen Nachdruck. Die Inflation richtet Schäden an, die zum Teil über das Wirtschaftliche weit hinausreichen.

---

46 Vgl. *Eucken:* Grundsätze, S. 257.

47 Vgl. *Eucken:* Unser Zeitalter der Mißerfolge, S. 48; Grundsätze S. 256.

48 Vgl. *Eucken:* Unser Zeitalter der Mißerfolge, S. 49.

49 Vgl. *Eucken:* Wettbewerb als Grundprinzip der Wirtschaftsverfassung, S. 33.

50 Vgl. *Eucken:* Grundsätze, S. 257.

51 Vgl. *Eucken:* Grundsätze, S. 117.

aa) Die mittelbaren Folgen der offenen Inflation

Das Kennzeichen der offenen Inflation ist eine Geldvermehrung, die ein Ansteigen des allgemeinen Preisniveaus nach sich zieht. Die Preise steigen aber nicht linear, sondern sehr unterschiedlich. So bleiben z. B. Mieten oder gewisse Rohstoffe zurück[52]. Dadurch wird das Preisgefüge verzerrt. Die Preise sind kein genauer Ausdruck der Knappheit der Waren mehr. Das ganze Preissystem wird gestört und verliert weitgehend seine Lenkungsfunktion. Korrekte Wirtschaftsrechnung und Kalkulation werden unmöglich. Das gilt besonders dann, wenn die Geldeinheit zugleich Recheneinheit ist, im verminderten Maß auch bei Trennung dieser Funktionen[53]. Gewinn- und Verlustrechnungen und Bilanzen verlieren ihre Aussagekraft. Die so entstehenden Scheingewinne regen zu hohem Luxusverbrauch an und verringern die Kapitalbildung. Auch die Arbeitsleistung läßt nach, einmal weil das Geld ohnehin nur wenig Kaufkraft hat, zum anderen weil höhere Löhne mühelos durch Druck auf die Unternehmer erreicht werden können. Die stets sich erweiternde Gelddecke nimmt die Anreize zu Leistungssteigerungen[54].

Der ständige Wertverlust des Geldes veranlaßt die Sparer, ihr Geld nicht zu produktiver Anlage auszuleihen, sondern in Sachwerte und Devisen zu stecken, was der Investition und Produktion ebenfalls schadet. Soweit überhaupt investiert wird, kommt es leicht zu Fehlinvestitionen, da die Wirtschaftsrechnung nicht funktioniert. Die Entscheidung über Art und Ausmaß der Investition hängt nicht mehr von den Sparern ab, die Konsumverzicht leisten, sondern von den Unternehmern (und Banken) allein. Sie investieren und lassen die Investitionen nachträglich durch die Käufer über erhöhte Preise bezahlen (Zwangssparen). Im Zuge der Inflation können die verschiedenen Gruppen des Volkes ihr Einkommen höchst unterschiedlich dem Geldwertschwund anpassen. So führt die Inflation zu großen sozialen Ungerechtigkeiten einerseits durch Schädigung oder Enteignung der Sparer, durch Benachteiligung der Arbeiter und andererseits dadurch, daß andere Personengruppen ohne Leistung Gewinne erzielen[55]. Dadurch wird nicht nur die wirtschaftliche Lage, sondern auch der gesellschaftliche Status und die soziale Sicherheit großer Gruppen des Volkes bedroht und — je nach Inflationsgrad — nachhaltig getroffen[56]. In diesem Stadium muß der Staat korrigierend und lenkend in den Wirt-

---

[52] Vgl. *Eucken:* Grundsätze, S. 256.
[53] Vgl. *Eucken:* Grundsätze, S. 24.
[54] Vgl. *Eucken,* Grundsätze, S. 24.
[55] Vgl. *Eucken:* Grundsätze, S. 349.
[56] Vgl. *Eucken:* Grundsätze, S. 48.

schaftsprozeß eingreifen. Eine Tendenz zu Preiskontrollen wird ausgelöst[57]. Würde der Staat sich anders verhalten, wäre die von der Zustimmung des Volkes abhängige demokratische Staatsform in ihrer Existenz unmittelbar gefährdet.

bb) Die mittelbaren Folgen der zurückgestauten Inflation

So unterschiedlich die äußeren Erscheinungsformen der zurückgestauten und der offenen Inflation sind, so sehr ähneln sich ihre Folgen. Wie Eucken auch schon in dem Aufsatz „Wettbewerb als Grundprinzip der Wirtschaftsverfassung" eindrucksvoll dargelegt hat, verliert das Preissystem ebenfalls seine wirtschaftslenkende Funktion. Die notwendigen Bewirtschaftungs- und Rationalisierungsmaßnahmen sind bereits Elemente einer zentralgeleiteten Wirtschaft. Diese Tendenz wird immer stärker. Eine Maßnahme zieht die andere nach sich, bis schließlich ein perfektes Wirtschaftslenkungssystem vorhanden ist.

Eine Verkehrswirtschaft, in der zurückgestaute Inflation herrscht, wandelt sich so allmählich in eine Wirtschaftsordnung des zentralgeleiteten Typs[58]. Die Tendenz zur Zentralverwaltungswirtschaft ist von allem Anfang an wirksam[59]. Wie wir bereits sahen, löst die inflationäre Geldvermehrung nicht nur diese Tendenz aus. Darüber hinaus ist die Überliquidität für die Geldwirtschaft mit zentraler Leitung des Wirtschaftsprozesses geradezu die Voraussetzung eines einigermaßen reibungslosen Funktionierens.

cc) Exkurs: Folgen der Deflation

In diesem Zusammenhang sei darauf hingewiesen, daß der Staat auch in der Deflation genötigt ist, tätig zu werden. Er kann wachsende Arbeitslosigkeit, zunehmende Illiquidität der Banken, stagnierende Investitionstätigkeit nicht für länger Zeit hinnehmen. Je nach Ausmaß und Dauer der Deflation ist sonst nicht nur die Existenz der Regierung, sondern, wie die Jahre 1932 und 1933 am deutschen Beispiel gezeigt haben, die Staatsform selbst gefährdet. In dieser Lage werden wirtschaftspolitische Maßnahmen des Staates zur Ingangsetzung der Investitionen geradezu erzwungen[60]. Sie bedeuten aber nichts anderes als erste direkte zentralverwaltungswirtschaftliche Eingriffe in den Wirtschaftsablauf. Eucken dachte nicht an Maßnahmen

57 Vgl. *Eucken:* Grundsätze, S. 220.
58 Vgl. *Eucken:* Grundsätze, S. 216.
59 Vgl. *Eucken:* Grundsätze, S. 349.
60 Vgl. *Eucken:* Grundsätze, S. 216.

der Globalsteuerung. Doch *müssen* auch die direkten Investitionsmaßnahmen des Staates, die er im Auge hatte, *nicht* mit zwingender Notwendigkeit zu immer mehr Dirigismus eskalieren und letztlich zur Zentralverwaltungswirtschaft führen. Nach Euckens Ansicht besteht aber praktisch doch die große Gefahr der allgemeinen Gewöhnung an direkte wirtschaftslenkende Maßnahmen des Staates und der dadurch begünstigten Tendenz zu immer mehr Dirigismus und immer mehr zentraler Verwaltungswirtschaft.

e) Kurze Zusammenfassung der Beurteilung der Inflation durch Eucken

Inflation und Deflation sind gefährliche Krankheiten der Wirtschaft. Sie fügen Wirtschaft, Staat und Gesellschaft schwere Schäden zu. Sie lähmen den Wirtschaftsprozeß und den wirtschaftlichen Fortschritt, gefährden die soziale Sicherheit und schwächen das gesellschaftliche Ordnungsgefüge. Der Wettbewerbswirtschaft droht besondere Gefahr von diesen „Krankheiten", weil sie direkte Staatseingriffe hervorrufen und eine Tendenz ständiger Eskalation dieser Eingriffe in die Wirtschaft auslösen. Der Staat, der die inflationäre Geldvermehrung zuläßt oder auch betreibt, hat eigentlich nur eine Wahl. Er muß sich entscheiden, ob er die Preise festhalten oder freigeben will. Im einen Fall wird er sofort den verhängnisvollen Weg zur zentralen Verwaltungswirtschaft betreten, im anderen einige Zeit später. Dieser Weg ist so verhängnisvoll wegen der „Interdependenz der Wirtschaftsordnung mit den anderen Lebensordungen"[61]. Auf die Dauer wird die Einschränkung der wirtschaftlichen Freiheit die der politischen und bürgerlichen mit sich ziehen[62]. Auch Aufbau des Staates und Gleichgewicht der Staatsgewalten untereinander werden gestört. Die zentrale Planung führt zu einem Übergewicht der Verwaltung, speziell der Zentralverwaltung, und zur Zurückdrängung der gesetzgebenden und rechtsprechenden Gewalten. Der föderalistische, gewaltenteilende Aufbau des Staates wird erschüttert[63].

2. Der gegenwärtige Stand der Inflationstheorie

Das zwanzigste Jahrhundert hat es nicht an Inflationen der verschiedensten Ausmaße und Grade fehlen lassen. Auch heute konfrontiert uns ein Überblick über die Weltwirtschaft mit einer ganzen Reihe

---

[61] *Eucken:* Grundsätze, S. 14.

[62] Vgl. *Eucken:* Grundsätze, S. 333.

[63] Vgl. *Eucken:* Grundsätze, S. 332/333.

von Inflationen der verschiedensten Art. Es verwundert daher nicht, daß wir uns einer schier unübersehbaren Fülle von wissenschaftlicher Literatur zu diesem Thema gegenübersehen. Wir streben in diesem Zusammenhang keine Vollständigkeit an, sondern wollen uns darauf beschränken, einige wichtige Positionen zu umschreiben. Den meisten Raum werden wir den Inflationsbegriffen widmen, weil sich hier die größte Vielfalt der Meinungen zeigt und weil die Ansichten über die Ursachen der Inflation und ihre direkten Wirkungen dabei mit dargestellt werden können und müssen. Eine scharfe Trennung von Inflation, ihren Ursachen und Wirkungen ist bei der Behandlung nicht möglich, da nach der einen Meinung Erscheinungen zum Inflationsbegriff selbst gehören, die von den anderen nur als deren Ursache oder als deren Wirkung angesehen werden.

Anschließend werden wir in kürzerer Form die neueren Meinungen zur Analyse der großen deutschen Inflation und der zurückgestauten Inflation sowie die Ansichten über die Folgen der Inflation darstellen.

a) Inflationsbegriffe der neueren Literatur

Zuweilen wird das Wort Inflation für zu vieldeutig gehalten, als daß es in der wissenschaftlichen Literatur noch einen Platz haben könnte[64]. Die meisten Autoren gebrauchen aber den Begriff Inflation weiter. Für eine Reihe von ihnen ist das entscheidende Merkmal der Inflation, ähnlich wie für Eucken, die Geldvermehrung. So spricht Gaettens von der „Aufblähung der Geldmassen“[65], Palyi von der „Aufblähung des Geldvolumens“[66], dem nicht entsprechend mehr Waren und Dienstleistungen gegenüberstehen. Auch die Definitionen Stuckens („Geldvermehrung, die mit Preissteigerungen verbunden ist)[67] und Röpkes (Geldvermehrung mit Verminderung der Kaufkraft des Geldes)[68] sind hier zu erwähnen.

Bei der Mehrzahl der Definitionen sind die Akzente anders gesetzt. So ist die Inflation für Samuelson und viele andere „eine Zeit steigender Preise“[69]. Ähnlich formulieren Kraus[70], Halm[71], Rittershau-

---

64 Vgl. *Pedersen*, Jørgen: The Theory of Inflation, in: Weltwirtschaftliches Archiv, 1954, Bd. II, S. 1.

65 *Gaettens*, Richard: Inflationen, München 1955, S. 20.

66 *Palyi*, Melchior: Die Inflationen in Amerika, Frankfurt/M. 1962, S. 12.

67 *Stucken*, Rudolf: Deutsche Geld- und Kreditpoitik 1914—1963, S. 31.

68 Vgl. *Röpke*, Wilhelm: Jenseits von Angebot und Nachfrage, 3. Aufl., Erlenbach, Zürich, Stuttgart 1961, S. 271.

69 *Samuelson*, Paul: Volkswirtschaftslehre, S. 264 f.

70 Vgl. *Kraus*, Otto: Geld, Kredit, Währung, Berlin 1958, S. 219.

71 Vgl. *Halm*, George N., a.a.O., S. 32.

sen[72], Bronfenbrenner[73], Kragh[74], Akermann[75], Haberler[76] und Forstmann[77]. Forstmann hat die Inflation einen Fall „chronischer Aneutralität“ des Geldes genannt. Daran erinnert die „Definition im weitesten Sinn“ Sauermanns, für den Inflation eine Ungleichgewichtssituation ist, in der „die tatsächliche wirksame Geldmenge größer gehalten wird als die der Gleichgewichtssituation entsprechende Geldmenge“[78]. Kurz danach aber nennt Sauermann ganz konkret Inflation „eine unbegrenzte Geldmengenvermehrung“[79]. Andere wieder verstehen Inflation als Nachfrageüberhang. Die Geldvermehrung ist nur eine von mehreren Ursachen dieses Nachfrage- oder Kaufkraftüberhangs[80]. Auch Stucken, den wir eben zitierten, stellt an anderer Stelle auf den Kaufkraftüberhang ab: „Um beide Fälle der Inflation zu erfassen, tut man gut, Inflation zu definieren als eine Vermehrung des nominellen Einkommens im Verhältnis zur Menge der mit dem Einkommen zu kaufenden Güter“[81]. Ein Vergleich der beiden Aussagen Stuckens zeigt, daß er und all die Autoren nur die offene Inflation erfassen können und wollen, wenn sie die Preissteigerungen mit in den Inflationsbegriff einbeziehen. Die zurückgestaute Inflation wird nur durch eine Definition umfaßt, die auf das Kennzeichen „Preissteigerung“ verzichtet. In der amerikanischen Literatur wird diese Inflationsart übrigens kaum behandelt.

Abgesehen von diesen beiden Inflationsarten ist eine ganze Typologie der Inflationen festzustellen. Allgemein wird nach dem Ausmaß zwischen „großer“ und „kleiner“ oder „schleichender“ Inflation unter-

---

72 Vgl. *Rittershausen*, Heinrich: Wirtschaft, Frankfurt/M., Hamburg 1958, S. 152.

73 Vgl. *Bronfenbrenner*, M.: Inflation und Deflation, in: International Encyclopedia of the Social Sciences, 1968, Vol. 7, P. 289.

74 Vgl. *Kragh*, Börje: The Problem of Inflation in Developing Countries: Chile a Case Study, in: Stabile Preise in wachsender Wirtschaft. Das Inflationsproblem, Tübingen 1960, S. 239.

75 Vgl. *Akermann*, Johan: An Institutional Approach to the Problem of Inflation, in: Stabile Preise in wachsender Wirtschaft. Das Inflationsproblem, Tübingen 1960.

76 Vgl. *Haberler*, Gottfried: Geldinflation, Nachfrageinflation, Kosteninflation, in: Stabile Preise in wachsender Wirtschaft. Das Inflationsproblem, Tübingen 1960, S. 80, Anm. 1.

77 *Forstmann*, Albrecht: Geld und Kredit, Bd. I, S. 95.

78 *Sauermann*, Heinz: Geld und Kredit, in: Handbuch der Wirtschaftswissenschaften, Bd. II, Köln, Opladen 1966, S. 141 f.

79 a.a.O., S. 143.

80 Vgl. *Giersch*, Herbert: Inflation, in: HDSW, 1956, S. 282; *Rohdes*, Klaus Erich: Inflation, in: Staatslexikon, S. 303; *Schneider*, Erich: Einführung in die Wirtschaftstheorie, 6. Aufl., Bd. IV, Tübingen 1961, S. 212. Ähnlich auch *Recktenwald*, Horst Claus: Inflation und Deflation, in: Handwörterbuch der Betriebswirtschaft (1958), Sp. 279.

81 *Stucken*, Rudolf: Geld und Kredit, S. 140.

schieden. Diese Skala läßt sich beliebig verfeinern. So haben sich in den USA 4 Stufen eingebürgert: "creeping, trotting, galloping and runaway inflation (also called hyperinflation)"[82].

Ebenfalls in den USA wurde eine Typologie entwickelt, deren Kriterium die Ursache der Inflation ist. Demgemäß unterscheidet man heute auch in der deutschen Literatur[83] die „Angebotsinflation", die zunächst auf das Angebot wirkt, und die „Nachfragesoginflation" (demand-pull-inflation), bei der zuerst die Nachfrage erhöht wird. Die Angebotsinflation wird durch einen Kosten- oder Gewinnstoß verursacht, der die Angebotspreise in die Höhe stößt (cost-push- bzw. profit-push-inflation). Die Kostenstoßinflation wird zumeist als Lohnstoßinflation (wage-push-inflation) definiert. Unter den Ursachen, die eine Nachfrageinflation auslösen können, werden alle „klassischen" Inflationsursachen genannt, wie Defizit im Staatshaushalt, Erweiterung des Bankkreditvolumens oder Erhöhung der Goldproduktion. Dazu kommt noch die neuere Ursache der überhohen Auslandsnachfrage, die die Auslandsinflation importiert und so zur Anpassungsinflation oder „importierten Inflation" führt.

Bei einzelnen Autoren gibt es weitere Inflationstypen oder andere Einteilungen. So erfaßt Giersch auch eine Zeit gleichbleibender oder sogar fallender Preise als Inflationsperiode. Er nennt das „relative Gewinninflation bei geldpolitischer Preisstabilisierung und technologisch bedingter Kostensenkung". Dabei sinken die Kosten infolge der Rationalisierung stark, während die Preise gleichbleiben oder jedenfalls weniger sinken: Es entstehen also Übergewinne[84]. Diese Inflationsart ähnelt der zurückgestauten Inflation insofern, als die Preise entweder als administrierte Preise durch die Unternehmen selbst oder durch die Geldpolitik festgehalten werden. Ein Kaufkraftüberhang oder ein überproportional vergrößertes Geldvolumen brauchen aber nicht gegeben zu sein. Mit manchen Formen der offenen Inflation hat sie gemein, daß die Kostenpreise geringer sind als die Angebotspreise. Mit anderen Inflationstypen teilt sie kein einziges Merkmal. Während im allgemeinen die Inflationen nach ihrem Ausmaß in große und kleine, gedämpfte oder kriechende eingeteilt werden, wird in der Literatur — vor allem in der wirtschaftspolitischen Diskussion — auch zwischen der Inflation und der inflatorischen Entwicklung unterschieden. In der Geldtheorie kennt Forstmann den Unterschied zwischen der Inflation — ein Fall „chronischer Aneutralität" — und inflatori-

---

[82] Vgl. *Bronfenbrenner*, M., a.a.O., S. 289.

[83] Vgl. *Haberler*, Gottfried: Geldinflation, Nachfrageinflation, Kosteninflation, in: Stabile Preise in wachsender Wirtschaft, Tübingen 1960, S. 79—104.

[84] Vgl. *Giersch*, Herbert: Inflation, in: HDSW, 1956, Bd. 5, S. 282 f.

scher bzw. inflationistischer Entwicklung, die Fälle „akuter Aneutralität“ darstellen[85]. Die Inflationen selbst teilt Forstmann wiederum in drei Arten ein: 1. Die offene Inflation, ausgedrückt durch ein Ungleichgewicht zwischen Geld- und Güterumlaufvolumen, das sich durch Preissteigerungen laufend ausgleicht. 2. Die potentielle Inflation, ausgedrückt durch ein Ungleichgewicht zwischen Geldkapitalbildung und Gütervorratsmenge. 3. Die latente Inflation, ausgedrückt durch ein Ungleichgewicht zwischen Investitionskapital und Gebrauchskapital. In den letzten beiden Fällen wird das Ungleichgewicht nicht durch Preissteigerungen ausgeglichen[86]; es handelt sich also um Arten der zurückgestauten Inflation. Forstmann läßt durch die Attribute „latent“ und „potentiell“ erkennen, daß er diese Erscheinungen nicht als eigentliche Inflationen ansieht. Inflation hat Forstmann denn auch als „hemmungslose Preissteigerung“ definiert[87].

Überblicken wir diese Aussagen zum Inflationsproblem, so finden wir keine allgemein anerkannte Definition dessen, was Inflation eigentlich ist. Betrachten wir aber zunächst die offene Inflation für sich, so stellen wir fest, daß das Merkmal „Preissteigerung“ überall vorkommt. Es hat seinen Standort entweder im Kern der Inflationsdefinition oder irgendwo in der durch die Inflation verursachten Folgenkette. Dagegen kann über die Bedeutung der Geldmenge keine vergleichbare Aussage getroffen werden. Viele neuere Autoren berücksichtigen die Geldmenge gar nicht, andere wiederum bezeichnen die Geldfülle als Inflation. Zwischen beiden Extremen wird fast jede denkbare Meinung vertreten; das erhöhte Geldvolumen erscheint also wenn nicht als Inflation oder deren wichtigste Ursache als ihre notwendige Bedingung oder nur als technische Folge der Inflation, also der übermäßigen Staatsausgaben, der großen Investitionen, der durch einen Außenhandelsüberschuß importierten Auslandsinflation, der Kosten- oder Gewinninflation. Zuweilen werden diese Erklärungsversuche samt und sonders als untauglich verworfen. So kam der Sachverständgenrat zur Begutachtung der gesamtwirtschaftlichen Entwicklung[88] zu dem Schluß, für den aktuellen Fall der schleichenden Inflation seien alle „landläufigen Vorstellungen über die Ursachen der Inflation“ untauglich[89]. Abgelehnt wurden als zu einseitig die Ansichten, der Wertverlust der DM sei zurückzuführen auf die

---

[85] Vgl. *Forstmann*, Albrecht: Geld und Kredit, Bd. II, S. 337 ff.

[86] Vgl. *Forstmann*, Albrecht: Geld und Kredit, Bd. II, S. 354.

[87] Vgl. *Forstmann*, Albrecht: Geld und Kredit, Bd. I, S. 95.

[88] Künftig als „Sachverständigenrat“ bezeichnet. Er beruht auf dem Gesetz über die Bildung eines Sachverständigenrates zur Begutachtung der gesamtwirtschaftlichen Entwicklung vom 14. 8. 1963, BGBl. I, S. 685.

[89] Sachverständigenrat: Jahresgutachten 1966, Bundestagsdrucksache V/1160, S. 117, Rdnr. 203.

Höhe des Geld- oder Kreditvolumens oder die importierte Inflation oder die Zunahme der öffentlichen Ausgaben oder die Entwicklung der administrierten Preise oder der Übernachfrage auf dem Arbeitsmarkt. In der gegebenen Situation sei die Ursache der Geldentwertung nicht mehr zurechenbar. Der Sachverständigenrat, der sich in seinem Jahresgutachten und in Sondervoten immer wieder mit der Inflation befaßt hat, vertritt damit einen Ursachenpluralismus[90], der seinen Grund in der Interdependenz zwischen Größen der Volkswirtschaft und zwischen der Geldwertentwicklung im Inland und im Ausland hat[91]. Die „importierte Inflation" wird mit dem „direkten Preiszusammenhang" erklärt, nicht mit Hilfe der Verbindungsglieder Zahlungsbilanzdefizit oder -überschuß[92]. Zumindest für die Jahre vor der Rezession 1966/1967 werden als Ursachen der Inflation der Preisanstieg im Ausland und das allgemeine „Inflationsklima"[93] genannt, das Staat, Unternehmen und Gewerkschaften den Geldwertschwund antizipieren läßt[94]. Im übrigen erscheint auch dem Sachverständigenrat, der die Inflation offensichtlich als Geldentwertung auffaßt, die Übernachfrage als ein, wenn nicht als das Hauptmerkmal der Inflation[95].

Ein anderes Bild ergibt die Durchsicht der Literatur über die zurückgestaute Inflation. Hier besteht nach wohl allgemeiner Meinung ein Kaufkraftüberhang, während die Preise festgehalten werden. Wie bei den Formen der offenen Inflation gilt heute die eigentliche Aufmerksamkeit der Frage nach den Ursachen dieses Kaufkraftüberhangs. Anders als bei der offenen Inflation wird hier an der Verantwortung des Staates nicht gezweifelt.

b) Erklärung des Verlaufs der offenen und der zurückgestauten Inflation in der Literatur

Der Verlauf der großen deutschen Inflation wird heute allgemein im wesentlichen so wie von Eucken geschildert[96]. Insoweit besteht

---

[90] Vgl. Brief des Sachverständigenrates an den Bundeskanzler vom 19. 6. 1965, abgedruckt: Anhang III zum Jahresgutachten 1967, a.a.O., S. 211.

[91] Vgl. Sachverständigenrat: Jahresgutachten 1966, a.a.O., S. 118, Rdnr. 205.

[92] Vgl. Sachverständigenrat: Jahresgutachten 1966, a.a.O., S. 118, Rdnr. 207, 208 und Jahresgutachten 1967, a.a.O., S. 178, Rdnr. 451.

[93] Vgl. Sachverständigenrat: Jahresgutachten 1967, a.a.O., S. 121, Rdnr. 212/213.

[94] Vgl. *Sachverständigenrat:* Jahresgutachten 1966, a.a.O., S. 178, Rdnr. 452.

[95] Vgl. z. B. Stellungnahme des Sachverständigenrates gegenüber dem Bundeskanzler vom 20. 6. 1964, abgedruckt: Anhang II des Jahresgutachtens 1967 vom 23. 11. 1967, Bundestagsdrucksache V/2310, S. 208. Vgl. ferner Sachverständigenrat: Jahresgutachten 1967, a.a.O., S. 111, Rdnr. 221.

[96] Vgl. *Stucken,* Rudolf: Deutsche Geld- und Kreditpolitik, S. 31 ff. *Gaettens,* Richard: Inflationen, S. 237 ff.

keine Streitfrage mehr. Auch die von Eucken herausgearbeiteten Quellen der Inflation, die Ursachen der Geldvermehrung, nämlich das Defizit im Staatshaushalt und in zweiter Linie die übermäßige Kreditgewährung der Reichsbank, werden heute anerkannt. Selbst Autoren, die einen ganz anderen Inflationsbegriff haben, stimmen mit Euckens Analyse überein. So hebt z. B. Giersch die Bedeutung der Defizite im Staatshaushalt als wichtigste Inflationsquelle hervor, neben die später die zunehmenden Kredite an die Privatwirtschaft getreten seien[97].

Allerdings ist dieser allgemeine Consensus auf den geschichtlichen Fall der großen deutschen Inflation beschränkt. Wie wir bei der Darstellung der Inflationsbegriffe gesehen haben, wird die Euckensche Annahme, die hierbei gewonnenen Einsichten seien für alle offenen Inflationen gültig, nicht geteilt. In der modernen Inflationstheorie werden, wie wir sahen, verschiedene Formen der offenen Inflation unterschieden. Die Euckenschen Lehren werden lediglich für die sog. galoppierende oder Hyperinflation als richtig anerkannt. Auch für diesen Fall aber wird heute die Geldmenge nicht mehr als die Hauptursache der Preissteigerung angesehen — wie es Cassel[98] ganz ähnlich wie Eucken getan hatte —, sondern allenfalls als deren notwendige Bedingung (Stucken). Die einzelnen Glieder der Ursachenkette werden also teilweise anders gewichtet. Allgemein wird heute die Meinung vertreten, große Inflationen würden vor allem durch Haushaltsdefizite — exogen — ausgelöst, während kleine oder gedämpfte Inflationen durch Kreditexpansion — also endogen — verursacht seien.

Eine Schilderung des Verlaufs des bisher meist beschriebenen Falls der zurückgestauten Inflation, nämlich der „deutschen Wirtschaftsordnung des 2. Weltkriegs“ (Stucken) erübrigt sich. Eine wesentliche Abweichung von Euckens Position ist nicht festzustellen.

c) *Beurteilung der Folgen der Inflation in der Literatur*

Die Nachteile der großen Inflation, die auch galoppierende oder Hyperinflation heißt, sind so offenkundig, daß kaum Stimmen zu finden sind, die diese Inflationsform für erstrebenswert halten. Vor einigen Jahren sind zwar Laursen und Pedersen in einer Untersuchung der deutschen Inflation der Jahre 1918—1923 zu dem Schluß gekommen, die Inflation habe weit mehr Vorteile als Nachteile ge-

---

[97] Vgl. *Giersch,* Herbert: Inflation, in: HDSW, Bd. 5, S. 289 f.

[98] Vgl. *Cassel,* Gustav: Das Geldproblem der Welt, München 1921, S. 28.

bracht[99]. Die Untersuchung vermag jedoch nicht zu überzeugen. Ihre Ergebnisse sind daher auch allgemein mit großer Zurückhaltung aufgenommen worden. Die weitaus meisten Autoren kommen zum entgegengesetzten Ergebnis. Beispielhaft ist etwa die Liste der Inflationsfolgen, die Stucken aufzählt: Die Wirtschaftssubjekte erkennen die Inflation und handeln danach, was eine erhöhte Kreislaufgeschwindigkeit des Geldes zur Folge hat. Das Geldsparen wird völlig eingestellt; die Spartätigkeit nimmt insgesamt rapide ab. Dadurch leiden gewisse Investitionen, wie Wohnungsbau und Infrastrukturmaßnahmen. Die Güterpreise steigen ungleichmäßig, die Löhne hinken nach. Gläubiger von Geldforderungen verlieren, Schuldner und Besitzer von Sachwerten erzielen ungerechtfertigte Gewinne. Fehlinvestitionen, unerwünschte Verteilung des Sozialproduktes, Not weiter Bevölkerungsteile und Verschwendung anderer als Folge von Spekulationsgewinnen, Ausverkauf des Inlands infolge irrealer Devisenkurse, Störung der sozialen Ordnung und des Zusammenlebens der verschiedenenen Bevölkerungsgruppen, Repudiation des Geldes und damit Ende der Geldwirtschaft, das sind die bedenklichen Auswirkungen der großen Inflation im Inland. Durch die außerordentlich niedrigen Exportpreise des Inflationslandes erleidet nicht nur dieses Land selbst Schaden, auch der internationale Markt wird gestört[100].

Anders werden von vielen Autoren die Folgen der kleinen oder schleichenden Inflation beurteilt. So kommt z. B. Johnson[101] auf Grund vorwiegend amerikanischer Untersuchungen zu dem Schluß, daß eine milde Inflation auf längere Frist kaum zu einer merklichen Einkommensumverteilung führe. Auch die wirtschaftliche Leistungsfähigkeit werde nur dann verringert, wenn Preise und Löhne kontrolliert würden. Das wirtschaftliche Wachstum gedeiht nach Johnsons Ansicht am besten im Rahmen einer schwachen Inflation, worunter er eine Preissteigerung von jährlich 0 bis 6 % versteht[102]. Später erklärt Johnson, daß ein mäßiger Inflationsgrad die logische Begleiterscheinung jeder Mobilisierung der wirtschaftlichen Kräfte sei[103]. Die mäßige Inflation sei der notwendige Preis für eine rasche wirtschaftliche Entwicklung. Die Möglichkeiten, die Wirtschaftsentwicklung durch eine bewußte Inflationspolitik zu stimulieren, seien aber sehr begrenzt. In Wirklichkeit würde sie das Wachstum wahrscheinlich

---

99 Vgl. *Laursen,* Karsten und Jørgen *Pedersen:* The German Inflation 1918—1923, Amsterdam 1964, S. 125; vgl. auch S. 75 ff. und insbes. S. 123—127.

100 Vgl. *Stucken,* Rudolf: Geld und Kredit, S. 216 f.

101 Vgl. *Johnson,* Harry G.: Beiträge zur Geldtheorie und Geldpolitik, Berlin 1969, S. 146 ff.

102 Vgl. *Johnson,* Harry G., a.a.O., S. 148.

103 Vgl. *Johnson,* Harry G., a.a.O., S. 294.

eher verlangsamen[104]. Die optimale Inflationsrate betrage in Entwicklungsländern 4 bis 6 %, in Ländern mit fortgeschrittener Wirtschaft nur etwa 1 bis 2 %[105].

In der Inflationsdiskussion ist die Frage, ob die Inflation zu schnellerem Wirtschaftswachstum führt oder ob das Umgekehrte der Fall ist, immer mehr in den Mittelpunkt gerückt. Nicht wenige Autoren empfehlen eine bewußte — leichte — Inflation als Motor der Wirtschaft. In dem Sammelwerk „Stabile Preise in wachsender Wirtschaft", das Erich Schneider zum 60. Geburtstag gewidmet ist, kommt z. B. Alvin Hansen zu dem Ergebnis, daß in entwickelten Ländern wie den USA die Inflation für das Wirtschaftswachstum nicht erforderlich ist. Anders verhält es sich seines Erachtens bei Entwicklungsländern. Hier geht es nicht mehr um die Frage, ob Inflation oder nicht, sondern nur noch darum, den für das Wachstum optimalen Inflationsgrad festzustellen[106].

Auch für die „kleine" Inflation ist aber noch keineswegs entschieden, ob sie wachstumfördernd oder -hemmend, positiv oder negativ wirkt. Auch in den USA fehlt es nicht an Stimmen, die sich scharf gegen die Verharmlosung der sog. schleichenden Inflation oder gar ihre Verherrlichung wenden[107]. In Deutschland lesen sich die Berichte der Deutschen Bundesbank und die Jahresgutachten zur Begutachtung der gesamtwirtschaftlichen Entwicklung teilweise wie Plädoyers „gegen Fehlentwicklungen — für Währungsstabilität und Wachstum", wie es z. B. im Dritten Jahresgutachten formuliert ist[108]. Bombach meinte schon 1960, die Erkenntnis setze sich immer mehr durch, daß ein ständiger leichter Anstieg des Preisniveaus, eine „kleine" Inflation also, *auf keinen Fall wachstumsnotwendig* sei. Unter bestimmten Umständen sei diese Inflation auch zu vermeiden[109]. Seither hat diese Meinung sicherlich weitere Anhänger gefunden. Gerade der Sachverständigenrat, der in den letzten Jahren zuweilen als zu expansionistisch angesehen wurde, hat immer wieder, auch in seinem Jahresgutachten 1968, ausgesprochen, daß Geldwertstabilität bei wachsender

---

104 Vgl. *Johnson*, Harry G., a.a.O., S. 302.

105 Vgl. *Johnson*, Harry G., a.a.O., S. 295.

106 Vgl. *Hansen*, Alvin H.: Inflation and Growth, in: Stabile Preise in wachsender Wirtschaft, Tübingen 1960, S. 183 f.

107 Vgl. Federal Reserve Bank of New York: Creeping inflation. Monthly Review, June 1959, S. 86; *Palyi*, Melchior: Die Inflation in Amerika, Frankfurt/M 1962, bes. S. 95 ff.

108 Vgl. Drittes Jahresgutachten (1966). Bundestagsdrucksache V/1160, S. 130. Vgl. auch das Jahresgutachten 1968, Bundestagsdrucksache V/3550, S. 55 ff.

109 Vgl. *Bombach*, Gottfried: Ursachen der Nachkriegsinflation und Probleme der Inflationsbekämpfung, in: Stabile Preise in wachsender Wirtschaft, Tübingen 1960, S. 192.

Wirtschaft erreichbar ist, wenn sie wirklich gewollt wird[110]. Auch das Gesetz zur Förderung der Stabilität und des Wachstums der Wirtschaft geht davon aus, daß ein stabiles Preisniveau bei stetigem und angemessenem Wirtschaftswachstum erreichbar ist[111]. Diese Formulierungen könnten auch lauten: Wirtschaftswachstum ist auch ohne („kleine") Inflation erreichbar.

3. Stellungnahme zu Euckens Ansichten über das Inflationsproblem

a) Der Inflationsbegriff — an den Argumenten der neueren Literatur gemessen

aa) Euckens Inflationsbegriff

Wir rekapitulieren, daß Eucken neben der Kurzdefinition — Inflation ist Geldvermehrung — in den „Betrachtungen" noch 3 andere Aussagen über das Wesen der Inflation getroffen hat: 1. Inflation ist Neuschaffung von Geld; 2. Inflation ist Geldvermehrung ohne Vergrößerung der Warenerzeugung; 3. Inflation ist eine den ersparten Gütervorräten nicht entsprechende Geldvermehrung. Diese Aussagen sind offenbar nicht identisch. Wir haben daher Euckens Inflationsbegriff erst herauszufinden, bevor wir ihn kritisch betrachten können.

Die erste Wesensbezeichnung entspricht der Kurzdefinition. Wenn man von der Geldschöpfung zum Ersatz abgenutzten oder sonstwie verschwundenen Geldes absieht, ist jede Geldschöpfung eine Geldvermehrung. Die „Ersatzgeldschöpfung" hat Eucken durch den Gebrauch des Wortes „neu" — wenn „Geld einfach *neu* geschaffen" wird — ausgeschlossen. Nach dieser Aussage wäre also jede Geldvermehrung Inflation, denn schon das Wort „Geldvermehrung" besagt, daß „Geld einfach neu geschaffen" nicht nur vorher erworbenes in Verkehr gebracht wird. Nicht inflationäre Geld*schöpfung* bestünde lediglich in der Schaffung von Ersatz für abgenutztes Geld.

Diese Beschreibung des Phänomens ist offensichtlich bei der Beobachtung der sog. staatlichen Inflation gewonnen worden, die dann entstehen kann, wenn der Staat ein Haushaltsdefizit durch eigene Geldschöpfung (Notenpresse) „scheinbar" ausgleicht. In diesem Fall trifft es nämlich zu, daß der Staat — abweichend von der Norm — Geld in Verkehr bringt, das er nicht vorher durch eine Leistung oder durch Zwang eingenommen hat. Man kann aus dieser Stelle nicht

---

110 Vgl. Jahresgutachten 1968, a.a.O., S. 67.

111 Gesetz zur Förderung der Stabilität und des Wachstums der Wirtschaft vom 8. Juni 1967, BGBl 1967 I, S. 582, § 1 S. 2.

schließen, daß Eucken — etwa in Vorwegnahme späterer Gedankengänge bei den Geldsystemen — eine Inflation dann annimmt, wenn die Geldschöpfung nicht durch irgendeine „vorherige Leistung" mit der Güterwelt verknüpft ist. Wer von dieser Maxime ausgeht, muß zum Ergebnis kommen, daß eine Geldschöpfung durch die Bank gegen Warenwechsel nicht inflationär sein kann, da der Warenwechsel gegen Hingabe der Ware erworben worden ist. Eine solche Meinung wurde in der Inflationszeit in Deutschland vertreten. Daher stand die Ausschaltung der Finanzwechsel im Mittelpunkt der Diskontpolitik der Reichsbank in der Inflationszeit[112]. Eucken wies damals mit Nachdruck darauf hin, daß eine Inflation bei der Diskontierung beider Wechselarten eintreten könne[113], also auch dann, wenn es an der vorherigen Leistung nicht fehlt. Diese erste Aussage über die Inflation vermag aber auch als Definition der staatlichen Inflation nicht zu befriedigen, da man mit ihrer Hilfe jede staatliche Geldschöpfung als Inflation bezeichnen müßte.

Wenn auch, wie wir eben sahen, für Eucken das Merkmal der vorherigen Leistung nicht entscheidend ist, so ist sein Inflationsbegriff doch nicht ohne Einbeziehen der Güterseite gewonnen worden. Das zeigen die beiden anderen angeführten Stellen. So meint Eucken weiter, eine Geldvermehrung sei keine Inflation, wenn gleichzeitig die Warenerzeugung vergrößert werde. Dieser Satz kann nicht bedeuten, daß eine Inflation dann nicht vorliegt, wenn der zusätzlichen Geldmenge auf den Märkten gleichzeitig ein entsprechend größeres Warenangebot entgegentritt. Denn jede Produktion kostet Zeit. Eucken hat das selbst später in den Kapitaltheoretischen Untersuchungen immer wieder dargelegt und auch in den Betrachtungen bereits so formuliert: „Aber der Weg, den die Ware in allen Stadien des Produktionsprozesses zurückzulegen hat, kann nicht so schnell bewältigt werden, daß das Warenangebot der auf dem Markt neu erschienenen Geldmenge entspricht[114]." Daher kann „Warenerzeugung" hier nur als Prozeß, nicht als Ergebnis verstanden werden. Die Produktion kann nur dann gleichzeitig vermehrt werden, wenn Produktionsfaktoren brachliegen in einer „Wirtschaft ohne Vollbeschäftigung", wie es z. B. Halm ausdrückt[115]. Die Wirkung der Geldvermehrung hängt ganz vom Ausgangszustand der Wirtschaft ab[116]. Davon ging wohl auch Eucken schon in seinem ersten Werk aus, wenn er auch nicht ausdrücklich darauf

---

112 Vgl. *Eucken*: Betrachtungen, S. 43.

113 Vgl. *Eucken*, Betrachtungen, S. 47.

114 *Eucken:* Betrachtungen, S. 54.

115 Vgl. *Halm*, George N.: Geld, Außenhandel und Beschäftigung, S. 25.

116 Vgl. *Schneider*, Erich: Einführung in die Wirtschaftstheorie, Bd. II, S. 211.

hingewiesen hat. Zumindest kannte er einen entsprechenden Hinweis v. Bortkiewicz, der in seiner Auseinandersetzung mit Hahn schon 1922 diese Voraussetzung betont hatte. Eucken hat darauf in den Betrachtungen Bezug genommen[117].

Falls es nicht zu einer Vergrößerung der Produktion kommt, ist eine Geldvermehrung für Eucken Inflation. Jedoch gibt es eine Ausnahme, wie die dritte zitierte Stelle aus den „Betrachtungen" zeigt. Sicherlich wäre eine Geldvermehrung, die nur ausreichen würde, die ersparten Gütervorräte zu kaufen, keine Inflation. Eucken hat aber in den „Betrachtungen" schon in anderem Zusammenhang angemerkt, daß die Gütervorräte bei beachtlicher Vergrößerung der auf den Markt kommenden Geldmenge bald erschöpft sein werden[118]. In der arbeitsteiligen Geldwirtschaft sind die Gütervorräte weit weniger wichtig als der ständig fließende Güterstrom. Darauf hat Eucken in seinen späteren kapitaltheoretischen Arbeiten mit großem Nachdruck immer wieder hingewiesen. Setzen wir also anstelle der „ersparten Gütervorräte" die „ersparten Anteile am Güterstrom", oder geldmäßig ausgedrückt, das „gesparte Geld", so korrigieren wir den Euckenschen Inflationsbegriff der „Betrachtungen" leicht nach den Erkenntnissen seiner späteren Arbeiten. Ganz in Übereinstimmung mit dieser Korrektur spricht Eucken selbst in den nachgelassenen „Grundsätzen der Wirtschaftspolitik" von einer Inflation, wenn eine größere Geldmenge im Umlauf ist als notwendig, um die Güter zu den festgesetzten oder vorinflationären Preisen umzusetzen[119].

Auf den ersten Blick scheint hier ein Gegensatz zu bestehen: Inflation liegt einmal vor, wenn mehr Geld in Umlauf ist als zum Umsatz der Güter zu bisherigen Preisen erforderlich wäre; dann wieder liegt Inflation nur vor, wenn die Geldvermehrung nicht von einer Vergrößerung der Produktion begleitet wird. Denn auch beim Vorhandensein freier Produktionskräfte wird die Erweiterung der Produktion mit Hilfe der Geldvermehrung zunächst Einkommenseffekte hervorrufen. Durch die erhöhten Einkommen wird die Nachfrage auf den Gütermärkten steigen und mit ihr die Warenpreise, da ein zur Deckung dieser zusätzlichen Nachfrage ausreichender Vorrat an Gütern fehlt. Selbst wenn alle zusätzlichen Arbeitskräfte in der Konsumgüterindustrie eingesetzt würden, wird die erhöhte Produktion erst später am Markt erscheinen als die dafür gezahlten zusätzlichen Löhne. Auch in diesem Fall wird also die Geldvermehrung — mindestens vorübergehend — zu steigenden Preisen führen, d. h. inflatorisch wirken.

---

117 Vgl. *Eucken:* Betrachtungen, S. 45, Anm. 2 zu S. 44.

118 Vgl. *Eucken:* Betrachtungen, S. 54.

119 Vgl. *Eucken:* Grundsätze, S. 117.

Hayek hat dies schon 1933 als seit langem allgemein verbreitete Meinung bezeichnet[120]. Diese Wirkung könnte lediglich vermieden werden, wenn die zusätzlichen Einkommen gespart würden, was aber eine unrealistische Erwartung wäre. Wir können hier also eine langfristige und kurzfristige Betrachtungsweise in Euckens Werk unterscheiden und könnten demgemäß auch zwei Begriffe der Inflation formulieren. Es handelt sich aber wohl mehr um einen scheinbaren Gegensatz. Die verschiedenen Aussagen Euckens über das Wesen der Inflation schließen einander nicht aus, sondern ergänzen einander und heben fortschreitend stets einen neuen Aspekt ins Bewußtsein. Auf die Definition ist in dem der Inflation gewidmeten Werk Euckens nicht der größte Wert gelegt worden. Hauptzweck der Untersuchung war, eine Analyse und Therapie der deutschen Inflation zu entwickeln. Dafür kam es mehr darauf an, mit größter Genauigkeit die Ursachen und den Verlauf der Inflation zu untersuchen als deren Definition. Daß eine Inflation herrschte, brauchte nicht bewiesen zu werden. Der echte Inflationsbegriff Euckens ergibt sich in der Zusammenschau seiner Aussagen und läßt sich wie folgt formulieren: Eine Inflation liegt dann vor, wenn (1) mehr Geld geschaffen wird als (2) nötig ist, um den gesparten Anteil am Güter- und Dienstleistungsstrom zu bisherigen oder festgesetzten Preisen umzusetzen, es sei denn (3), die Geldvermehrung ist von einer Erhöhung der Produktion begleitet.

bb) Kritik des Inflationsbegriffs Euckens

Bei diesem Inflationsbegriff fällt zunächst ein Mangel auf. Offensichtlich können alle Inflationsfolgen, wie steigende Preise und (oder — im Fall der zurückgestauten Inflation) Kaufkraftüberhang, also Verlust an „Kaufkraft" und an „Kaufmacht", auch eintreten, wenn zugleich mit der Geldvermehrung — über das Ersparte hinaus — die Warenerzeugung gesteigert wird. Das wird dann der Fall sein, wenn mehr Geld geschaffen wird als erforderlich ist, um die brachliegenden Produktionsfaktoren in den Wirtschaftsprozeß einzugliedern. Richtiger wäre es daher, in die soeben gefundene Formulierung einzufügen: Ohne „entsprechende" gleichzeitige Vergrößerug der Produktion bzw. der Warenerzeugung, wie dies der Federal Reserve Board der USA schon 1919 in seiner Definition getan hat[121]. Diese Ergänzung liegt durchaus in der Linie der Euckenschen Gedankenführung und füllt nur eine Lücke aus.

---

120 Vgl. *v. Hayek*, Friedrich A.: Beitrag, in: Stand und nächste Zukunft der Konjunkturforschung, München 1933, S. 114.

121 Vgl. Bulletin vom Juli 1919, S. 614; zitiert bei *Cassel*, Gustav: Das Geldproblem der Welt, München 1921, S. 28 f.

Wir müssen uns aber fragen, ob die Definition alle Erscheinungsformen dessen, was allgemein als Inflation angesehen wird, umfaßt und ob sie die wesentlichen gleichartigen Merkmale dieser Phänomene enthält. Beginnen wir mit den Typen der offenen Inflation. Bei der großen oder Hyperinflation kann kein Zweifel bestehen. Wir konstatieren eine Geldvermehrung; sie ist weit größer, als es für den Umsatz der durch den Konsumverzicht der Sparer freigewordenen Güter erforderlich wäre; eine entsprechende Vergrößerung der Warenerzeugung gibt es nicht. Die 3 Punkte liegen auch bei den milderen Formen der offenen Inflation vor. In jedem Fall finden wir die Geldvermehrung. Schon die Preissteigerungen beweisen, daß die Geldmenge mehr wächst, als es der Spartätigkeit entspricht. Zwar wird in den milderen Inflationen kräftig investiert und die Produktion ständig ausgeweitet. Auch in der Anfangsphase großer Inflationen wird die Produktion angeregt. Bei allen offenen Inflationen steigen aber die Preise *ständig,* sei es in „schleichendem“ oder in „galoppierendem“ Tempo. Das allein ist schon ein Indiz dafür, daß die Produktion nicht entsprechend der Geldvermehrung ausgedehnt wird, sondern in geringerem Umfang. Sonst müßte auf eine erste Phase steigender Preise eine zweite sinkender oder wenigstens stagnierender Preise folgen, sobald nämlich die von den zusätzlichen Arbeitskräften zusätzlich erzeugten Güter auf dem Markt angeboten werden. Dann stünde der erhöhten Geldmenge ein entsprechend vermehrtes Güterangebot gegenüber.

Die 3 Definitionsmerkmale finden wir bei den Arten der Nachfrageinflation, sei es Staatsinflation, Kreditinflation, Goldinflation oder importierte Inflation. Aber auch die Angebotsinflation in der Form der Kosten- wie der Gewinn-Stoß-Inflation oder der Inflation der „administrierten Preise“ lassen sich dem Euckenschen Inflationsbegriff subsumieren. Nie fehlt es an der überproportionalen Geldvermehrung — überproportional zur Ersparnis und zur Ausdehnung der Gütererzeugung. Im Zeitalter der schleichenden („säkularen“) Inflation ist daher bezeichnenderweise der Unterschied zwischen realer Zuwachsrate und nominaler eine ständige Erscheinung geworden. Das Auseinanderklaffen zwischen der realen Zuwachsrate des Bruttosozialprodukts und der nominalen zeigt an, daß die Geldvermehrung in diesen Volkswirtschaften größer ist als die Vergrößerung der Warenerzeugung. Wir kommen also zu dem Schluß, daß alle Typen der offenen Inflation dem Eukenschen Inflationsbegriff subsumiert werden können.

Bei der zurückgestauten Inflation ist die Geldvermehrung das auffallendste Kennzeichen. Sie bewirkt einen größeren oder kleineren Kaufkraftüberhang, der anzeigt, daß mehr Geld neu geschaffen worden ist als zugleich durch Sparen stillgelegt wurde. Dieser Kaufkraftüberhang hält an bzw. wächst. Daraus muß geschlossen werden, daß jedenfalls keine der Geldvermehrung entsprechende Vergrößerung der Gütererzeugung erfolgte. Auch diese Fälle der Inflation lassen sich also mit Euckens Definition erfassen.

Nicht als Inflation im Euckenschen Sinn kann die sog. „relative Gewinninflation" bezeichnet werden. Von einer Geldvermehrung kann nicht die Rede sein. Das Geldvolumen ist zwar nicht vergrößert, aber es wird doch größer gehalten als es sein müßte, um die Güter zu den *Kosten*preisen umzusetzen. Es ist aber nicht größer als zum Umsatz der Güter zu den bisherigen Preisen erforderlich. Zwar ist Giersch zuzugeben, daß auch diese Preismanipulierung zu Verzerrungen der Preisrelationen und der Verteilung der Produktivkräfte sowie zu einer Abweichung von der Neutralität des Geldes führt. Ferner ist unverkennbar, daß auch die Inflationen die gleichen Störungen zur Folge haben. Aus dieser Gleichheit einiger Folgen muß man aber noch nicht zwingend schließen, daß die Ursache in beiden Fällen eine Inflation sei. Verzerrung der Preisrelationen und der Verteilung der Produktivkräfte sind nicht nur Inflationen zugeordnet, sondern ergeben sich beispielsweise auch als Folge der Einführung zentralverwaltungswirtschaftlicher Ordnungsformen; sie können ebenso wieAbweichungen von der Neutralität des Geldes auch bei Deflationen konstatiert werden. Wir halten es daher nicht für einen Nachteil einer Inflationsdefinition, wenn sie die sogenannte „relative Gewinninflation" nicht erfaßt. Gegenüber der Reflation, durch die ein vorhergegangener Deflationsprozeß ausgeglichen wird, grenzt die Euckensche Definition die Inflation klar ab. Soweit dem neugeschaffenen Geld Gütervorräte gegenüberstehen und soweit es zum Ausgleich für Ersparnisse oder dazu dient, bisher unbeschäftigte Produktionsfaktoren und Produktionsmittel in den Produktionsprozeß einzufügen, soweit und solange sprechen wir von Reflation. Erst wenn diese Schwelle überschritten wird, schlägt der Nachholprozeß der Reflation in die Inflation um. Mit Euckens Inflationsdefinition lassen sich also die bekannten Inflationen erfassen und von ähnlichen Erscheinungen abgrenzen.

Damit ist aber erst die eine der beiden von uns eingangs gestellten Fragen beantwortet. Auch eine Definition, die sich auf diese Weise als logisch ausreichend erweist, kann doch unzweckmäßig sein. Das wäre etwa dann der Fall, wenn die Begriffsbestimmung zwar gemeinsame Merkmale der Phänomene enthielte, aber ganz unwesentliche und nebensächliche. Eine Definition soll nicht nur einen formalen Oberbegriff für eine Reihe von Erscheinungen liefern, sondern zugleich deren Wesen erhellen und kennzeichnen. Häufig wird bestritten, daß auf dem Merkmal „Geldvermehrung" aufbauende Inflationstheorien dies leisten können. Damit ist die Frage nach Verlauf und Ursachen der Inflation bzw. nach den wesentlichen Gliedern dieses Prozesses gestellt.

Eucken kannte zwei Inflationsursachen, das Defizit im Staatsbudget und die übergroße Kreditgewährung der Notenbank an Private. Die Diskussion der Jahre nach 1945 hat eine Reihe weiterer Inflationsursachen freigelegt bzw. wieder bewußt gemacht: Die (schon lange bekannte) Goldinflation, die importierte Inflation — beides weitere Arten der Nachfrageinflation — und die auf der Angebotsseite wirkende Kosten- und Gewinnstoßinflation. Sie alle heben je eine Inflationsursache besonders hervor. Im Wirtschaftsablauf der Nachkriegsjahrzehnte lassen sich Beispiele für die Wirksamkeit dieser Ursachen finden, wie Haberler mit Recht feststellt[122]. Zuweilen wird sogar das Inflationsklima als Ursache genannt, das die Wirtschaftssubjekte die Inflation antizipieren lasse (Sachverständigenrat). Dieser Ursachenkatalog ließe sich unschwer verlängern, Bei einer derartigen Vielfalt muß jeder Versuch scheitern, in die Definition die Ursachen der Inflation einzubauen. Wer Inflation als allgemeine Preiserhöhung definiert oder dieses Merkmal auch nur in seine Definition einbezieht, verzichtet darauf, die zurückgestaute Inflation mit zu erfassen.

Abgesehen von dem Fall der relativen Gewinninflation, der zwar eine „Aufblähung" der Gewinne, aber keine (Geld-)Inflation im hier behandelten Sinn darstellt, sind alle Inflationen von ernst zu nehmendem Ausmaß und längerer Dauer von einer starken Geldvermehrung begleitet worden. Diese Feststellung ist unbestritten. Allerdings läßt sich einwenden, die Geldmenge sei nur Symptom, eine notwendige Folge anderer Entscheidungen. Nun hat z. B. der Entschluß, ein Defizit im Staatshaushalt auszuweisen und es von der Notenbank finanzieren zu lassen, sicher zur Folge, daß neues Geld geschaffen wird. Trotzdem hat es die Notenbank (bzw. die Regierung, je nach Rechtslage) in der Hand, ob und in welchem Umfang das Geldvolumen vergrößert wird. Durch eine entsprechende Geldpolitik könnte sie nämlich dem privaten Sektor die Geldmenge entziehen, die sie dem öffentlichen zusätzlich gewährt. Sie könnte die Wirkungen ähnlich gestalten, wie wenn der Staat sein Budgetdefizit durch Kredite der Nichtbankensektoren der Volkswirtschaft decken würde[123]. Die Folge einer solchen das Geldvolumen zügelnden Politik wäre eine Verlagerung der Nachfrage auf die Sektoren, auf die der Staat das neue Geld lenken würde. Die hier zusätzlich benötigten Produktionsfaktoren würden in den Sektoren

---

[122] Vgl. *Haberler*, Gottfried: Geldinflation, Nachfrageinflation, Kosteninflation, a.a.O., S. 79.

[123] Eine Finanzierung aus dem Kapitalmarkt kann inflationär wirken, wenn die Geschäftsbanken einen wesentlichen Teil der Staatspapiere selbst übernehmen, statt sie bei ihrer Kundschaft zu plazieren.

frei, von denen Geld abgezogen würde. Je nach dem relativen Umfang der Transaktion würden sich vielleicht erhebliche Verschiebungen der Einzelpreise und hohe Anpassungsverluste ergeben. Aber eine Inflation würde sich nicht ergeben. Die Kreditgewährung der Notenbank führt uno actu zur Geldschöpfung und damit zur Geldvermehrung. Die Notenbank ist aber dabei nicht nur technisches Instrument — was die Reichsbank in der Inflationszeit verkannt hat. Eine Einschränkung ihrer Kredit- und Geldschöpfung könnte zwar manche unangenehmen, vielleicht sogar gefährlichen wirtschaftlichen und politischen Folgen haben, eine Inflation, Kaufkraftüberhang und allgemeines Steigen der Preise würden aber vermieden. Die Stabilitätspolitik der Deutschen Bundesbank hat doch bewiesen, daß die Geldpolitik mehr kann als an Symptomen herumzukurieren. Ihre Instrumente wirken zwar zuweilen langsam, häufig allzu global und wenig nuanciert, aber sie wirken. Die Kontrolle der Geldmenge ist ein hartes und daher wirtschaftspolitisch nicht immer erwünschtes, aber ein wirksames Mittel zur Stabilisierung des Geldwertes. Es ist nicht das einzige Instrument, und es sollte auch nicht allein, sondern „flankiert" von der ganzen Wirtschaftspolitik eingesetzt werden. Wir wollen den wirtschaftspolitischen Gedankengang mit diesen Sätzen nur andeuten, nicht verfolgen. Für unsere Überlegung ergibt sich aus dem geld- und konjunkturpolitischen Geschehen der vergangenen Jahre ein weiteres Indiz dafür, daß die Geldvermehrung eine notwendige Bedingung für den Kaufkraftüberhang und die Kaufkraftverschlechterung des Geldes darstellt. Die Steigerung der Umlaufgeschwindigkeit wird bei einer Hyperinflation verstärkend, niemals aber allein inflationär wirken[124]. Ohne die Geldvermehrung könnten sowohl die die Nachfrage beeinflussenden wie die auf das Angebot wirkenden Faktoren das allgemeine Preisniveau nicht erhöhen. So könnte ein Lohndruck, der stets in bestimmten Industrien oder Firmen beginnen wird, zwar die Kosten in diesen Wirtschaftssektoren erhöhen und unter bestimmten Voraussetzungen auch zu einer Preissteigerung führen. Das würde aber, gleichbleibendes Geldvolumen vorausgesetzt, keineswegs eine Erhöhung des gesamten Preisniveaus auslösen.

Die Bedeutung des Geldvolumens für die Inflation ergibt sich auch aus einer Prüfung der Definitionsvorschläge von Autoren, die an die Geldvermehrung anknüpfende Definitionen als unzureichend ansehen. So beschreibt z. B. Giersch die Inflation als Prozeß, in dem Nachfrageüberhang besteht. Der Nachfrageüberhang existiert in drei Gestalten, die hier vereinfacht dargestellt sind: Die geplante kaufkräftige Nach-

---

[124] Vgl. *Haberler*, Gottfried: Geldinflation, Nachfrageinflation, Kosteninflation, a.a.O., S. 80. Das hatte Eucken für den Fall der deutschen Inflation schon in den Betrachtungen nachgewiesen.

frage ist größer als das Angebot 1. an Gütern (Güterlücke), 2. an Arbeitskräften und Rohstoffen (Faktorenlücke) oder (3.) die Nominaleinkommen und das mit ihnen erstrebte Realeinkommen sind größer als das erzielbare reale Volkseinkommen (Realeinkommenslücke). Hier ist doch die Frage angebracht, wie denn das Nominaleinkommen oder die kaufkräftige Nachfrage im beschriebenen Maße überhaupt ansteigen kann, wenn die Geldmenge nicht entsprechend vermehrt wird — wenn man die Schwankungen in der Umlaufgeschwindigkeit des Geldes außer acht läßt?

In der Diskussion des Inflationsbegriffes soll an dieser Stelle die ohnehin problematische Frage, was in der Kette von Ursachen und Wirkungen eigentlich *die* Ursache sei, nicht vertieft werden. Für unseren Zweck genügt die Feststellung, daß offenbar die Geldvermehrung eine Bedingung, und wir meinen eine notwendige Bedingung, ist für Kaufkraftüberhang, Einkommenssteigerung, Preiserhöhung, Verlust an Kaufkraft und Kaufmacht — oder wie auch immer man die Inflation beschreiben will. Damit dürften auch so unterschiedliche Ansichten über die Inflation wie die Haberlers[125] und Stuckens[126] im wesentlichen übereinstimmen.

Nun werden gegen Inflationsdefinitionen dieser Art vom Standpunkt der Liquiditätstheorie und der Einkommenstheorie grundsätzliche Einwände erhoben. Wir wollen uns damit hier nicht auseinandersetzen. Bei der zusammenfassenden Würdigung der geldtheoretischen Position Euckens werden wir ohnehin noch auf diese Theorien zurückkommen müssen. An dieser Stelle begnügen wir uns damit, festzustellen, daß Eucken einen durchaus brauchbaren Inflationsbegriff bereits in seinem ersten geldtheoretischen Werk verwendet hat. Dieser Begriff mußte auf Grund der Ergebnisse späterer Arbeiten nur wenig korrigiert werden. Besonders bemerkenswert erscheint es uns, daß der Inflationsbegriff auch auf die zurückgestaute Inflation paßt, obgleich dieses Phänomen erst Jahrzehnte nach seiner Formulierung beschrieben wurde. Daher überrascht es nicht, daß auch heute noch eine ganze Reihe von Autoren ihre Definitionen ganz ähnlich wie Eucken auf dem Merkmal der Geldvermehrung aufbauen. Eucken befindet sich insoweit in guter und großer Gesellschaft, und zwar mit Recht. Der Euckensche Inflationsbegriff erscheint uns als Oberbegriff für die mannigfachen Erscheinungsformen der Inflation gut geeignet.

---

[125] Vgl. *Haberler*, Gottfried: Geldinflation, Nachfrageinflation, Kosteninflation, a.a.O., S. 80/81.

[126] Vgl. *Stucken*, Rudolf: Geld und Kredit, S. 194.

b) Hält Euckens theoretische Erklärung der Inflation neueren Erkenntnissen stand?

Mit der eben getroffenen Feststellung ist natürlich noch nichts darüber gesagt, ob auch die theoretische Erklärung des Verlaufs der offenen und der zurückgestauten Inflation und ihrer Ursachen den späteren Erkenntnissen standhält. Vorweg läßt sich der Vollständigkeit halber wiederholen, was bereits bei der Darstellung der heutigen Ansichten über die zurückgestaute Inflation angemerkt wurde: Der Verlauf der zurückgestauten Inflation in Deutschland in den dreißiger und vierziger Jahren dieses Jahrhunderts wird im wesentlichen übereinstimmend dargestellt und beurteilt. Die Kennzeichen sind der Geldüberhang, der zum Kaufkraftüberhang wird, und das Vorhandensein gestoppter Preise und rationierter Güter. Die Ursache des Geldüberhangs liegt in der Finanzierung eines Budgetdefizits durch Geldschöpfung. Der Staat schafft also den Geldüberhang und stoppt die Preise, Löhne und Devisenkurse. Bezüglich der theoretischen Erklärung und Darstellung dieser Inflationsart ist Euckens Antwort bis heute gültig.

Nicht so einfach ist die Antwort für die offene Inflation zu geben. Bei Eucken ist nicht nur die Definition der Inflation auf das Merkmal „Geldvermehrung" gegründet. Auch in der Ursachenkette ist die Geldvermehrung das Schlüsselglied, ohne das die weiteren kumulierenden Folgen nicht denkbar wären. Ursachen der Inflation sind Defizit im Staatshaushalt und zu niedriger Zins. Die jüngere Wirtschaftsgeschichte und sie, deutend die Theorie, haben diesen Ursachenkatalog erweitert und vertieft. Eucken hat die Inflation nur als Nachfrageinflation gekannt. Die auf das Angebot wirkenden Faktoren hat er gesehen, aber als völlig sekundär, als Folgen, nicht als Ursachen beurteilt. Von den inflationsverursachenden Kosten- (insbesondere Lohn-) steigerungen wußte er ebensowenig wie von den gleiches bewirkenden Gewinnstößen, die durch „administrierte Preise" erreicht werden. Auch auf der Nachfrageseite sehen wir heute mehr Ursachen einer Inflation, so die durch eine starke Außenhandelsposition importierte Inflation in den Handelspartnerstaaten, die Ersparnisse übersteigenden Investitionen, die Übernachfrage nach Arbeitskräften usw. Inflationstheorie war von Anfang an nicht zweckfreie, reine Theorie, sondern Grundlage für wirtschaftspolitische Vorschläge. So hat auch Eucken sein erstes der Inflation gewidmetes geldtheoretisches Werk aufgebaut. Daher ist es so wichtig, die „Quellen der Inflation" zu finden, wie Eucken sagt, oder die „menschlichen Dispositionen" kenntlich zu machen, durch die mehr Geld in den Wirtschaftskreislauf einstömen kann, wie Stucken das Problem 30 Jahre später umschreibt. Für Eucken ist das Problem ein ausgeglichener Staatshaushalt und ein richtiger Zinssatz der Zentralbank. Das war die richtige Diagnose und Therapie für die große deutsche Inflation. Bei den heutigen Formen der „kleinen" Inflation wird die Aufgabe differenzierter und nuancierter. Abgesehen davon, daß sich auch die Ursachenpalette verbreitert hat, ist dabei die Akzentverschiebung beachtlich. Natürlich hat auch Eucken gewußt, daß die vergrößerte Geldmenge nicht unmittelbar und mechanisch höhere Preise usw. bewirkt. Die Kette Geldvermehrung, Einkommenssteigerung, Nachfrageüberhang, Preiserhöhung kannte er. Insbesondere verwies er darauf, daß die Geldmenge durch die Einkommensbildung hindurch das Preisniveau beeinflusse. Er sieht aber dies als einen selbstverständlichen, nicht mehr „fragwürdigen", gleichsam automatischen Geschehensablauf[127]. Heute wird ein direkter Zusammenhang zwischen Geldmenge und Güterpreisen häufig ganz verneint. Die Geldmenge, so sagt man, beeinflusse die Nachfrage nur in gewissen Fällen. Die effektive Nachfrage sei von vielen Faktoren abhängig[128]. Auch wer geneigt ist, der Geldmenge mehr Gewicht beizulegen, betont doch die Wichtigkeit der Zwischenglieder, nämlich der Entscheidungen der Menschen, ganz anders als Eucken dies getan hatte — und anders als dies bei einer Hyperinflation nötig ist. Trotz dieser Einschränkungen halten wir die Euckenschen Überlegungen zum Problem der Inflation insoweit für richtig und damit für jede Inflation für aktuell, als er die Bedeutung der Geldmenge nachdrücklich unterstreicht. Für den Fall der großen Inflation ist Euckens Analyse nach wie vor gültig, denn es wird allgemein angenommen, daß die Defizitfinanzierung mit Hilfe der Notenpresse *die* Ursache von Hyperinflationen darstellt. Für die „kleinen" Inflationen, die sich in „schleichendem" und „trottendem" Tempo entwickeln, bleibt die Geldmenge ebenfalls eine notwendige Bedingung. Lediglich die Ursachen werden vielfältiger. Das ist vor allem für die Wirtschaftspolitik bedeutsam, da sich gezeigt hat, daß die Drosselung der Geldmenge *allein* zwar nach kürzerer oder längerer Bremszeit die Stabilität des Geldwertes erreichen kann, die Reibungsverluste bei dieser Prozedur aber recht groß oder sogar zu groß bemessen sind. Schon aus diesem Grund müssen die „menschlichen Dispositionen", auf Grund derer das zusätzliche Geld dann in den Wirtschaftskreislauf eingeleitet wird, genau untersucht werden, damit auch auf sie und nicht nur auf die Geldmenge eingewirkt werden kann.

Die Analyse der großen deutschen Inflation selbst, wie sie in den „Betrachtungen" enthalten ist, ist auch heute noch als vorbildlich und

---

127 Vgl. *Eucken:* Betrachtungen, S. 48.

128 Vgl. *Schneider,* Erich: Einführung in die Wirtschaftstheorie, Bd. III, Geld, Kredit, Volkseinkommen und Beschäftigung, 6. Aufl., Tübingen 1961, S. 213 f., 214, Anm. 1.

gültig anzuerkennen. Ein Mangel soll allerdings nicht unerwähnt bleiben. Eucken wertete zwar, wie erwähnt, bereits damals das Kreditgeld der Geschäftsbanken als Geld, legt es aber in seinen Analysen nicht mit zugrunde. Damit bleibt ein erheblicher Teil der Geldmenge unberücksichtigt. Das Ergebnis der Arbeit wird dadurch graduell, aber auch nur graduell und nicht wesentlich beeinflußt. Der niedrige Zins der Reichsbank bleibt dennoch eine Quelle der Inflation. Er wirkt sich auch auf die Höhe des (Privat-)Bankgeldes, nicht nur auf das Kreditgeld der Notenbank aus, und zwar in der gleichen Richtung. Je niedriger der Zinssatz der Reichsbank war, desto größer wurde auch die Möglichkeit für die Geschäftsbanken, Kredite zu gewähren und so Geld zu schöpfen.

c) Stellungnahme zu Euckens Aussagen über die Folgen der Inflation

Über die Folgen einer großen Inflation auf wirtschaftlichem, sozialem, gesellschaftlichem und politischem Gebiet herrscht, wie wir sahen, weitgehende Übereinstimmung. Euckens Ausführungen zu diesem Thema könnten heute noch geschrieben werden. Sie sind in allen entscheidenden Punkten zutreffend.

Keine derartige Einhelligkeit herrscht bei der Beurteilung der „kleinen" Inflation. Eucken hat sich mit dieser Form nicht expressis verbis beschäftigt. Ein Teil der schon von ihm verwendeten Argumente taucht aber auch in der Diskussion um die „kleine" Inflation auf. Ein beachtlicher Teil der bei der „großen" Inflation verzeichneten Folgen kann hier schon deshalb nicht eintreten, weil die „kleine" Inflation häufig nicht als echte Inflation empfunden wird. Die „Reizschwelle" ist nicht bei allen Völkern gleich hoch. In Deutschland reagiert man nach den Erfahrungen mit zwei Geldentwertungen besonders empfindlich. In manchen Entwicklungsländern scheint man sich an einen kräftigen regelmäßigen Kaufkraftschwund von 20 bis 30 % im Jahr gewöhnt zu haben. Aber die sozialen und gesellschaftlichen Verhältnisse sind dann auch dementsprechend. Die Kluft zwischen der kleinen Gruppe derer, die Anteil am Produktionskapital haben, und der armen Masse des Volkes wird immer breiter. Ein bürgerlicher Mittelstand fehlt fast völlig und kann sich auch nicht bilden. Bei diesen Inflationsraten kann aber von einer „kleinen" Inflation nicht mehr die Rede sein. Hier sind offenbar Euckens Beobachtungen schon wieder weitgehend anwendbar. Für die eigentlich kleine, die schleichende Inflation, gekennzeichnet durch eine Preissteigerung von etwa bis zu 6 % jährlich, sind die schlimmen Folgen der Hyperinflation nicht zu befürchten. Immerhin bleiben vor allem für den Sparer fühlbare Nachteile. Zwar wird zuweilen auch die Meinung vertreten, die Geldentwertung könne die Sparer zu umso stärkerer Sparleistung veranlassen. Überzeugender scheint uns aber die Gegenmeinung begründet. Das Geldsparen hat eine wichtige wirtschaftliche, soziale und gesellschaftspolitische Dimension. Breiten Schichten des Volkes kann nur über den Umweg des Geldsparens ein Anteil am Produktionskapital und damit ein über die Lohnentwicklung hinausgehender Anteil am Wirtschaftswachstum zuteil werden.

Damit sind wir bei der eigentlichen Streitfrage der modernen Inflationsdiskussion, ob die Inflation das Wirtschaftswachstum hemmt oder fördert. Empirische Untersuchungen zu diesem Thema, die eine eindeutig überzeugende Antwort auf die Frage geben, liegen nicht vor. Theoretische Überlegungen führen zu dem Schluß, daß jedenfalls dann Wachstumsstörungn unvermeidbar sind, wenn die Wirtschaftssubjekte die Inflation erkennen und sich darauf einstellen, z. B. die Inflationsrate antizipieren. Die Wirtschaftsgeschichte spricht jedenfalls dafür, daß Wirtschaftswachstum auch bei stabilem Geld erreichbar ist. Für die vergangenen 20 Jahre hat die Deutsche Bundesbank in ihrem Geschäftsbericht für das Jahr 1968 das Wachstum des Sozialprodukts, der Beschäftigung, der Produktivität, die Entwicklung der Arbeitslosigkeit und der Auslastung der Industriekapazität mit der Entwicklung der Lebenshaltungskosten verglichen. Mit Recht kommt sie zu dem Schluß, daß diese Jahre keinen hinreichenden Beweis für die Behauptung bieten, höhere Preise würden das reale Wirtschaftswachstum fördern. Möglicherpeise ist bei Preisstabilität kein maximales Wachstum zu erzielen. Ohne uns in die nun fast schon weltanschauliche Debatte zu verlieren, möchten wir aber doch darauf hinweisen, daß Maximum durchaus nicht gleich Optimum zu setzen ist. Ein Wirtschaftswachstum ist aber wohl nur dann optimal, wenn der Geldwert annähernd erhalten und größere Arbeitslosigkeit vermieden wird. Eucken stand den Anhängern eines „wirtschaftlichen Fortschritts um jeden Preis" skeptisch gegenüber — wir meinen mit Recht. Eucken sah — gewitzt durch die Erfahrung — die Gefahren einer forcierten Wachstumspolitik klar vor sich. Insbesondere fürchtete er die Fernwirkung auf außerwirtschaftliche Bereiche. So wird auch an dieser Stelle von Euckens Werk ein Grundgedanke seiner Arbeit sichtbar, der sich wie ein roten Faden durch das wirtschaftstheoretische und wirtschaftspolitische Lebenswerk zieht: Die Interdependenz der Wirtschaftsordnung mit den übrigen Lebensordnungen. Das bedeutet, jede Maßnahme zur Gestaltung der Wirtschaft und vor allem zur Gestaltung der Wirtschaftsordnung wird sich zwangsläufig und unabwendbar auf die anderen Bereiche des sozialen Lebens auswirken. Hier tritt wohl auch die eigentliche Triebfeder für das starke wirtschaftspolitische Engagement Euckens in

Erscheinung. Aber auch für die Wirtschaft selbst ist Wachstum sicher nicht der erste Zweck. Andererseits scheint uns eine Wirtschaftspolitik durchaus akzeptabel, die Wachstum der Wirtschaft mit einer Inflationsrate von jährlich 1 % paart. Derart geringe Schwankungen des Preisniveaus bleiben in Anbetracht der Vorbehalte, die gegen die Aussagekraft von solchen Globalgrößen anzumelden sind, noch im Rahmen der statistischen Toleranz. Wir erinnern hier besonders an die bekannten Schwierigkeiten, Veränderungen in den Gebrauchsgewohnheiten und Qualitätsverbesserungen ausreichend Rechnung zu tragen.

II. Walter Euckens Stellung zum Geldwertproblem

Einleitend erinnern wir daran, daß Eucken bei seinen späteren Überlegungen zur Geldtheorie das Geldwertproblem „entzaubert" hat. Im Einklang mit der modernen Theorie sieht er in der Lösung dieses Problems nicht mehr die Hauptaufgabe der Geldtheorie. Die um den Geldwert kreisenden Fragen rücken damit mehr an den Rand, und Eucken hat sich in seinen späteren Werken auch nicht mehr eingehend mit ihnen befaßt. Er hat sich jedoch auch nicht von den Ansichten distanziert, die er in den am Anfang des vorigen Kapitels aufgezählten geldtheoretischen Schriften und Aufsätzen niedergelegt hatte. Wir behandeln den Geldwert auch deshalb in einem eigenen Kapitel, weil die Antworten auf die sich hier stellenden Fragen einen Zugang zur „Geldphilosophie" des Autors freilegen und weil schließlich das Geldwertproblem zwar an den Rand, aber keineswegs aus dem Feld der Geldtheorie gerückt ist.

1. Darstellung der theoretischen Ansichten Euckens über die Bestimmungsgründe des Binnen- und des Außenwertes des Geldes und über das Transferproblem

a) Der Binnenwert des Geldes

Nach Eucken ist der Binnenwert, der innere Wert des Geldes, seine Kaufkraft allein abhängig von den Geldemissionen, der Wirksamkeit des Geldes und dem Umfang des Handelsvolumens, die allein die Höhe des Preisniveaus beeinflussen[1]. Dabei verkennt er nicht, daß auf die drei die Höhe des Preisniveaus bestimmenden Faktoren ihrerseits eine große Zahl von Ursachen einwirken[2], die den Geldwert also nur in-

---

[1] Vgl. *Eucken:* Die Ursachen der potenzierten Wirkung des vermehrten Geldumlaufs auf das Preisniveau, in: Jahrbücher für Nationalökonomie und Statistik, 125. Bd. (1926/II), S. 289 ff.; hier: S. 302.

[2] Vgl. *Eucken,* a.a.O., S. 308.

direkt und durch die Veränderung einer der drei Bestimmungsgrößen zu beeinflussen vermögen.

Im Gegensatz zur gewohnten Ausdrucksweise wird hier der Begriff der Umlaufgeschwindigkeit durch den der Wirksamkeit des Geldes ersetzt. Diese Abweichung von der üblichen quantitätstheoretischen Formulierung wollen wir näher untersuchen. Schon in den „Betrachtungen" hatte Eucken den Begriff der Wirksamkeit gebraucht, daneben jedoch noch in Klammern den üblichen der Umlaufgeschwindigkeit verwendet[3]. Eucken begründet seine Fassung wie folgt: Die Steigerung der Umlaufgeschwindigkeit des Geldes kann schon ihrer Definition nach nicht die Ursache der Steigerung des Preisniveaus sein[4]. Das Verhältnis ist gerade umgekehrt. Die Umlaufgeschwindigkeit zeigt an, wie oft sich die vorhandene Geldmenge in einem Jahr umschlägt. Sie wird steigen, wenn entweder das Handelsvolumen sich ausdehnt (seltene Ursache) oder das Preisniveau sich erhöht, was meistens die Ursache ist. „Denn wie kann anders die Geldmenge häufiger gegen eine gleichgroße Warenmenge umgesetzt werden, wenn nicht zu entsprechend gesteigertem Preisniveau[5]?" Die Umlaufgeschwindigkeit wird durch das Verhältnis der *„tatsächlich umgesetzten* Geldmenge zu der tatsächlich vorhandenen Geldmenge" ausgedrückt. Sie erhöht sich infolge der allgemeinen Preissteigerung, die ihre Ursache in der Geldvermehrung und der höheren Wirksamkeit des Geldes hat. Die Wirksamkeit des Geldes wird als das *Verhältnis der auf den Warenmärkten im Laufe eines Zeitraumes erscheinenden Geldmenge* zu der gesamten in einem Land vorhandenenden Geldmenge ausgedrückt. Sie äußert sich in geringerer Kassenhaltung und damit Vermehrung der auf dem Markt erscheinenden, von den Kassenhaltern angebotenen Geldmenge[6].

Der Umfang der Kassenhaltung unterliegt verschiedenen Einflüssen. Er wird z. B. von dem voraussichtlichen Umfang zukünftiger Geldemissionen und der Größe des Vertrauens zum Geld bestimmt[7]. „Das Mißtrauen steigert die Wirksamkeit des Geldes, hieraus ergibt sich eine Steigerung des Preisniveaus, und sie wieder ermöglicht eine größere Umlaufgeschwindigkeit des Geldes[8]." Auch daraus ergibt sich, daß die Umlaufgeschwindigkeit kein bestimmendes Merkmal, sondern nur

---

[3] Vgl. *Eucken:* Betrachtungen, S. 66, 69, 70.

[4] Vgl. *Eucken:* Die Ursachen der potenzierten Wirkung des vermehrten Geldumlaufs auf das Preisniveau, a.a.O., S. 293.

[5] *Eucken,* a.a.O., S. 294.

[6] Vgl. *Eucken,* a.a.O., S. 295; ders.: Betrachtungen, S. 54.

[7] Vgl. *Eucken,* a.a.O., S. 308.

[8] *Eucken,* a.a.O., S. 296.

ein Ergebnis des Prozesses ist, der zur Steigerung des Preisniveaus geführt hat[9].

Auf den Zusammenhang zwischen dem Vertrauen zum Geld, der Kassenhaltung und der Wirksamkeit des Geldes hatte Eucken bereits 1924 aufgrund der Erfahrungen mit der Mark-Stabilisierung hingewiesen: „Die Tatsache, daß die Rentenmark in Goldpfandbriefe eintauscht werden konnte, schuf wieder Vertrauen und veranlaßt die Empfänger des neuen Zahlungsmittels, die Kassenhaltung zu erhöhen; die Wirksamkeit des Geldes auf den Märkten ließ nach[10]." Die Wirksamkeit des Geldes nimmt in Inflationszeiten sehr stark zu, wenn das Vertrauen zum Geld erschüttert ist. So erklärt es sich, daß in der Inflationszeit in manchen Perioden das Preisniveau im Vergleich zur Geldmenge überproportional angestiegen ist. Diesen Beweis führt Eucken mehrfach in streng quantitätstheoretischer Weise: Da das Handelsvolumen sich kaum verändert hatte, das Preisniveau sich stärker als die Geldmenge erhöhte, mußte sich die Wirksamkeit des Geldes erhöht haben[11].

Änderungen der Wirksamkeit des Geldes, der Geldmenge oder des Handelsvolumens lösen nicht nur einen Trend zur entsprechenden Änderung des Preisniveaus aus. Preisniveau und damit der Geldwert stehen vielmehr in strenger Abhängigkeit zu den drei Faktoren. Eucken hebt ausdrücklich hervor, daß eine Vermehrung der Geldmenge bei gleichbleibendem Handelsvolumen das Preisniveau *proportional* zur Geldvermehrung erhöhen wird[12]. Dabei wird vorausgesetzt, daß sich die Wirksamkeit des Geldes nicht ändert.

b) Der Außenwert des Geldes

Nach Euckens Ansicht wird der „innere Wert" des Geldes direkt allein von binnenwirtschaftlichen Faktoren bestimmt. Außenwirtschaftliche Faktoren, wie die Gestaltung der Zahlungsbilanz, der Kurs des Geldes auf den Devisenmärkten (also sein äußerer Wert) beeinflussen den Binnenwert des Geldes nie unmittelbar und nie auf lange Sicht[13]. „Eine Wirkung können steigende Devisenkurse nur ausüben, soweit sie das Tempo der Geldemissionen, die Wirksamkeit des Geldes

---

9 Vgl. *Eucken,* a.a.O., S. 307.

10 *Eucken:* Die deutsche Währungspolitik und das Sachverständigengutachten, in: Bankarchiv, XXIII. Jg. (1924), S. 233.

11 Vgl. z. B. *Eucken:* Die deutsche Währungspolitik und das Sachverständigengutachten, a.a.O., S. 233.

12 Vgl. *Eucken:* Die Ursachen der potenzierten Wirkung des vermehrten Geldumlaufs auf das Preisniveau, a.a.O., S. 303.

13 Vgl. *Eucken,* a.a.O., S. 308.

oder das Handelsvolumen beeinflussen[14]." So kann z. B. eine Verdoppelung der maßgebenden Devisenkurse nur die Preise der Waren hinaufdrücken, die aus dem Ausland stammen oder zu einem großen Teil aus ausländischen Bestandteilen hergestellt sind. Eine allgemeine Preissteigerung kann dadurch allein noch nicht bewirkt werden[15].

Was bestimmt nun aber den Außenwert des Geldes, die Höhe der Wechselkurse? Mit dieser Frage befaßte sich Eucken bereits in den „Betrachtungen"[16]. Er beantwortet sie wie folgt: Die Wechselkurse bilden sich nach Angebot und Nachfrage auf den Devisenmärkten. Angebot und Nachfrage bestimmen sich nach den Kaufkraftparitäten: Sinkt das allgemeine Preisniveau eines Währunggebietes, so steigt die Kaufkraft des Geldes. Für die gleiche Geldmenge kann jetzt mehr gekauft werden als vorher. Der innere Wert des Geldes ist gestiegen. Aber nicht nur für den Inländer ist das Geld mehr wert geworden. Auch der Ausländer kann für den gleichen Betrag in Inlandswährung mehr Waren als bisher erwerben. Das Geld ist auch für ihn wertvoller geworden. Er wird daher auf den Devisenmärkten mehr nach diesem wertvolleren Geld fragen und bereit sein, einen höheren Preis in eigener Währung dafür zu bezahlen. Auf den Inlandsmärkten wie auf den Devisenmärkten wird der Geldwert nach der Warenmenge beurteilt, die damit gekauft werden kann. Sinken die Preise im Inland, so wird der Export zunehmen, wodurch das Angebot der Exporteure an Devisen wachsen wird. Der Import von Waren und damit die Nachfrage nach Devisen werden dagegen zurückgehen. Dadurch werden die fremden Wechselkurse sinken, der Kurs des eigenen Geldes, d. h. sein äußerer Wert wird dagegen steigen. Diese Entwicklung wird noch dadurch verstärkt, daß früher von Inländern zu Anlagezwecken erworbene Devisen umso lieber wieder abgestoßen werden, je höher der Wert des eigenen Geldes ist. Auch der Urlaubsreiseverkehr aus dem Ausland wird durch das Sinken des Preisniveaus im Inland angeregt, der ins Ausland gehemmt. Durch diese Umstände wird das Angebot an Devisen und die Nachfrage nach Inlandwährung vermehrt.

Gerade umgekehrt verläuft der Prozeß, wenn die Preise steigen oder gar eine Inflation herrscht. Für die gleiche Geldmenge können weniger Waren gekauft werden. Der Binnenwert des Geldes sinkt. Ein Teil des neuen Geldes erscheint sofort auf den Devisenmärkten als erhöhte Nachfrage. Die Ausfuhr wird gedrosselt, die Einfuhr gesteigert, wodurch die Nachfrage nach Devisen wächst, das Angebot aber zurückgeht. Der Wert des Geldes auf den Devisenmärkten fällt.

---

[14] *Eucken*, a.a.O., S. 302.
[15] Vgl. *Eucken*, a.a.O., S. 300.
[16] Vgl. besonders: S. 26, 38, 56 ff.

Das Inlandspreisniveau wird also für den äußeren Wert des Geldes bestimmend. Es wird — wie bereits erörtert — allein durch binnenwirtschaftliche, vorwiegend monetäre Faktoren direkt bestimmt. Andere Faktoren, wie die Zahlungsbilanz oder die Spekulation, können ebenso wie die Einflüsse von der Warenproduktion höchstens indirekt oder mittelbar, „sekundär" auf die Warenpreise und damit die Wechselkurse einwirken[17]. Diese anderen Faktoren sind nicht selten umgekehrt selbst abhängig vom Binnenwert des Geldes. So ist die Zahlungsbilanz *abhängig* vom Preisstand der Waren und Devisen und nicht etwa für diese Preise bestimmend. Dabei erwähnt Eucken durchaus, daß eine — kleine — Gruppe von Posten der Zahlungsbilanz von den Preisen nicht abhängig ist[18].

Allerdings ist nicht der Stand der Warenpreise im Inland allein maßgebend, sondern im gleichen Maße der der Warenpreise im Ausland. Verlaufen die Entwicklungen parallel, so werden sich die Wechselkurse nicht ändern. Die Höhe der Wechselkurse, der „äußere Wert" des Geldes, spiegelt also das Verhältnis der Binnenwerte der verschiedenen Währungen. Wenn nicht „künstliche Hemmungen" die Automatik außer Kraft setzen, werden sich die Wechselkurse auf die Kaufkraftparitäten einstellen[19]. Wichtigster Bestimmungsgrund für die Höhe der Warenpreise aber ist letztlich die Größe der wirksamen, d. h. der auf dem Markt erscheinenden Geldmenge. Sie bestimmt die Warenpreise und die Wechselkurse, den inneren und den äußeren Wert des Geldes.

c) *Das Transferproblem*

Von den Fragen um den Außenwert des Geldes beanspruchte in der wissenschaftlichen Diskussion der zwanziger Jahre das Transferproblem große Beachtung. Dabei ging es darum, ob es möglich sei, die Reparationen zu bezahlen und dabei den Außenwert und den Binnenwert des deutschen Geldes stabil zu halten. Eucken hat sich dazu in den „Betrachtungen"[20] und in seinem bereits mehrfach zitierten Aufsatz „Die deutsche Währungspolitik und das Sachverständigengutachten"[21] geäußert. Er hat dargelegt, daß Reparationen oder andere außergewöhnliche Zahlungen nur durch erhöhte Ausfuhr oder verminderte Einfuhr, jedenfalls durch einen Ausfuhrüberschuß, trans-

---

17 Vgl. *Eucken:* Betrachtungen, S. 26.

18 Vgl. *Eucken:* Betrachtungen, S. 19.

19 Vgl. *Eucken:* Betrachtungen, S. 57.

20 Insbes. S. 81 f.

21 a.a.O., S. 235 f.

feriert werden können. Werden die Reparationen bar bezahlt, so muß das zahlende Land mit seinen Steuern oder Anleihen Devisen kaufen. Durch die höhere Nachfrage wird der Preis der Devisen steigen. Das Ausmaß dieser Steigerung hängt von verschiedenen Umständen ab: „Von der Größe der Last; von der Geschicklichkeit der Regierung, sich langsam die nötigen Devisen zu verschaffen; von der Bereitschaft ausländischer Exporteure und Banken, bei sinkendem Markkurs einen Aufschub von fälligen Zahlungen zu bewilligen; von der Handelspolitik des Auslands gegenüber Deutschland[22]."

Betreibt das zahlende Land keine Inflationspolitik, vergrößert also die Geldmenge nicht, so werden die Inlandspreise trotz der steigenden Auslandsnachfrage stabil bleiben. Obgleich Geld abfließt, wird es auch nicht zu einer Deflation kommen, da die inländischen Waren für das Ausland trotz unveränderter Binnenpreise aufgrund des gesunkenen Außenwertes der Währung des zahlenden Landes für das Ausland billiger geworden sind. Das Ausland kauft jetzt die Waren, die ohne die reparationsbedingte Steuerlast von den Inländern hätten erworben werden können. Die Ausfuhr wird steigen, die Einfuhr aber geringer werden, da ausländische Waren infolge der Wechselkursänderung teurer geworden sind. Dadurch wird die Nachfrage nach Devisen vermindert, das Angebot wächst. Wird die Geldmenge knapp gehalten, so bleiben nicht nur die Binnenpreise stabil. Auch die Wechselkurse werden sich nicht so stark verschlechtern, wie es bei einer Inflationspolitik der Fall wäre. Die fremden Wechselkurse werden auch steigen, wenn die Reparationen nicht in Devisen, sondern durch Sachleistungen bezahlt werden. In diesem Fall muß der Staat dem Wirtschaftskreislauf zunächst Gelder durch Steuern oder Anleihen entziehen, um mit ihnen im Inland Waren zu erwerben. Die Devisenkurse werden — nach Ansicht Euckens — deshalb steigen, weil die Herstellung vieler solcher Waren die Einfuhr ausländischen Materials erfordert[23].

Das Preisniveau kann also um den Preis der Stabilität der Wechselkurse stabil gehalten werden. Ist aber Stabilität der Wechselkurse das höchste Ziel, so kann eine vollständige Preisstabilität nicht erreicht werden. Für hohe Reparationszahlungen gibt es unter solchen Umständen nur einen Weg: „Schaffung eines Deflationsdrucks." Die Geldverknappung wird einmal indirekt durch die Kreditpolitik der Notenbank, insbesonder die Diskontschraube, erreicht. Durch Steuern muß der Staat aber auch die Mittel zum Erwerb der für Reparationszwecke erforderlichen Devisen aufbringen. Dadurch werden die Gelder

---

22 *Eucken*, Betrachtungen, S. 82.

23 Vgl. *Eucken*: Betrachtungen, S. 82.

unmittelbar der Wirtschaft entzogen, das Preisniveau wird gedrückt. Hierdurch steigt die Ausfuhr. Die Kapitalanlage im Ausland wird für Ausländer billiger und genauso die Lebenshaltung, weshalb sich die Einnahmen aus dem Fremdenverkehr erhöhen. „Das Angebot an Devisen muß steigen, während die normale Nachfrage sinkt. Denn die ausländischen Waren werden teurer und auch Waren, die in Deutschland aus ausländischen Rohstoffen hergestellt werden, müssen infolge der gedrückten Preislage im Innern weitgehend exportiert werden[24]." Mit dem sich hieraus ergebenden Devisenüberschuß, der abgeschöpft wird, können die Reparationen bezahlt werden.

Reparationen lassen sich also mit oder ohne Deflationsdruck transferieren, je nachdem, ob stabiler Außen- oder Binnenwert des Geldes das höchste Ziel der Währungspolitik ist. Zwei Voraussetzungen aber müssen immer erfüllt sein: Der Staat muß willens sein, sich die erforderlichen Gelder in eigener Währung ohne Geldvermehrung zu verschaffen, und die Reparationslast muß tragbar und darf nicht übermäßig hoch sein. Es ist aber nach Euckens Deduktion unmöglich, den inneren und den äußeren Wert des Geldes zugleich stabil zu halten, wenn hohe Transferpflichten (z. B. Reparationen) bestehen.

2. Kurze Skizze der heute in der Literatur vertretenen Meinungen zum Geldwert und zum Transferproblem

Wenn auch das Geldwertproblem aus dem Zentrum der geldtheoretischen Diskussion gerückt ist, so ist es doch nicht gelöst. Ein Überblick über die geldtheoretische und wirtschaftstheoretische Literatur zeigt schnell, daß auch heute noch — mannigfach verbunden — mehrere theoretische Antworten auf die Frage nach den Bestimmungsgründen des Geldwertes gegeben werden.

a) Der Binnenwert des Geldes

Die quantitätstheoretische Erklärung wird besonders in der neueren deutschen Literatur überwiegend verworfen. So kommt Ehrlicher[25] zu dem Schluß, das Produkt aus Geldmenge und Umlaufgeschwindigkeit, verstanden als wirksame Geldmenge oder effektive Nachfrage, sei zwar eine wichtige Determinante des Geldwertes. Das gelte aber nicht für diese beiden Faktoren. Die kausalen Zusammenhänge zwi-

---

24 *Eucken:* Die deutsche Währungspolitik und das Sachverständigengutachten, a.a.O., S. 235.

25 Vgl. *Ehrlicher,* Werner: Geldtheorie, in: HDSW, 4. Bd., Stuttgart, Tübingen, Göttingen 1965, S. 238.

schen den Entscheidungen der Wirtschaftssubjekte und der wirksamen Nachfrage liefen an diesen „Zwischenstationen" vorbei. Die Geldmenge habe keine kausale Bedeutung, sondern sei allenfalls ein Symptom.

Bezeichnend ist auch die Stellung Schneiders, der in seiner „Einführung in die Wirtschaftstheorie" der Quantitätstheorie ein eigenes Kapitel widmet[26]. Er wendet ein, die Einwirkung der Geldmengenänderung auf die Nachfrage könne nur indirekt sein, da die Höhe der Preise von den Dispositionen der Nachfrager und der Anbieter abhingen. Die monetäre Übernachfrage sei nur eine notwendige Bedingung der Preissteigerungen, keine hinreichende. Hierfür sei die Elastizität des Güterangebots maßgebend. Die Änderungen der Geldmenge hätten nur in gewissen Fällen einen Einfluß auf die effektive Nachfrage. Änderungen der Geldmenge könnten sich auf das Preisniveau nur auswirken, wenn das Einkommen sich entsprechend verändere. Für die Änderungen des Einkommens seien aber entscheidend: „die Konsumneigung, die Investitionsneigung und die Liquidätspräferenz der Wirtschaftssubjekte"[27]. Im einzelnen wurde eine Vielzahl ganz verschiedener Einwände erhoben, auf die wir hier nicht näher eingehen wollen.

Wir müssen aber fragen: Was bestimmt dann den Geldwert? Die Einkommenstheoretiker geben darauf zur Antwort: Die Nachfrage auf dem Markt der Güter und Dienstleistungen wird durch das Einkommen bestimmt, nicht durch die Geldmenge. So bestimmt sich z. B. nach Forstmann der (Einkommens-)Wert des Geldes aus dem Verhältnis von wirksamer Geldmenge und wirksamer Gütermenge[28]. Die wirksame Geldmenge setzt sich zusammen aus dem laufenden Nominaleinkommen einer Periode plus (oder minus) den Veränderungen im Volumen der Horte, die wirksame Gütermenge aus dem in der entsprechenden Periode zur Marktreife gelangenden Güter plus (oder minus) den Veränderungen im Umfang der Läger. Diese kreislauftheoretische Erklärung des Geldwertes erfreut sich heute — besonders in Deutschland — weitgehender Anerkennung.

Allerdings ist sie nicht unbestritten. So hat Veit ihr entgegengehalten, eine Proportionalität zwischen Einkommen und Geldvolumen sei nicht feststellbar und es seien allerhand Hilfskonstruktionen notwendig, um die behauptete Beziehung Gesamteinkommen — Geld-

---

[26] Vgl. *Schneider*, Erich: Einführung in die Wirtschaftstheorie, III. Teil: Geld, Kredit, Volkseinkommen und Beschäftigung, 5. Aufl., Tübingen 1959, S. 198 ff.

[27] Vgl. *Schneider*, Erich, a.a.O., S. 205.

[28] *Forstmann*, Albrecht: Geld und Kredit, 1. Bd., S. 196 f.

volumen — Geldwert zu stützen[29]. Diese Schwierigkeiten sollen mit der Kassenhaltungstheorie vermieden werden. Sie fragt, wieviel Geld der einzelne zu halten wünscht, und bestimmt daraus den Geldwert. Dabei wird der Geldwert vorwiegend derivativ festgelegt. Geld wird nach dieser Meinung deshalb gehalten, weil damit Waren und Dienste erworben werden können. Veit selbst hält dies Festhalten an der überkommenen derivativen Bestimmung des Geldwertes für verfehlt. Der Gebrauchswert des Geldes erwächst seiner Ansicht nach aus dessen eigenem Nutzen. Das Geld ist ihm ein „Gut unter Gütern". Es hat seinen Wert nicht deshalb, weil es die Anschaffung von Gütern ermöglicht, mit denen Bedürfnisse befriedigt werden können, sondern weil es selbst ein Bedürfnis befriedigt, das Bedürfnis nach Tauschbereitschaft, nach Liquidesein[30].

Eines ist diesen Kritikern quantitätstheoretischer Gedankengänge gemeinsam: Sie betonen, daß das Geld keinen Einfluß auf die Warenpreise hat[31]. Nicht das Geld fragt nach, sondern die Menschen fragen aus ihrem Einkommen nach[32]. Aus dieser theoretischen Einsicht wurde konsequent die wirtschaftspolitische Folgerung gezogen, daß die Geldpolitik durch eine Einkommenspolitik zu ersetzen sei, als deren Hauptbestandteil die Fiskalpolitik anzusehen sei. In der Nachfolge Keynes' hatte diese Richtung im angelsächsischen Raum nach dem Krieg die Herrschaft errungen. Auch deutsche Veröffentlichungen aus jüngerer Zeit erwecken den Eindruck, als ob die Unhaltbarkeit des an der Geldmenge anknüpfenden quantitätstheoretischen Ansatzes klar nachgewiesen sei[33].

Allerdings war diese Ablehnung der quantitätstheoretischen Position in Wahrheit nicht so unumstritten, wie es scheint. So ist z. B. Muhs in einer eingehenden Analyse zu dem Schluß gekommen, die alternative Formulierung Quantitätstheorie oder Einkommenstheorie des Geldes habe keinen Sinn. Letztere widerspreche der Quantitätstheorie nicht, sondern sei als Ergänzung und Ausgestaltung des preistheoretischen Sachverhalts anzusehen[34]. Auch ein Vertreter der kreislauftheoretischen Betrachtungsweise, wie Rudolf Stucken, lehnt die Quantitäts-

---

[29] Vgl. *Veit*, Otto: Reale Theorie des Geldes, S. 125.

[30] Vgl. *Veit*, Otto: Reale Theorie des Geldes, S. 142 f.

[31] Vgl. *Schneider*, Erich: Einführung in die Wirtschaftstheorie, III. Teil, S. 198 ff.

[32] Vgl. auch *Stucken*, Rudolf: Geld und Kredit, S. 194.

[33] Vgl. z. B. *Ehrlicher*, Werner: Geldtheorie, in: HDSW, 4. Bd., 1965, insbes. S. 238; *Veit*, Otto: Reale Theorie des Geldes, S. 119 ff.; *Schneider*, Erich: Einführung in die Wirtschaftstheorie, III. Teil, S. 138 ff.; *Forstmann*, Albrecht: Geld und Kredit, Erster Teil, S. 175.

[34] Vgl. *Muhs*, Karl: Quantitäts- oder Einkommenstheorie des Geldes?, in: Festgabe für Georg Jahn, Berlin (1955), S. 470.

theorie keineswegs völlig ab, sondern sieht in ihr einen Ansatzpunkt für die Erklärung von Preisniveauveränderungen[35]. Haller befaßt sich incidenter mit der uns interessierenden Problematik und legt dar, daß die Finanzwirtschaft heute vielleicht das wichtigste, aber keineswegs das einzige Mittel der Wirtschaftspolitik ist. Die Geldpolitik ist neben der Finanzpolitik seines Erachtens das entscheidende Hilfsmittel zur Beeinflussung der inländischen Gesamtnachfrage, da sie das Geld- und damit das Kreditvolumen bestimme[36]. Das bedeutet doch, daß das Geldvolumen immerhin als *ein* Bestimmungsgrund der Binnennachfrage (und damit des Geldwertes) verstanden wird.

Aber auch in den USA ist die Stellung der Gegner der Quantitätstheorie nicht oder zumindest nicht mehr so unbestritten, wie dies zuweilen erscheint. Das haben u. a. die „Beiträge zur Geldtheorie und Geldpolitik“ von Harry G. Johnson deutlich gemacht, die jüngst in deutscher Übersetzung erschienen sind[37]. Besonders in den Arbeiten der Chicagoer Schule um Milton Friedman, den Veit zu den Kassenhaltungstheoretikern zählt, wurde die Bedeutung der Geldmenge für das Preisniveau hervorgehoben. Schon in seinem Aufsatz „Geldangebot, Preis- und Produktionsänderungen“ hat Friedman geschrieben: „Die Beziehung zwischen Geldmengenänderungen und Preisänderungen ist zwar eng, aber natürlich nicht genau oder mechanisch starr[38].“ Er kommt in diesem Aufsatz zu dem Schluß, daß Änderungen der Geldmenge die Preise und das gesamte Wirtschaftsleben beeinflussen, wenn auch mit einem zuweilen beachtlichen „time-lag“ von manchmal mehreren Jahren[39]. Große Änderungen des Geldangebots erzwingen auch schon in einer verhältnismäßig kurzen Periode gleichgerichtete Änderungen bei Einkommen und Preisen[40]. In zahlreichen empirischen Untersuchungen wird dieser Beziehung nachgespürt. Ausgangspunkt ist stets eine geld*politische* Fragestellung. Gestützt auf ihr „monetaristisches“ theoretisches Konzept ist es dieser Schule als einziger gelungen, die Wirkung der amerikanischen Fiskalpolitik des Jahres 1968 richtig vorauszusagen.

Es kann nicht unsere Aufgabe sein, die komplizierten und differenzierten Gedankengänge der neueren Geldtheorie nachzuzeichnen. Für

---

[35] Vgl. *Stucken,* Rudolf: Geld und Kredit, S. 194 f.

[36] Vgl. *Haller,* Heinz: Finanzpolitik, Tübingen, Zürich 1957, S. 273 f.

[37] Vgl. *Johnson,* Harry G.: Beiträge zur Geldtheorie und Geldpolitik, Berlin 1969 (Untersuchungen über das Spar-, Giro- und Kreditwesen, Bd. 18).

[38] *Friedman,* Milton: Geldangebot, Preis- und Produktionsänderungen, in: ORDO, Jahrbuch für die Ordnung von Wirtschaft und Gesellschaft, 11. Bd., 1959, S. 197.

[39] Vgl. *Friedman,* Milton, a.a.O., S. 206.

[40] Vgl. *Friedman,* Milton, a.a.O., S. 207.

unseren Zweck genügt es, mit Richebächer zusammenfassend festzustellen: „Unsere modernen Monetaristen kehren im Grunde zur altbekannten Quantitätstheorie zurück, die ja schon die Existenz eines Kausalnexus von der Änderung der Geldmenge über eine Änderung der effektiven Nachfrage zu einer Änderung der Güterpreise behauptet hat[41]." Richebächer hat auch darauf hingewiesen, daß diese Ideen nicht nur die Wissenschaft, sondern auch das Notenbanksystem und den Internationalen Währungsfonds „infiziert" haben. Jedenfalls wird heute auch in den USA der Geldmenge zunehmende Beachtung geschenkt[42].

b) Der Außenwert des Geldes

Die Kaufkraft des Geldes, also sein Binnenwert, bestimmt nach „klassischer" Ansicht auch den Außenwert des Geldes[43]. Diese Lehre wurde von John Wheatley und William Blake schon zu Anfang des letzten Jahrhunderts ausgeformt und auch von Ricardo vertreten, dessen „Grundsätze der Volkswirtschaft und Besteuerung" Eucken in diesem Zusammenhang zitiert[44]. Gustav Cassel hat die Theorie in den Auseinandersetzungen um die Währungsprobleme der Kriegs- und Nachkriegszeit nach dem ersten Weltkrieg wieder belebt und mit dem Namen „Kaufkraftparitätentheorie" versehen[45]. Cassel lehrte, daß in Inflationszeiten die Wechselkurse sich im gleichen Verhältnis wie die (Binnen-)Kaufkraft der Vergleichswährungen ändern. Damit war zwar nicht ausgesagt, daß sich die Wechselkurse immer nach den Kaufkraftparitäten einpendeln, aber doch für inflatorische Veränderungen der Kaufkraft ein „strammer Zusammenhang" mit den Wechselkursen behauptet.

Aufbauend auf der Arbeit Gottfried Haberlers „Der internationale Handel"[46] ist die neuere Forschung zu einer Synthese der Kaufkraftparitätentheorie mit der Zahlungsbilanztheorie gelangt. Man hat herausgearbeitet, daß es eine Reihe von Posten der Zahlungsbilanz gibt, die von der Kaufkraft unabhängig sind[47, 48], dazu gehören z. B. Zins-

---

[41] *Richebächer,* Kurt: Auf der Straße nach Chicago: Überprüfung der Geldtheorie und Notenbankpolitik, in: Der Volkswirt, Jg. 1969, Nr. 20 vom 16. 5. 1969, S. 30.

[42] Vgl. *Richebächer,* Kurt, a.a.O., S. 28 f.

[43] Vgl. *Meyer,* Fritz W.: Kaufkraftparität, in: HDSW, Bd. 5, 1956, S. 589 ff.

[44] Vgl. *Eucken:* Betrachtungen, S. 58, Anmerkung.

[45] Vgl. *Cassel,* Gustav: Theoretische Sozialökonomie, Leipzig 1918. Nachtrag II, S. 579 ff.

[46] Berlin 1933.

[47] Vgl. *Stucken,* Rudolf: Geld und Kredit, S. 176 f.

[48] Vgl. *Halm,* George N.: Geld, Außenhandel und Beschäftigung, S. 136.

zahlungen und persönliche und staatliche Transferleistungen. Auch wenn man die Handelsbilanz allein betrachtet, wird man nicht damit rechnen können, daß sich die Wechselkurse auf die Höhe der Kaufkraftparitäten einstellen. Es kommt bei Aus- und Einfuhr nicht auf das allgemeine Preisniveau an[49]. Wichtig sind das Verhältnis des Preisniveaus der Export- und Importgüter und deren Mengen[50]. Eine Reihe von Autoren nimmt an, daß diese Veränderungen sich auf längere Sicht auf die Wechselkurse auswirken werden[51]. Von besonderer, ausschlaggebender Bedeutung für Angebot und Nachfrage auf dem Devisenmarkt sind die Elastizitäten der Nachfrage und des Angebots der Export- und Importgüter und der mit diesen konkurrierenden Güter[52]. Den Preisniveaubegriff verwendet die neuere Forschung nicht mehr.

Der Normalwechselkurs, der durch die Kaufkraftparitäten bestimmt wird, dient aber auch heute noch als „Vergleichsgröße" (Stucken) oder als „Anhaltspunkt" (Meyer) bei der Bestimmung der Wechselkurse, der helfen kann, die ungefähre Lage des Gleichgewichtskurses anzugeben[53]. Insofern leistet er immer noch nützliche Dienste. Es wird aber nicht mehr behauptet, daß — wenigstens auf lange Sicht — die Wechselkursänderungen nach dieser Vergleichsgröße tendieren.

c) Das Transferproblem

Mit den Problemen, die sich beim Transfer größerer Geldbeträge für die Wechselkurse und auch für die Binnenwirtschaft der beteiligten Länder ergeben, hatte sich in den zwanziger Jahren bei der Diskussion der Reparationen eine umfangreiche Literatur beschäftigt. Wenn auch Reparationen heute keine Rolle mehr spielen, so haben sich doch ähnliche Probleme bei der Kapitalübertragung, z. B. zum Zwecke der Entwicklungshilfe oder des Ausgleichs der Zahlungsbilanz, gestellt.

Dabei ist an die Seite der „klassischen" Mechanismen zum Ausgleich der Zahlungsbilanz, Geldmengen-Preis-Mechanismus, Zins-Kredit-Mechanismus und Wechselkursmechanismus, als Ergebnis der Arbeit der sog. „Neuen Transfertheorie" der Geldmengen-Einkommensmechanis-

[49] Vgl. *Stucken*, Rudolf: Geld und Kredit, S. 175.

[50] Vgl. *Stucken*, Rudolf: Geld und Kredit, S. 175; *Halm*, George N.: Geld, Außenhandel und Beschäftigung, S. 134; *Rittershausen*, Heinrich: Theorie der Kaufkraftparitäten, in: HWBW, Sp. 3119; ders.: Wirtschaft, Frankfurt/M. 1958 (Fischer Bücherei), S. 261 und 302 ff.

[51] Vgl. *Weber*, Adolf: Geld, Kredit, Banken und Börsen, 6. Aufl., 1959, S. 63.

[52] Vgl. auch *Albert*, Wolfgang: Anomale Reaktion der Zahlungsbilanz, in: Ordo, Bd. 11, 1959, S. 295 ff.

[53] Vgl. *Halm*, George N.: Devalvation und Revalvation, in: HDSW, Bd. 2, 1959, S. 579.

mus getreten[54]. Während im Geldmengen-Mechanismus die Zahlungsbilanz auf Kosten der Stabilität des Binnenwertes des Geldes ausgeglichen wird, wirken beim Geldmengen-Einkommensmechanismus die Einkommensveränderungen ausgleichend. Beim Wechselkurs-Mechanismus erfolgt der Ausgleich der Zahlungsbilanz ohne Veränderung des Preisniveaus und Verschiebung der Nominaleinkommen allein durch den entsprechend veränderten Wechselkurs, d. h. den Außenwert der Währung. Der Zins-Kredit-Mechanismus ist nur ein akzessorisches Mittel des Zahlungsbilanzausgleichs. Er wirkt nur vorübergehend, und zwar so lange das als Folge des Transfers eintretende Zinsgefälle anhält. Der unterschiedliche Zinssatz setzt kurzfristige internationale Kredite in Gang, die die Zahlungsbilanz ausgleichen. Zugleich führt die Zinserhöhung zur Verminderung der Kredite und der Geldmenge und wirkt dadurch mäßigend auf das Preisniveau ein. Im Partnerland ergibt sich der umgekehrte Effekt. Auch diese unterschiedlichen Preisentwicklungen wirken zahlungsbilanzausgleichend.

Nur beim Wechselkurs-Mechanismus gibt es frei bewegliche Wechselkurse, bei den anderen Ausgleichsmechanismen werden die Wechselkurse stabil gehalten. Der Geldmengen-Preis-Mechanismus und der Zins-Kredit-Mechanismus setzen zudem freie Preise — letzterer überdies freie internationale Kreditmärkte — voraus.

Stucken hat daran erinnert, daß es keineswegs sicher sei, daß der Kapitaltransfer alsbald zu entsprechend erhöhten Exporten führe. Das Empfängerland könne damit auch kurzfristige Schulden konsolidieren oder seine Währungsreserven stärken. Wenn es seine Einfuhren erhöhe, dann möglicherweise durch Bezüge von dritten Ländern, nicht vom zahlenden Land, was dessen Ausfuhr bestenfalls nach weiteren zeitraubenden Umwegen steigere. Er hebt hervor, daß als ultima ratio im zahlenden Land der Zahlungsbilanzausgleich mit krediteinschränkenden Mitteln der Notenbank bewirkt werden müsse. Dadurch könne die Wechselkursstabilität in Widerspruch zu anderen volkswirtschaftlichen Zielsetzungen geraten[55].

3. Beurteilung der Euckenschen Ansichten zum Geldwert- und Transferproblem

Wenn wir jetzt zu den Vorstellungen Euckens zu den Problemen des Geldwerts und des Transfers vor dem Hintergrund der jüngeren Veröffentlichungen Stellung nehmen, dann wollen wir mit dem Speziell-

---

54 Vgl. *Kruse*, Alfred: Die Mechanismen des Zahlungsbilanzausgleichs, in: Wirtschaftstheorie und Wirtschaftspolitik, Festgabe für Adolf Weber, Berlin (1951), S. 83 ff.

55 Vgl. *Stucken*, Rudolf: Geld und Kredit, S. 187 ff.

sten beginnen. Das ermöglicht es uns, bei dem zuletzt behandelten Problem fortzufahren und zudem am Ende dieses Abschnitts die Position Euckens zu den hier erörterten geldtheoretischen Einzelfragen in der Zusammenschau zu würdigen. Was wir aus Gründen der Übersichtlichkeit getrennt behandelt haben, das Inflationsproblem und das Geldwertproblem, gehört ja theoretisch, wirtschaftsgeschichtlich und zeitlich in Euckens Schaffen ohnehin zusammen.

a) Beurteilung von Euckens Beitrag zur Transfertheorie

Eucken hat mit Recht hervorgehoben, daß hohe Transferleistungen in einer freien Wirtschaft nur möglich sind, wenn entweder die innere oder die äußere Stabilität des Geldes preisgegeben wird. Er hat die Wirkungen des klassischen Mechanismus am Modell klar und überzeugend dargestellt, wenn auch nicht jedes Argument voll befriedigt. So hat Eucken, wie dargelegt, angenommen, die Devisenkurse würden auch dann steigen, wenn die Reparationen in Sachleistungen bestünden, da für die Herstellung vieler von der Regierung im Inland zu kaufenden Waren die Einfuhr ausländischen Materials erforderlich sei. Dazu ist aber folgendes zu erwägen: Erfolgt keine Geldvermehrung, dann wird der Staat mit dem durch Steuern oder Anleihen beschafften Geld in dem Umfang Nachfrage ausüben, in dem sie sonst von den Steuerzahlern selbst oder anderen Anleiheemittenten ausgeübt worden wäre. Zu einer *zusätzlichen* Produktion und damit zu *zusätzlichem* Import von Material wird es nur unter bestimmten Umständen kommen können, wenn z. B. unbeschäftigte Produktionsreserven verfügbar sind *und* Geld zusätzlich neu geschaffen wird oder bisher gehortetes Geld vom Staat abgeschöpft wird. Die Euckensche Beweisführung könnte auch dann als richtig anerkannt werden, wenn — zufällig — für die Produktion der Reparationsgüter mehr Importe nötig wären als für die der bisher an ihrer Stelle produzierten Waren. Auch wenn diese Voraussetzungen fehlten, würden nach unserer Meinung die Devisenkurse steigen. Aber nicht, weil — wie Eucken meint — die Nachfrage steigt, sondern wohl eher, weil das Angebot zurückgeht. Ein Teil der Reparationen wird darin bestehen, daß die gleichen Waren wie bisher in die gleichen Länder unentgeltlich geliefert werden, in die sie bisher exportiert wurden, oder daß die reparationspflichtige Regierung die Bezahlung der Exporte übernimmt. Beides führt zum gleichen Ergebnis: Exporterlöse bleiben aus, das Angebot an Devisen sinkt, die Kurse steigen, auch wenn die Nachfrage „nur" gleichbleibt.

Abgesehen von diesem Einwand aber ist die Wirkungsweise des Geldmengen-Preis- und des Wechselkurs-Mechanismus am Modell eindrucksvoll dargestellt worden. Eucken war offenbar der Ansicht, diese am Modell gewonnenen Einsichten ließen sich auf die wirtschaftspolitische Situation seiner Zeit voll übertragen. Er erwies sich damit als Vertreter der optimistischen Transfertheorie. Er hat wohl die Wirksamkeit der klassischen Automatismen über- und die praktischen Schwierigkeiten des Transfers unterschätzt[56]. Auch die theoretischen Untersuchungen erscheinen unter ordnungspolitischen Gesichtspunkten aus heutiger Sicht als zu eng angelegt. Das hat Eucken erkannt und in der 6. Auflage der „Grundlagen" 1950 formuliert: „Genau aber lassen sich Hergang und gesamtwirtschaftliche Wirkung von Kriegsentschädigungen in Wirtschaftsordnungen des verkehrswirtschaftlichen Typs nur beschreiben und erklären, wenn die dominierenden Marktformen und Geldsysteme bestimmt sind. Ob Monopol oder Oligopol oder Konkurrenz dominiert, ob Marktformen mit Gleichgewicht oder nicht realisiert sind, ob Geld mit einer Ware verbunden ist oder im Kreditweg entsteht, ist für Ablauf und Wirkung einseitiger Zahlungen entscheidend ... Die Literatur der Tribute, Kriegsentschädigungen usw. bleibt an der Oberfläche, wenn sie nicht das Ordnungsgefüge der Wirklichkeit, in der sich diese einseitigen Leistungen faktisch vollziehen, erkennen läßt[57]."

b) Stellungnahme zu Euckens Ansichten über die Bestimmungsgründe des Außenwertes des Geldes

Eucken vertritt in der ihm eigenen klaren Darstellungsweise die von den englischen Klassikern begründete Kaufkraftparitätentheorie in der von Cassel vorgelegten Formulierung. Seine eigene Leistung besteht besonders in der Verteidigung dieser Theorie gegen die damals herrschende Zahlungsbilanztheorie. In seiner eingehenden und auch heute noch eindrucksvollen Kritik der Zahlungsbilanztheorie — nach Halms Urteil der besten Kritik dieser Lehre überhaupt[58] — hat er nachgewiesen, daß diese Theorie den wirklichen Zusammenhang umkehrt und wenigstens für die langfristige Betrachtung nicht ausreicht. Mit diesen Arbeiten hat Eucken die Diskussion der zwanziger Jahre wesentlich mitbestimmt und so den Boden für die neue Theorie der Wechselkurse mitbereitet, die als Frucht dieser wissenschaftlichen Auseinandersetzungen um das Inflations- und Transferproblem aufbauend

---

56 Vgl. *Wagner*, V. F.: Walter Eucken †, in: Schweizerische Zeitschrift für Volkswirtschaft und Statistik, Jg. 1950, S. 193.

57 *Eucken*, a.a.O., Anm. 66 a. Diese Stelle ist in der 6. Aufl. erstmals enthalten.

58 Vgl. *Halm*, George N.: Geld, Außenhandel und Beschäftigung, S. 140 und S. 140, Anm. 6.

auf G. Haberlers Arbeit „Der internationale Handel“[59] letztlich zur Synthese von Kaufkraftparitäten- und Zahlungsbilanztheorie gelangt ist.

Schon Eucken wußte, daß es Posten der Zahlungsbilanz gibt, die von den Kaufkraftparitäten nicht beeinflußt werden, aber durchaus auf den Wechselkurs einwirken. Diese Posten haben in der Zahlungsbilanz eines Landes, wie es die Bundesrepublik ist, ein beachtliches Gewicht. Denken wir nur an Entwicklungshilfezahlungen, den Transfer der Gastarbeiter, Wiedergutmachungsleistungen und andere laufende Zahlungen ins Ausland. Die Forschungen über die Export- und Importelastizitäten haben dazu beigetragen, daß wir auch die Abhängigkeit der Handelsbilanz von den Kaufkraftparitäten skeptisch prüfen, selbst wenn wir nicht der pessimistischen Richtung unter den „Elastizitätsforschern“, sondern der optimistischen anhängen. Alle diese Vorbehalte bedeuten aber nicht, daß wir den richtigen Kern in Euckens Diskussionsbeitrag übersehen. Die Kaufkraft des Geldes, sein innerer Wert und damit Geldschöpfung, Geldvernichtung, wirksame Geldmenge und Handelsvolumen, sind wichtige Daten bei der Bestimmung der Höhe des Wechselkurses, wenn auch nicht *die* Daten schlechthin. Es ist ein besonderes Verdienst Euckens, in seinen frühen Werken diese Zusammenhänge, die Bedeutung dieser Faktoren für den Außenwert des Geldes wieder deutlich herausgearbeitet zu haben.

Die Kaufkraftparitäten sind die wichtigsten Anhaltspunkte für den Vergleich des Wertes verschiedener Währungen, und sie sind trotz aller — begründeten — theoretischen Bedenken für die internationale Währungspolitik bisher noch nicht durch ein besseres Orientierungsmittel ersetzt. Sicher können bei der Gestalt der heutigen Zahlungsbilanzen, bei der verwirklichten internationalen Währungsordnung und den herrschenden nationalen Wirtschafts- und Währungspolitiken die Wechselkurse nicht automatisch nach den Kaufkraftparitäten ausgerichtet werden oder sich selbst ausrichten. Zu starke Abweichungen signalisieren aber Warnzeichen. Sie sind Indizien für Disproportionalitäten, die beachtet, untersucht und gegebenenfalls mit Argumenten gerechtfertigt werden müssen.

c) Stellungnahme zu Euckens Ansicht über den Binnenwert des Geldes

Hat sich Eucken bei der Erörterung der Bestimmungsgründe des Außenwertes des Geldes als Anhänger der „klassischen“ Theorie erwiesen, so gilt dies auch für seine Position im Streit um die den (inne-

59 Vgl. *Haberler*, Gottfried: Der internationale Handel, Berlin 1933.

ren) Geldwert beeinflussenden Faktoren, Bei der Beurteilung des Begriffes der Umlaufgeschwindigkeit hat Eucken freilich eine abweichende Meinung. Gerade dieser Begriff der Quantitätstheorie hat immer wieder Kritik herausgefordert. Hier differenziert sich die Quantitätstheorie in den Bewegungs- und in den Ruhenstyp (Forstmann), hier setzt auch die Liquiditäts- und die Kassenhaltungstheorie an, aus der Veit seine Reale Theorie des Geldes entwickelt hat. Die „Umlaufgeschwindigkeit" ist theoretisch und praktisch-statistisch die Achillesferse der Quantitätstheorie. Es verwundert daher nicht, daß auch der scharfe Analytiker Eucken an dieser Stelle stutzt und den Begriff zugunsten der „Wirksamkeit" des Geldes verwirft. Theoretisch sind die Einwände Euckens gegen den Begriff Umlaufgeschwindigkeit zutreffend. Die Umlaufgeschwindigkeit ist sicherlich erst das Ergebnis der vollzogenen Umsätze des Geldes, die zu einem bestimmten Preis vorgenommen worden sind. Sie kann dann aber eben für diesen Preis nicht kausal sein. Der Terminus „Wirksamkeit des Geldes" trifft das, worum es geht, viel besser. Eucken hat damit einen deutschen Ausdruck für den Begriff "efficiency of money" J. St. Mills und den der „Effizienz des Geldes" Schumpeters verwandt— auf beide Autoren hat er sich auch ausdrücklich bezogen[60]. Freilich muß man sich fragen, wann denn das Geld auf dem Markt „erscheint". Die Antwort wird lauten, immer dann, wenn eine Nachfrage ausgeübt wird. Das läßt sich aber nicht feststellen. Statistisch erfassen und messen lassen sich nur die tatsächlich umgesetzten Geldbeträge post hoc, das ergibt aber den Wert für die Umlaufgeschwindigkeit. Wir können lediglich nachher feststellen, daß die Wirksamkeit des Geldes nicht kleiner gewesen sein kann als die Umlaufgeschwindigkeit. Sie kann ebenso groß oder um einen nicht feststellbaren Prozentsatz größer sein.

Bei dieser Sachlage ist es nicht verwunderlich, wenn K. F. Maier die übliche Verwendung des Begriffes der Umlaufgeschwindigkeit statt des zutreffenden der Wirksamkeit des Geldes zu den kleineren, weniger erheblichen Fehlern in der Darstellung der Quantitätstheorie rechnet[61]. Der Euckensche Begriff konnte sich nicht durchsetzen, und Eucken selbst hat in späteren Werken wieder den allgemein gebräuchlichen Terminus Umlaufgeschwindigkeit verwendet. Wie wir meinen, mit Recht. Da sich für die praktische Handhabung mit dem „neuen" Begriff kein Vorteil ergibt, kann die übliche Terminologie der leichteren Verständigung halber beibehalten werden, auch wenn sie unscharf, um nicht zu sagen irreführend und theoretisch falsch ist. Die Eucken-

60 Vgl. *Eucken:* Die Ursachen der potenzierten Wirkung des vermehrten Geldumlaufs auf das Preisniveau, in: Jahrbücher für Nationalökonomie und Statistik, 125. Bd., 1926 II, S. 295 Anm. 1.

61 Vgl. *Maier,* Karl Friedrich: Goldwanderungen, S. 18 und Anm. 4.

sche Unterscheidung zwischen der Wirksamkeit des Geldes und seiner Umlaufgeschwindigkeit ist logisch richtig und wird dem Kausalablauf gerecht.

Es bleibt festzustellen, daß — abgesehen von dieser Berichtigung — Eucken die Quantitätstheorie in ihrer strengen Form vertritt. Änderungen der Geldmenge lösen danach nicht nur eine gleichgerichtete Entwicklung des Preisniveaus aus, sondern eine *proportionale*. Allerdings nur unter der Bedingung, daß Handelsvolumen und Wirksamkeit des Geldes gleichbleiben. Das ist aber eine unrealistische Annahme. In Inflationen und Deflationen wird sich die Wirksamkeit des Geldes kurzfristig und rasch ändern. Wenn man auch für normale Zeiten diese Größe der Ableitung als weitgehend stabil annehmen kann, so bleibt doch das Handelsvolumen auf keinen Fall unbeeinflußt. Wenn die Geldmenge vergrößert wird, so geschieht dies in den heute vorherrschenden Kreditgeldsystemen durch Erhöhung der Kredite, die zur Erhöhung der (Nominal-)Einkommen führen. Die Nachfrage nach Konsum- und (oder) Investitionsgütern wächst. Nur wenn keine Vorräte vorhanden sind, die Importe und die Produktion nicht vermehrt werden können, würde das Preisniveau im von Eucken behaupteten Umfang steigen. In der Wirklichkeit wird die erhöhte Nachfrage zur Räumung der Läger, zur Ausweitung der Produktion und zur Vergrößerung der Importe führen. Diese Umstände werden den Preisauftrieb dämpfen.

Diese Erklärung ist aber auch nur mit Hilfe der Quantitätstheorie möglich. Immerhin bietet also die Quantitätstheorie „einen Ansatzpunkt für die Erklärung von Preisniveauänderungen, zwar nicht mehr aber auch nicht weniger"[62]. Sie gilt allerdings, worauf Stucken an gleicher Stelle mit Recht hinweist, nur in der Marktwirtschaft. Wie der Überblick über den Stand der geldtheoretischen Diskussion gezeigt hat, ist insbesondere der Grundgedanke der Quantitätstheorie aus den theoretischen Kämpfen der vergangenen Jahrzehnte gestärkt hervorgegangen. Die Geldmenge hat sich gerade aufgrund der Erfahrungen der Geldpolitik als ein — wenn nicht *der* — entscheidender Faktor für die Bestimmung des (inneren) Wertes des Geldes erwiesen.

Mit diesem theoretischen Ansatzpunkt ist es Eucken gelungen, die große deutsche Inflation zutreffend zu analysieren und die richtige Therapie zu entwickeln. Für grobe Störungen wie Inflationen haben wir in der Quantitätstheorie das geeignete Instrument. Als Grundlage für eine nuancierte Geldpolitik, die sich vielerlei Instrumente der Geld-, Kredit- und Fiskalpolitik bedient, wie sie für die modernen,

---

[62] *Stucken*, Rudolf: Geld und Kredit, S. 194 f.

manipulierten Währungen nötig ist, erscheint uns auch diese verfeinerte Form der Quantitätstheorie noch zu einfach zu sein. Ihre relativ groben Instrumente müssen durch feinere ergänzt werden.

Die Größe „Geldmenge", an der sich die Geldpolitik orientiert, ist kein Fetisch und auch mehr als ein Hilfsmittel für den geldtheoretischen Laien. Nach wie vor gilt der Satz, den Eucken seit seinem Erstwerk, den Kritischen Betrachtungen zum deutschen Geldproblem, nicht müde wurde zu wiederholen, den inflationserfahrene Völker fast als Dogma übernommen haben, den aber auch die Arbeiten amerikanischer Forscher in jüngster Zeit wieder bestätigten: Stabiles Preisniveau, stabile Kaufkraft und damit ein stabiler Geldwert setzen eine knappe Geldmenge voraus. Das gilt, weil die Beziehungen zwischen Geldmengenänderungen und Änderungen der Preise nicht genau oder mechanisch starr, aber doch recht eng sind. Der Kausalzusammenhang Änderung der Geldmenge — Änderung der effektiven Nachfrage — Änderung der Güterpreise ist oft bestritten, aber nicht als unrichtig bewiesen worden. Der Grundgedanke der auch von Eucken vertretenen Quantitätstheorie erscheint richtig, und es hat den Anschein, als ob er auch in der Wissenschaft eine Renaissance erlebte.

III. Walter Euckens konjunkturtheoretische Vorstellungen

Nachdem sich Walter Eucken mehrere Jahre lang mit geldtheoretischen Studien befaßt hatte, die Gegenstand der beiden ersten Kapitel dieses Teils unserer Arbeit waren, wandte er sich den Problemen der Konjunkturtheorie zu. Geldtheorie und Konjunkturtheorie, und noch mehr Geldpolitik und Konjunkturpolitik stehen ja in engem Zusammenhang. Überdies erfreuten sich die Probleme der Konjunkturtheorie in jenen Jahren zunehmender Beachtung.

Wir wollen die theoretischen Beiträge Euckens zu diesem Problemkreis daraufhin untersuchen, ob das Geld in ihnen eine Rolle spielt, und wenn ja, welche. Voraussetzung dafür ist die Darstellung der Euckenschen Lehre. Der bisherigen Gliederungsweise folgend, werden wir dann die fachliterarischen Stellungnahmen zu Euckens Vorstellungen zusammenfassen und schließlich selbst Stellung nehmen. Dabei soll unser Kriterium letztlich immer die Rolle des Geldes sein.

1. Darstellung der Konjunkturtheorie Walter Euckens

Die erste Äußerung Euckens zu Konjunkturproblemen finden wir in seinem Züricher Referat auf der Generalversammlung des Vereins für

Socialpolitik 1928[1]. Dann finden wir einen Beitrag Euckens in der Festschrift zum 60. Geburtstag Arthur Spiethoffs „Der Stand und die nächste Zukunft der Konjunkturforschung"[2]. Unser Autor hat sich aber auch in seinen späteren Werken — insbesondere in den „Grundlagen der Nationalökonomie" und in den „Grundsätzen der Wirtschaftspolitik" immer wieder zu Fragen der Konjunkturtheorie und -politik geäußert. Eucken hat sich eingehend mit dem wissenschaftstheoretischen Problem auseinandergesetzt, ob eine allgemeine Konjunkturtheorie überhaupt möglich ist. Wir werden die Antwort auf diese grundsätzliche Frage zunächst nachzeichnen und danach darstellen, was Eucken materiell zur konjunkturtheoretischen Diskussion beigegetragen hat.

a) Ist eine allgemeine Konjunkturtheorie möglich?

In seinem Züricher Referat befaßt sich Eucken nicht mit wissenschaftstheoretischen Fragen, sondern leistet einen Beitrag zur konjunkturtheoretischen Diskussion. Er untersucht die Bedeutung des „zusätzlichen Kredits" für die Übergänge von der Stockung zum Aufschwung und vom Aufschwung zur Stockung. Er fordert, die Konjunkturschwankungen müßten im Rahmen der gesamten wirtschaftlichen Entwicklung der letzten 150 Jahre betrachtet werden[3]. Aus dieser Sicht formuliert er als „Hauptproblem der Konjunkturtheorie": „Warum erfolgt die Ausdehnung der Investitionstätigkeit stoßweise und nicht gleichmäßig?[4]" Für Eucken ist es damals also ganz selbstverständlich gewesen, daß eine Konjunkturtheorie möglich und notwendig ist.

Bei seinen weiteren wirtschafts- und konjunkturtheoretischen Arbeiten kam Eucken dann zu dem Ergebnis: Es gibt keine allgemeine Konjunkturtheorie und kann sie nicht geben[5]. Denn Voraussetzung dafür wäre ein allgemeines Konjunkturproblem. Konjunkturprobleme „sind und bleiben aber *konkrete, individuelle Probleme und vertragen keine Verallgemeinerung,* die z. B. beim Preisproblem möglich und notwendig ist"[6]. Es gibt weder „strenge Periodizität" noch eine „wahrhafte Gleichförmigkeit" im Ablauf der Konjunkturen[7]. Die vielen indi-

---

[1] Vgl. *Eucken:* Kredit und Konjunktur, in: Schriften des Vereins für Socialpolitik, Bd. 175, Bericht über die Generalversammlung des Vereins vom 13.—15. 9. 1928 in Zürich, S. 287 ff. (zitiert als „Kredit und Konjunktur").

[2] München 1933, zitiert als „Spiethoff-Festschrift".

[3] Vgl. *Eucken:* Kredit und Konjunktur, S. 289.

[4] *Eucken:* Kredit und Konjunktur, S. 289.

[5] Vgl. *Eucken:* Spiethoff-Festschrift, S. 74 ff.

[6] Vgl. *Eucken:* Spiethoff-Festschrift, S. 74 (Hervorhebungen im Original).

[7] Vgl. *Eucken:* Spiethoff-Festschrift, S. 75.

viduellen Konjunkturfragen können nicht in ein allgemeines Konjunkturproblem verwandelt werden, „weil die Konjunkturen nicht gleichförmig wiederkehrende Erscheinungen darstellen“[8]. Eine allgemeine Theorie kann zur Deutung derartiger Tatbestände nicht beitragen. Theorien enthalten *„allgemeine, hypothetische* Wahrheiten, sagen indessen über die *Existenz individueller Tatbestände* nichts aus. Konkrete Erscheinungen, wie die einzelnen Konjunkturlagen, könen sie deshalb selbst nie beschreiben“[9].

Aufgabe der Konjunkturforschung ist es nach Euckens Ansicht, gerade die einzelnen konkreten Konjunkturlagen genau — auch statistisch — zu beschreiben und in ihren Zusammenhängen verständlich zu machen[10]. Dieses Ziel kann die Wissenschaft nur erreichen, wenn sie diese Konjunkturlagen mit den allgemein gültigen Ergebnissen theoretischen Denkens erfaßt und erklärt. Daher hat die Konjunkturforschung stets „nächste Verbindung mit der theoretischen Nationalökonomie“ zu halten[11].

Diese die Notwendigkeit, ja Möglichkeit einer allgemeinen Konjunkturtheorie verneinende Haltung wurde bis zur letzten Auflage der „Grundlagen der Nationalökonomie“ beibehalten, wenn auch mit etwas anderer Begründung. Eucken führt dort aus: Jeder Aufschwung, jede Stockung tragen so individuelle Züge, daß sich ein allgemeines Problem nicht formulieren läßt. Denn: „Es gibt keinen Normalzyklus der Konjunktur[12].“ „Die Einzigartigkeit jeder einzelnen Konjunkturbewegung ergibt sich aus zwei Gründen: Aus der Einzigartigkeit jeder einzelnen Wirtschaftsordnung und aus der Besonderheit nichtwirtschaftlicher Verhältnisse, welche die Daten verändern[13].“ Daraus zieht Eucken den Schluß, es sei weder möglich noch erforderlich, im Sinne einer allgemeinen Theorie nach einer gleichbleibenden Ursache oder Ursachenkonstellation der Konjunkturen zu fragen[14]. Eucken wendet sich besonders nachdrücklich gegen dynamische Theorien, die nach seiner Meinung davon ausgehen, daß das wirtschaftliche Wachstum zwangsläufig und allein nach wirtschaftlichen Gesetzen abläuft. „Warum und wie diese Investitionsschwankungen jeweils stattfinden, ist ganz von der gesamtgeschichtlichen Lage eines Landes und einer Zeit bedingt. Es gab und gibt keinen eigengesetzlich zwangsläufigen

---

8 *Eucken:* Spiehoff-Festschrift, S. 75.
9 *Eucken:* Spiehoff-Festschrift, S. 76.
10 Vgl. *Eucken:* Spiethoff-Festschrift, S. 77.
11 Vgl. *Eucken:* Spiethoff-Festschrift, S. 76.
12 *Eucken:* Grundlagen, S. 182.
13 *Eucken:* Grundlagen, S. 192.
14 Vgl. *Eucken:* Grundlagen, Anm. 58.

Verlauf der Konjunkturen[15]." Die geschichtliche Erfahrung lehre, daß alle wirtschaftliche Entwicklung nur als Glied des konkreten gesamtgeschichtlichen Seins verstanden werden könne[16]. Die Wirtschaft erhalte fortwährend von außerwirtschaftlichen Fakten entscheidende Einflüsse, die von dynamischen Theorien nicht berücksichtigt werden könnten. Auch Eucken aber leugnet nicht, daß Konjunkturen wiederkehrende Erscheinungen sind, die mehr oder weniger ähnlich ablaufen, bei denen sich gewisse Probleme immer wieder stellen. So schreibt er in der Spiethoff-Festschrift: „Zu denken ist etwa an die regelmäßige Beschleunigung im Tempo der Investitionen, die mit den Aufschwüngen verbunden ist, oder an die besonders starken Schwankungen, denen die Produktionsmittelmärkte im Wechsel von Aufschwung und Stockung unterliegen[17]." Er meint zwar an gleicher Stelle weiter: „Solche Ähnlichkeiten reichen aber nicht weit." Auch in den Grundlagen heißt es — vielleicht eine Nuance vorsichtiger: „Aber auch in den hundert Jahren vor 1914 waren die Konjunkturen einander nicht so ähnlich wie oft angenommen wird[18]."

Wenn Eucken auch das Vorhandensein eines allgemeinen Konjunkturproblems leugnet, so nimmt er doch das „Konjunkturproblem" zur Kenntnis, wenn er schreibt: „Nur die morphologische Analyse der einzelnen konkreten Wirtschaftsordnung erschließt den Zugang zum Konjunkturproblem[19]."

b) Euckens Beitrag zur Konjunkturtheorie

Mit diesem Konjunkturproblem hat sich Eucken eingehend befaßt. Wir werden die Lösungsbeiträge unseres Autors in zwei Stufen vorführen, die der chronologischen Reihenfolge entsprechen.

aa) Euckens Referat auf der Züricher Tagung 1928

In seinem bereits mehrfach zitierten Züricher Referat erblickt Eucken das Wesen der Konjunkturbewegung im Anschluß an Spiethoff[20] in der zeitlichen „Ungleichmäßigkeit des Wachstums der Kapitalanla-

---

15 *Eucken:* Grundlagen, S. 181.

16 Vgl. *Eucken:* Grundlagen, S. 183.

17 *Eucken,* a.a.O., S. 75.

18 *Eucken,* a.a.O., S. 191.

19 *Eucken:* Grundlagen, S. 196.

20 Vgl. insbes.: Krisen, in: Handwörterbuch der Staatswissenschaften, 4. Aufl., 6. Bd., 1925, S. 8 ff. Vgl. dazu auch die Diskussion in Zürich, insbes. den Beitrag *Singers,* in: Schriften des Vereins für Socialpolitik, Bd. 175, S. 348.

gen"[21]. Er verweist darauf, daß die wirtschaftliche Entwicklung, das Wachsen der Investitionen sich im wechselnden Tempo vollzieht. Eine Stockung liegt vor, wenn die Investitionen langsamer wachsen; wachsen sie rascher, so spricht man von einem Aufschwung[22].

Ausgangspunkt des Referats ist die Frage: „Warum erfolgt die Ausdehnung der Investitionstätigkeit stoßweise und nicht gleichmäßig?[23]." Das wird — wie erwähnt — als das Hauptproblem der Kapitaltheorie bezeichnet. Diese Frage wird wie folgt beantwortet: In der Stockung sind Arbeitskräfte und Produktionsmittel frei und verfügbar. Diese brachliegenden produktiven Kräfte werden von den Unternehmern im beginnenden Aufschwung durch Investitionen zu neuer produktiver Leistung vereint. Die Mittel dazu — das Kapital, das ist „Verfügungsgewalt über Güter, besonders Konsumgüter"[24] — erwirbt der Unternehmer im Kreditweg. Am Ende der Stockung sind dafür aber weder freigesetzte, nicht angelegte Gelder (Sparkapital) noch ausreichende Gütervorräte (Sachkapital) vorhanden. Hiermit widerspricht Eucken ausdrücklich der Spiethoffschen Erklärung. Die Vorräte werden zwar zu Beginn der Depression erhöht, im weiteren Verlauf aber abgebaut. Am Ende der Stockung sind sie sehr gering. In der Depression wird weiter gespart, aber nicht im gleichen Umfang wie früher investiert. Trotzdem bezahlen die Banken Zinsen, was beweist, daß sie das Spargeld anlegen, und zwar nach Euckens Meinung in „Staatspapieren und Obligationen"[25]. Die feststellbare erhöhte Liquidität der Banken ist auf den Rückgang zusätzlicher Kredite zurückzuführen[26]. Auch erhöhte laufende Ersparnisse sind nicht verfügbar. Die Ersparniskredite können also den Unternehmern das erforderliche Kapital nicht vermitteln; so bleiben nur die zusätzlichen Kredite.

Woher kommt das erforderliche Sachkapital? Darauf gibt Eucken zur Antwort: Es gibt zunächst keine verfügbaren Konsumgüter. Aber die Unternehmer können dank der zusätzlichen Kredite einen größeren Teil des Güterstroms in Anspruch nehmen. Ein entsprechender freiwilliger Verzicht der Sparer liegt nicht vor. Er wird durch das „erzwungene Sparen" ersetzt. Wenn auch infolge der Investitionen die Güterproduktion sofort vergrößert wird, so verstreicht doch einige Zeit, bis die zusätzlich erzeugten Waren auf dem Markt erscheinen. Während zunächst die Preise noch nicht sehr steigen werden, wird es

---

21 *Eucken:* Kredit und Konjunktur, S. 288.

22 Vgl. *Eucken:* Kredit und Konjunktur, S. 289.

23 *Eucken:* Kredit und Konjunktur, S. 289.

24 Vgl. *Eucken:* Kredit und Konjunktur, S. 291.

25 Vgl. *Eucken:* Kredit und Konjunktur, S. 296.

26 Vgl. *Eucken:* Kredit und Konjunktur, S. 295.

zu erheblichen Preissteigerungen kommen, wenn und insoweit die einzelnen Branchen voll ausgelastet sind. Infolge der dann sich steigernden Wirksamkeit (Umlaufgeschwindigkeit) des Geldes werden die Preise im späteren Stadium stärker steigen, als es der Geldvermehrung entspricht[27]. Die kurzfristigen Kredite vermögen allerdings das Kapital nur vorübergehend zu ersetzen, den Aufschwung nur zu initiieren. „Sie springen gleichsam vorläufig ein und machen es möglich, daß trotz gleichbleibenden Angebots von Ersparniskrediten die Investitionstätigkeit über den bisherigen Umfang hinaus gesteigert werden kann, worin ja gerade das Wesen des Aufschwungs besteht[28]."

Auch das Problem eines Aufschwungs bei sinkenden Preisen wird kurz erörtert. Die Begründung dafür wird in einer durch Rationalisierung hervorgerufenen Mengenkonjunktur erblickt, die zu einer sehr starken Ausdehnung des Handelsvolumens und zu sinkenden Preisen führt, die durch den zusätzlichen Kredit nur teilweise kompensiert wird.

Eucken befaßt sich dann mit dem Übergang vom Aufschwung zur Stockung. Diesen Übergang sieht er gekennzeichnet durch die Abnahme der Neuinvestition[29]. Er findet in zwei Phasen statt: Der *erste* Zeitabschnitt ist gekennzeichnet durch „Kapitalmangel". Das Kapitalangebot geht nicht etwa zurück, weil die Spartätigkeit nachläßt, wie Spiethoff annahm. Vielmehr sinkt durch die ständige Gewährung zusätzlicher Kredite die Liquidität der Banken. Das veranlaßt die Banken, allmählich die Konditionen immer mehr zu verschärfen und so das Angebot zu verringern. Die Steigerung des Preisniveaus läßt nach und hört auf[30]. In der *zweiten* Epoche steigt das Kapitalangebot wieder, zugleich sinken die Zinssätze. Die Nachfrage läßt nach. Das Investitionstempo geht weiter zurück. Aufgrund mannigfacher, auch außerwirtschaftlicher Momente werden nämlich die Chancen für Neugründungen und Ausdehnungen nicht mehr so günstig beurteilt. Zusätzliche Kredite können daher nicht mehr gewährt werden, ja durch Rückzahlung alter Bankschulden wird die Giralgeldmenge sogar verringert.

Eucken formuliert als Ergebnis seiner Untersuchung: „Wir sehen in der Schaffung der zusätzlichen Kredite eine sehr wesentliche Voraussetzung für das Zustandekommen des Wechsels von Aufschwung und Stockung[31]." Die Aufschwungimpulse werden als Daten hinge-

---

27 Hier spüren wir deutlich die geldtheoretischen Studien des Autors.

28 *Eucken:* Kredit und Konjunktur, S. 299.

29 Vgl. *Eucken:* Kredit und Konjunktur, S. 301.

30 Vgl. *Eucken:* Kredit und Konjunktur, S. 304.

31 *Eucken:* Kredit und Konjunktur, S. 305.

nommen: „Gehen wir von dem Vorhandensein der Aufschwungimpulse aus." „Wer die Ursachen des Aufschwungs aufdecken will, der muß schon weitergreifen und die gesamten treibenden Kräfte der modernen wirtschaftlichen Entwicklung zu erkennen versuchen[32]."

bb) Der Einbau der Konjunkturtheorie in das morphologische System

In den „Grundlagen der Nationalökonomie" und in den späteren vorwiegend wirtschaftspolitisch orientierten Veröffentlichungen wird ein sehr weiter Konjunkturbegriff verwendet. Als Konjunkturen werden verstanden Abweichungen vom Gleichgewicht im Wirtschaftsprozeß, wie sie in vorwiegend verkehrswirtschaftlich und auch in überwiegend zentralverwaltungswirtschaftlichen Wirtschaftsordnungen auftreten können[33]. Mögliche Ursachen sind z. B. Erfindungen, die die Produktionstechnik verändern, Mißernten, Verschiebung der Bedürfnisse, vor allem aber in der heutigen Zeit Schwankungen im Tempo der Investitionen[34]. Hauptkennzeichen dieser Abweichungen sind in der Verkehrswirtschaft „Unterbeschäftigung", in der zentralgeleiteten Wirtschaft „Unterversorgung"[35]. Häufig kommt es Hand in Hand damit zu einer „Primitivierung der Wirtschaftsordnung", einer „Desintegrierung des Wirtschaftsprozesses" bei stark zurückgehender Ergiebigkeit[35]. Den eigentlichen Grund für diese Störungen erblickt Eucken in dem Versagen der Wirtschaftslenkung. Dieses Versagen führt immer wieder zu Krisen und — was noch schwerer wiegt — macht es unmöglich, Disproportionalitäten auszupendeln.

Der Ordnung der Zentralverwaltungswirtschaft fehlt schon prinzipiell ein zureichendes Lenkungssystem. Der Wirtschaftsprozeß kann nur auf Grund globaler Bewertungen gelenkt werden. Vor allem gibt es keine zureichende, exakte Kostenrechnung, die als Grundlage der Wirtschaftslenkung dienen könnte[36]. Diese Feststellung gilt ohne Einschränkung für die seltene reine Form der Zentralverwaltungswirtschaft. In den Zwischenformen stützen die restlichen verkehrswirtschaftlich gebildeten Preise die Wirtschaftsrechnung[37]. Trotzdem ist die Folge auch in diesen Fällen zwangsläufig Unterversorgung. Das Konjunkturproblem in der Zentralverwaltungswirtschaft ist von Eucken

---

[32] *Eucken:* Kredit und Konjunktur, S. 290.

[33] Vgl. *Eucken:* z. B. Grundlagen, S. 180 ff.; Grundsätze, S. 109.

[34] Vgl. *Eucken:* Grundlagen, S. 181.

[35] Vgl. *Eucken:* Grundsätze, S. 109 f.

[36] Vgl. *Eucken:* Grundlagen, S. 79.

[37] Vgl. *Eucken:* Grundlagen, S. 80.

nicht weiter erörtert worden. Das Geld spielt in dieser Wirtschaftsform ohnehin eine untergeordnete Rolle; im Zusammenhang mit dem Konjunkturproblem wird es nicht einmal erwähnt.

Im Gegensatz zur eben behandelten Wirtschaftsform gibt es in der Verkehrswirtschaft grundsätzlich ein ausreichendes System der Wirtschaftslenkung. Sein Hauptfaktor ist der Preis, der sich auf den Märkten bildet. Preise lenken Produktion und Investition. Sie sorgen für die „Koordination der Einzelpläne" aller Wirtschaftssubjekte[38]. Betriebe und Haushalte stoßen mit ihren Plänen nur zum Teil unmittelbar an gesamtwirtschaftliche Daten. Im übrigen sind sie „umgeben von Preisen"[39]. Die Preismechanik ist das Instrument, um Disproportionalitäten festzustellen und sie schließlich zu korrigieren[40]. Dieses Instrument kann nur erfolgreich sein, wenn eine funktionierende Rechenskala[41] vorhanden ist. In entwickelteren Volkswirtschaften ist zudem noch ein allgemein anerkanntes Tauschmittel[42] erforderlich. Das Geld erfüllt heute in der Regel beide Funktionen. Marktordnung und Geldordnung sind entscheidend[43].

Von der Marktordnung und der Geldordnung gehen aber auch die Störungen des Wirtschaftsprozesses aus, die zu Abweichungen vom Gleichgewicht führen. Die Ursache der konjunkturellen Schwankungen ist neben der fehlenden Konstanz der Wirtschaftspolitik und dem Bestehen monopolistischer Marktformen vor allem die mangelnde Stabilität des Geldes[44]. Das Geld ist vor allem deshalb so unstabil, weil die Banken zu Münzstätten[45] geworden sind, weil also das Kreditgeldsystem (3. Geldsystem der Eucken'schen Nomenklatur) vorherrscht. Hier liegt die Hauptursache für die starken Konjunkturausschläge. Wenn die Geldschöpfung privatwirtschaftlich handelnden Banken anvertraut ist, wird nämlich die Geldpolitik prozyklisch wirken: In der Depression werden die Banken die Geldmenge vermindern, indem sie keine neuen Kredite mehr gewähren und alte einziehen, sobald es möglich ist. Das verstärkt den depressiven Deflationsdruck. Im Aufschwung kommt es zur inflationistischen Geldschöpfung. In beiden Fällen handeln die Banken privatwirtschaftlich richtig, volkswirtschaftlich aber falsch. Auf diese Weise werden die Disproportio-

---

[38] Vgl. *Eucken:* Grundlagen, S. 88.
[39] Vgl. *Eucken,* Grundlagen, S. 144 und 145.
[40] Vgl. *Eucken:* Grundsätze, S. 288.
[41] Vgl. *Eucken:* Grundlagen, S. 88.
[42] Vgl. *Eucken:* Grundlagen, S. 90.
[43] Vgl. *Eucken:* Grundlagen, S. 91.
[44] Vgl. *Eucken,* Grundsätze, S. 310 ff.
[45] Vgl. *Eucken:* Grundsätze, S. 258.

nalitäten des Wirtschaftsprozesses nicht ausgeglichen, sondern im Gegenteil verstärkt.

2. Andere Antworten auf die von Eucken behandelten Fragen

a) Ist eine allgemeine Konjunkturtheorie möglich?

Eucken hatte diese Frage vor allem deshalb verneint, weil es keinen Normalzyklus der Konjunktur und damit auch kein allgemeines Konjunkturproblem gäbe. Wir wollen die Antworten auf beide Fragen getrennt darstellen. Sehen wir die Spiethoff-Festschrift durch, so finden wir überwiegend die Meinung vertreten, daß es (jedenfalls bis 1932) seit dem ersten Weltkrieg keinen typischen Konjunkturverlauf, keinen Normalzyklus der Konjunktur mehr gibt, mag sich auch vorher ein „mehr oder minder typischer Konjunkturverlauf gezeigt haben“[46]. Insoweit herrschte 1933 weitgehend Einigkeit.

Schon 1932 hatte Stucken in seinem Werk „Die Konjunkturen im Wirtschaftsleben“ festgestellt, daß die Konjunkturen der Nachkriegszeit nicht mehr den früher beobachteten typischen Verlauf aufwiesen. Es sei vielmehr eine Reihe von unterschiedlichen Konjunkturen abgelaufen[47]. In seinem Beitrag zur Spiethoff-Festschrift hat Stucken diese Gedanken so formuliert: „Die Beobachtung lehrt, daß die in der Vorkriegszeit übliche Aufeinanderfolge der Erscheinungen nicht mehr besteht und daß gewisse bei der Ursachenforschung als notwendig erkannte Bedingungen für einen solchen typischen Verlauf in der neueren Zeit nicht mehr gegeben sind (z. B. auf dem Gebiet der Notenbankpolitik). Die Beobachtung lehrt weiterhin, daß sich überhaupt noch kein neuer typischer Verlauf herausgebildet hat, sondern daß wir es vielmehr nur mit einer Reihe von Einzelkonjunkturverläufen zu tun haben, die recht unterschiedlich sind[48].“ Ähnlich äußern sich Diehl[49] und Lutz[50]. Selbst Carell, der ein allgemeines Konjunkturproblem für gegeben erachtet, räumt ein, der Konjunkturverlauf der Nachkriegszeit sei „getötet“ worden[51]. Auch Clausing konstatiert für diese Zeit im Anschluß an Predöhl eine zunehmende „Verbildung der Konjunkturzyklen“[52]. Löwe erwog daher schon in der Aussprache zu

---

[46] Vgl. *Stucken*, Rudolf: Geld und Kredit, S. 206.

[47] Vgl. *Stucken*, Rudolf: Die Konjunkturen im Wirtschaftsleben, Jena 1932, S. 177.

[48] *Stucken*, Rudolf: Spiethoff-Festschrift, S. 279.

[49] Vgl. *Diehl*, Karl: Spiethoff-Festschrift, S. 61 ff.

[50] Vgl. *Lutz*, Friedrich: Spiethoff-Festschrift, S. 161 ff.

[51] Vgl. *Carell*, Erich: Spiethoff-Festschrift, S. 46.

[52] Vgl. *Clausing*, Gustav: Konjunkturen, in: HDSW, Bd. 6, Stuttgart, Tübingen, Göttingen 1959, S. 139.

Euckens Referat auf der Züricher Tagung des Vereins für Socialpolitik 1928, den Begriff „Konjunktur" der Epoche des „Hochkapitalismus" vorzubehalten[53].

Aus diesen Feststellungen folgerten manche Autoren wie Eucken, daß es keine allgemeine Konjunkturtheorie geben könne. Hier ist insbesondere Lutz mit seinem Werk „Das Konjunkturproblem in der Nationalökonomie" zu nennen, zu dem Eucken „kritische und positive Anregungen" gegeben hatte[54]. Diehl zielt in die gleiche Richtung mit der Feststellung: „Eine spezielle Wissenschaft der Konjunkturforschung mit eigenen Methoden oder eigenen Betrachtungsweisen gibt es nicht[55]." Wie Eucken hält Lutz die Instrumente der „statischen" Wirtschaftstheorie für ausreichend zum Verständnis der Konjunkturen. Die Theorie hat nach seiner Ansicht die hauptsächlichen Datenvariationen zu durchdenken und die „*konkrete* Konjunkturbewegung" zu analysieren[56]. Ein sehr ähnliches Verfahren hatte Stucken bereits völlig unabhängig von Lutz in seiner im selben Jahr (1932) erschienenen und schon zitierten Arbeit „Die Konjunkturen im Wirtschaftsleben" mit großem Erfolg angewandt.

Aus verschiedenen Gründen wird auch heute vorwiegend die Meinung vertreten, daß es keinen Normalzyklus der Konjunktur im Sinne der „Kitchins", „Juglars" oder „Kondratieffs" — mehr — gibt[57]. Dabei überwiegt wohl nicht zuletzt infolge der langen Periode raschen Wirtschaftswachstums die Vorstellung, daß dank der neuen Möglichkeiten der Wirtschafts- und Finanzpolitik die früher beobachteten regelmäßigen Konjunkturschwankungen nicht mehr auftreten. Haller formuliert den Gedanken so: „Auch die ‚klassischen' Konjunkturschwankungen, die man lange Zeit für zwangsläufig hielt und als Faktum hinnahm, erscheinen heute überwunden[58]." Daher verliert das Auf und Ab der Konjunktur heute „in gewissem Maß das Attribut der Realität und wird zu einer nur potentiellen Erscheinung, zu einer bloßen Gefahr"[59]. Der Konjunkturzyklus wird also vorwiegend als Erscheinung vergangener Zeiten aufgefaßt, der mit den Schwankungen der heutigen wirtschaftlichen Entwicklung sicher nicht identisch,

[53] Vgl. *Löwe*, in: Schriften des Vereins für Socialpolitik, Bd. 175, S. 338.

[54] Vgl. *Lutz*, Friedrich: Das Konjunkturproblem in der Nationalökonomie, Jena 1932, S. 166 ff.; ders.: Spiethofff-Festschrift, S. 161 ff.

[55] *Diehl*, Karl: Spiethoff-Festschrift, S. 61.

[56] Vgl. *Lutz*, Friedrich: Das Konjunkturproblem in der Nationalökonomie, S. 169; Hervorhebung im Original.

[57] Vgl. auch *Forstmann*, Albrecht: Geld und Kredit, 2. Teil: Die Anwendung der Geld- und Kredittheorie, S. 461.

[58] *Haller*, Heinz: Das Problem der Geldwertstabilität, Stuttgart, Berlin, Köln, Mainz 1966, S. 10.

[59] *Jöhr*, Walter Adolf: Konjunktur (I), in: HDSW, Bd. 6, 1959, S. 103.

sondern allenfalls verwandt ist. Das war auch die ganze vorwiegende Meinung bei der Arbeitstagung des Vereins für Socialpolitik 1961 in Garmisch-Partenkirchen[60]. Nachdem die Frage: Gibt es den Konjunkturzyklus noch? bereits in verschiedenen Referaten angeklungen war, entwickelte sich um dieses Problem eine rege Diskussion[61]. Salin wies darauf hin, daß es Konjunkturzyklen nur in der Zeit des Kapitalismus gegeben habe, jetzt gebe es sie nicht mehr. Diese Meinung wurde von der Mehrzahl der Diskussionsteilnehmer geteilt. Insbesondere war es fast allgemeine Ansicht, daß der eigentliche Zyklus in der heutigen Zeit nicht mehr zu beobachten sei. Verschiedene Meinungen bestanden lediglich darüber, ob man Wachstumsschwankungen der heute festzustellenden Art auch als Konjunktur bezeichnen könne und ob es Gemeinsamkeiten zwischen derartigen Erscheinungen in der Marktwirtschaft und in der zentralgeleiteten Planwirtschaft gebe.

Freilich ist diesem Bemühen, „den — man ist versucht zu sagen: guten alten Konjunkturzyklus wissenschaftlich ‚zu beerdigen'", (Kamp) in jüngster Zeit widersprochen worden. Kamp hat die Frage: „Gibt es die mittelfristige, expansive und kontraktive Wirtschaftsentwicklung als arteigenes Phänomen?" eindeutig bejaht[62]. Seiner Ansicht nach vollzieht sich der Wirtschaftsprozeß in zyklischen Bewegungen, im Wechsel von Kontraktion und Expansion, auf Grund von endogenen Mechanismen. Kamp beurteilt offenbar die Aussichten, eine allgemeine Konjunkturtheorie aufzustellen, im gegenwärtigen Zeitpunkt sehr skeptisch. Denn er fordert, angesichts des bisherigen konjunkturtheoretischen Bemühens müsse auf empirischem Weg — ausgerüstet mit den modernsten technischen Hilfsmitteln — das Realphänomen näher erkundet werden. Dann erst soll seiner Ansicht nach das Erfahrene theoretisch ausgewertet werden[63].

Unabhängig von der Einstellung zur Frage des Konjunkturzyklus und obgleich die Verwendung der Instrumente und Methoden der modernen Theorie in der Konjunkturtheorie allgemein bejaht wurde, erkannte vor „Keynes" die Mehrzahl der Autoren in den Konjunkturschwankungen ein Phänomen, das einen besonderen Forschungszweig der Wirtschaftswissenschaften rechtfertigt, wie Jöhr feststellt[64]. Diese Bemerkung dürfte wohl auch

---

[60] Vgl. Diagnose und Prognose als wirtschaftswissenschaftliche Methodenprobleme, Schriften des Vereins für Socialpolitik, Neue Folge, Bd. 25, Berlin 1962.

[61] Vgl. Diagnose und Prognose als wirtschaftswissenschaftliche Methodenprobleme, S. 465 ff.

[62] Vgl. *Kamp*, Ernst M.: Der Zyklus lebt, in: Der Volkswirt, Frankfurt 1967, 21. Jg., S. 88 ff.

[63] Vgl. *Kamp*, Ernst M.: Der Zyklus lebt, a.a.O., S. 90.

[64] Vgl. *Jöhr*, Walter Adolf: Konjunktur (I), in: HDSW, Bd. 6, 1959, S. 98.

die heutige Lage zutreffend kennzeichnen. Konjunkturforschung in diesem Sinne ist allerdings mehr auf die Erforschung der kurz- und mittelfristigen Schwankungen im Wirtschaftswachstum gerichtet. Das Bemühen geht dahin, die das Wachstum beeinflussenden Faktoren — in diesem Fall die konjunkturverändernden Momente[65] — zu erforschen und ein Instrumentarium zu erarbeiten, mit dem sich ein möglichst stetiges Wachstum erreichen läßt, das auch kurzfristige Rückschläge ebenso wie Überhitzungen vermeidet.

b) Kritik des Referats „Kredit und Konjunktur"

Abgesehen von der Diskussion auf der Züricher Tagung des Vereins für Socialpolitik selbst, die sich an Euckens Referat anschloß, sind die Thesen Euckens vor allem von Pindar Christodulopulos[66] und von Wagner[67] kritisch untersucht worden. Christodulopulos hält die Euckenschen Ausführungen über die Zusammenhänge „der zusätzlichen Kredite mit der übermäßigen Investition im allgemeinen und der stoßweise, wie er sagt, stattfindenden Ausdehnung der Investitionstätigkeit" für zutreffend. Für den eigentlichen Übergang von der Stockung zum Aufschwung gelten aber seines Erachtens besondere Bedingungen. Zur Finanzierung des beginnenden Aufschwungs sind nach Euckens Ansicht zusätzliche Kredite erforderlich, weil keine brachliegenden Sparsummen verfügbar sind. Demgegenüber glaubt Christodulopulos, daß es sozialwirtschaftlich müßige Sparbeträge gebe. Sie seien zwar privatwirtschaftlich gesehen angelegt, aber nicht produktiv eingesetzt, sondern finanzierten den kapitalverzehrenden Verbrauch der Arbeitslosen. Sie seien nicht absorbiert, sondern stünden bereit, um unter Umständen eine Erweiterung des Produktionsprozesses zu ermöglichen. Wenn die Banken im einsetzenden Aufschwung formal kreditschöpfend tätig würden, gewährten sie keine zusätzlichen Kredite, sondern verwandelten lediglich die „bisher sozialwirtschaftlich müßigen Sparbeträge, die den kapitalverzehrenden unproduktiven Verbrauch der Arbeitlosen finanzierten, in sozialwirtschaftlich produktive Anlagen".

Christodulopulos meint ferner[68], Eucken habe die Frage nach der Herkunft der zusätzlichen Waren ohne Antwort gelassen. Seiner Ansicht nach stammen diese Waren aus zwei Güterströmen. Ein Strom

---

65 Vgl. *Stucken*, Rudolf: Die Konjunkturen im Wirtschaftsleben, Jena 1932, S. 123 ff.

66 Vgl. *Christodulopulos*, Pindar: Die Finanzierung des beginnenden Aufschwungs, in: Jahrbücher für Nationalökonomie und Statistik, 133. Bd., III. Folge, 78. Bd., 1930 II, Jena 1930, S. 213 ff.

67 Vgl. *Wagner*, Valentin F.: Geschichte der Kredittheorien, Wien 1937.

68 Vgl. *Christodulopulos*, Pindar, a.a.O., S. 222, 223.

wird durch „die Elastizität innerhalb der Zusammensetzung des Sozialprodukts ermöglicht" und der zweite besteht aus den Summen, die den Kapitalverzehr während der Stockung finanziert hatten.

Wagner hat sich eingehend mit Euckens Thesen auseinandergesetzt[69]. Er hält die Kritik von Christodulopulos für „beachtenswert, auch in Einzelfragen zutreffend"[70]. Unbegründet sei allerdings dessen Meinung, es handle sich um formale Kreditschöpfung. Im übrigen sind nach Wagners Meinung zusätzliche Kredite keine notwendige Voraussetzung des Aufschwungs, da die vorhandenen Gütervorräte zunächst ausreichen. „Der Nachweis einer theoretischen Notwendigkeit des zusätzlichen Kredits wie der Nachweis seiner empirischen Existenz können somit nicht als gelungen gelten[71]." Auf noch schwächeren Füßen steht nach Wagners Meinung Euckens These, die Mittel zur Finanzierung des Aufschwungs fehlten, da alle Ersparnisse angelegt seien. Zur Finanzierung kann vielmehr nach Wagners Ansicht auf verschiedene Geldkapitalquellen zurückgegriffen werden. Er nennt u. a. echte und unechte Horte, wachsende Ersparnisse, Umschichtung von Bankkrediten. Es handle sich nur scheinbar um eine Kreditschöpfung, wenn müßige Vorräte an Subsistenzmitteln aus dem Markt genommen oder das im Verlauf des Aufschwungs anwachsende Sozialprodukt den neu in die Produktion eingegliederten Arbeitern zugeführt werde, da dem Geldkapital ein sachliches Komplement entspreche. Wagner will vom zusätzlichen Kapital nur sprechen, wenn das Phänomen des Zwangssparens ausgelöst wird[72].

Nach der Wiedergabe dieser kritischen Stellungnahmen zu Euckens Thesen sei noch erwähnt, daß nach Mitteilung Wagners Cassel bereits 1904 in einer nur in schwedischer Sprache erschienenen Abhandlung die Meinung vertreten hat, der Aufschwung könne nicht mit in der Depression angesammelten Geldern finanziert werden, da diese anderweitig angelegt seien[73]. Lederer hat aus dieser Feststellung in seinem Werk „Konjunktur und Krisen" 1925 den gleichen Schluß wie Eucken gezogen, wenn er schreibt: „Denn die Ersparnisse werden ja auch in der Depressionszeit angelegt und so ist nur mit zusätzlichem Kredit, also neugeschaffener Kaufkraft, eine sehr erhebliche Ausdehnung des Produktionsprozesses möglich[74]." Eucken selbst hat sich vor allem auf Schumpeter berufen[75].

---

69 Vgl. *Wagner*, Valentin F.: Geschichte der Kredittheorien, insbes. S. 298 ff.

70 Vgl. *Wagner*, Valentin F., a.a.O., S. 309, Anm. 2.

71 *Wagner*, Valentin F., a.a.O., S. 309.

72 Vgl. *Wagner*, Valentin F.: Geschichte der Kredittheorien, S. 312, 313.

73 Vgl. *Wagner*, Valentin F., a.a.O., S. 236, Anm. 1.

74 *Lederer*, Emil: Konjunktur und Krisen, Tübingen 1925, S. 387 f.

75 Vgl. *Eucken:* Kredit und Konjunktur, S. 387.

Der zusätzliche Kredit wird auch heute noch wissenschaftlicher Untersuchung unterworfen. So hat sich auch Ehrlicher in seiner Habilitationsschrift mit der Rolle des zusätzlichen Kredits in der Konjunktur befaßt[76]. Ehrlicher findet eine Gliederung der Investitionen in „konjunkturabhängige" und in „kreditabhängige"[77]. Bei den konjunkturabhängigen Investitionen ist der Kapazitätseffekt höher, bei den kreditabhängigen der Einkommenseffekt[78]. Ehrlicher hat nun darauf hingewiesen, daß bei konjunkturabhängigen Investitionen in Höhe des Kapazitätseffektes zusätzliche Kredite gewährt werden müssen, wenn der Gleichgewichtszustand erhalten werden soll. Das gilt auch dann, wenn die Investition aus Spargeldern finanziert wird. Ehrlicher hat nachgewiesen, daß im Jahr 1928 die konjunkturabhängigen Investitionen stärker bevorzugt wurden. Daher kam es zu Absatzstockungen, das heißt zu konjunkturverschlechternden Wirkungen[79]. Aus der Lehre der konjunkturabhängigen und kreditabhängigen Investitionen folgt auch, daß kreditabhängige Investitionen besonders für die Beendigung der Depression geeignet sind, da sie Beschäftigung und Einkommen erhöhen, ohne gleichzeitig das Konsumgüterangebot zu steigern, das in der Depression ohnehin dazu tendiert, die Nachfrage zu überschreiten[80]. Da in reicheren Volkswirtschaften der wirtschaftliche Fortschritt vor allem vom Einkommenseffekt der kreditabhängigen Investitionen abhängt, kommt Ehrlicher zu dem Schluß: „Es muß diesem Entwicklungsstand der Wirtschaft daher als adäquater angesprochen werden, wenn die erforderliche zusätzliche Geldschöpfung über die Finanzierung solcher Investitionen bewirkt wird[81]."

Mit dieser Stimme zur Bedeutung des zusätzlichen Kredits wollen wir diesen Abschnitt beenden.

c) Allgemeine Richtung der modernen Konjunkturtheorie

Wichtiger als das Züricher Referat ist Euckens Konjunkturlehre, wie sie in den „Grundlagen der Nationalökonomie" und in den „Grundsätzen der Wirtschaftspolitik" niedergelegt ist. Um sie kritisch und umfassend würdigen zu können, müßten wir jetzt einen Überblick über den Stand der Konjunkturtheorie geben. Das aber würde den Rahmen der vorliegenden Arbeit sprengen. Wir müssen uns daher da-

[76] Vgl. *Ehrlicher*, Werner: Geldkapitalbildung und Realkapitalbildung, Tübingen 1956.

[77] Vgl. *Ehrlicher*, Werner, a.a.O., S. 22 ff.

[78] Vgl. *Ehrlicher*, Werner, a.a.O., S. 67 ff.

[79] Vgl. *Ehrlicher*, Werner, a.a.O., S. 70, 73 ff., 78 ff.

[80] Vgl. *Ehrlicher*, Werner, a.a.O., S. 132.

[81] *Ehrlicher*, Werner, a.a.O., S. 254.

mit begnügen, in einigen Zügen die Richtung der modernen Konjunkturtheorie anzudeuten.

Nachdem die monokausalen Theorien — typische Erscheinungen für jede junge wissenschaftliche Disziplin — der Konjunktur durch polykausale abgelöst waren und Stucken mit seiner Lehre von den konjunkturverändernden Momenten dazu einen wichtigen Akzent gesetzt hatte, wurden die exogenen und endogenen Einflüsse weiter untersucht. Dabei ist man im allgemeinen, wir wir dargestellt haben, zwar nicht mehr zum „Normalzyklus“ zurückgekehrt. Anklang hat aber ein Gedanke Jöhrs gefunden, einen „Kernprozeß“ der Konjunktur, eine Art „Urbewegung“ herauszuarbeiten, der „die Verstärker einschalten würde, selbst jedoch nicht der Impulse bedürfte oder nur durch Impulse von infinitesimaler Stärke ausgelöst werden müßte“[82]. Jöhr selbst lehnt die mechanistischen Vorstellungen über diesen Prozeß ab, die sich etwa aus einer Kombination von Akzelerator und Multiplikator ergeben. In Weiterführung der Gedanken der psychologischen Konjunkturtheorie kann für ihn der „Kernprozeß“ nur sozialpsychologisch bedingt sein. Die eigentliche Besonderheit dieses Prozesses ist die „sozialpsychologische Infektion“, wie sie besonders in der Massenpsychologie beschrieben worden ist, die zu epidemischen, kumulativen Prozessen führen kann. Dieser sozialpsychologische Kern des Konjunkturgeschehens verleiht der Konjunkturbewegung eine gewisse Indeterminiertheit. Um diesen „Kernprozeß“ ranken sich die übrigen konjunkturverändernden Momente, Impulse, Faktoren der Selbstverstärkung und der Richtungsänderung. Impulse „können die Konjunkturschwankungen nicht erzeugen, sie können aber auf Grund einer bestimmten Eigentümlichkeit der Wirtschaftsstruktur, ihrer mit der Bauweise eines Schaukelstuhls verglichenen Prädisposition für Schwankungen bestimmter Art, den Verlauf der Konjunktur beeinflussen“[83]. Aus der großen Zahl der Faktoren, die die Kraft zur Selbstverstärkung des Konjunkturprozesses haben, ragen einige heraus, die mangelnde Transparenz, das Gesetz der zeitlichen Einkommensfolge und das Akzelerationsprinzip. Diese drei Faktoren können auch richtungsändernd wirken.

Während aber bei Jöhr *ein* Kernprozeß erscheint, versucht Ehrlicher andere Kernprozesse zu isolieren. Ihm geht es um die „Herausarbeitung und Anerkennung bestimmter geschlossener Zusammenhänge im Rahmen der exogen bedingten Auf- und Abstiegsbewegungen“[84]. Einen solchen Kernprozeß findet er in der relativen Investitionstätigkeit.

---

82 *Jöhr*, Walter Adolf: Konjunktur (I), in: HDSW, 6. Bd., 1959, S. 110 f.

83 *Jöhr*, Walter Adolf, a.a.O., S. 107.

84 *Ehrlicher*, Werner: Geldkapitalbildung und Realkapitalbildung, S. 100.

Auf die Bedeutung der Geldschöpfung — und das heißt hic et nunc auch der Kreditschöpfung — für die Konjunktur und das Wachstum der Wirtschaft wird immer wieder hingewiesen[85]. Hoffmann betont unter dem Blickwinkel der Wirtschaftspolitik, daß konjunkturelle Schwankungen unvermeidlich sind, wenn Wachstumspolitik bei einem sehr elastischen Kreditsystem ohne das Korrelat einer Politik der stabilen Preise betrieben wird[86].

3. Stellungnahme zu Euckens Konjunkturlehre

Unsere Stellungnahme zu Euckens Konjunkturlehre wollen wir ebenfalls in drei Abschnitte gliedern. Zunächst werden wir uns mit den mehr wissenschaftstheoretischen und methodologischen Fragen befassen, ob es einen Normalzyklus der Konjunktur gibt und ob eine allgemeine Konjunkturtheorie möglich ist. Anschließend werden wir zu den Thesen von Euckens Züricher Referat und schließlich zu der konjunkturtheoretischen Position Stellung nehmen, die Eucken in seinen Hauptwerken bezogen hat.

a) Gibt es den Konjunkturzyklus und eine allgemeine Konjunkturtheorie?

Als Eucken in der Spiethoff-Festschrift feststellte, es gebe keinen Normalzyklus der Konjunktur, befand er sich im Einklang mit einer stattlichen Reihe von Vertretern der jüngeren deutschen Konjunkturtheorie. Das hat unsere Literaturübersicht gezeigt. Ob der Konjunkturzyklus nun von der Wirtschaftspolitik „getötet" worden ist oder ob es ihn nie gab, ob also die Schlüsse der Kondratieffs, Kitchins, Juglars usw. nur auf einer mangelnden Kenntnis der Tatsachen beruhen, mag dahinstehen. Jedenfalls ist es bezeichnend, daß auch Kamp in seinem Aufsatz „Der Zyklus lebt" den wirklich vorhandenen Zyklusberechnungen der erwähnten Art mehr als skeptisch gegenübersteht. „Diese Darstellung der Konjunkturschwankungen ist problematisch. Denn sicher ist, daß empirische Konjunkturforschung heute nicht mehr mit dem Hilfsmittel der Fourieranalyse oder durch Auszählen von Hoch- und Tiefpunkten im Bewegungszug der untersuchten ökonomischen Größen getrieben werden kann[87]."

---

[85] Vgl. *Sauermann*, Heinz: Geld und Kredit, in: Handbuch der Wirtschaftswissenschaften, II. Bd., 2. Aufl., Köln und Opladen 1966, S. 151 ff.; *Dürr*, Ernst: Prozeßpolitik, in: Kompendium der Volkswirtschaftslehre, Bd. 2, Göttingen (1968), S. 231 ff.

[86] Vgl. *Hoffmann*, Walther G.: Allgemeine Wirtschaftspolitik, in: Handbuch der Wirtschaftswissenschaften, II. Bd., 2. Aufl., Köln und Opladen 1966, S. 182.

[87] *Kamp*, Ernst M.: Der Zyklus lebt, in: Der Volkswirt, 1967, S. 90.

Wir verkennen nicht, daß es heute noch theoretisch interessant und auch bei unserer Wirtschaftsordnung als Grundlage der Wirtschaftspolitik wichtig wäre, wenn wir nachweisen könnten, daß sich die Wirtschaft mittelfristig notwendigerweise in gleichmäßigen, in Abfolge und Termin streng festgelegten Phasen weiterentwickelte, wenn nicht wirtschaftspolitische Maßnahmen den Ablauf verfälschten. Dieser Nachweis ist aber bislang trotz des Einsatzes modernster Mittel nicht gelungen. Wie unsere Übersicht gezeigt hat, wird die Euckensche Feststellung: „Es gibt keinen Normalzyklus der Konjunktur" von einer großen, wohl der herrschenden Meinung in der Nationalökonomie von heute geteilt. Wie wir meinen, mit Recht. Überdies ist folgendes zu bedenken: Da wir heute nirgends mehr eine sich selbst überlassene Wirtschaft haben — wenn sie je existierte —, ist es auch wenig wahrscheinlich, daß Kamp recht behält. Es ist nicht anzunehmen, daß jemals wieder ein hypothetischer Konjunkturzyklus aus dem tatsächlichen Auf und Ab der Wirtschaft herausdestilliert werden kann. Von den mannigfachen, den „reinen" marktwirtschaftlichen Mechanismus verfälschenden Maßnahmen wird man nicht mehr soweit abstrahieren können, daß eine empirische Bestätigung des Konjunkturzyklus möglich wird. Die am Modell in isolierender Betrachtungsweise gewonnenen Prinzipien mögen noch so richtig abgeleitet und einleuchtend formuliert sein; sie beweisen doch nicht, daß es in der gegebenen Wirtschaft einen echten Konjunkturzyklus gibt. Eine andere Frage ist es, ob wir die kurz- und mittelfristigen Wachstumsschwankungen, die Disproportionalitäten des Wirtschaftsablaufes als Konjunkturen bezeichnen wollen. Wir würden diese terminologische Frage bejahen.

Eucken stand aber auch mit seiner Forderung, die Konjunkturtheorie solle die einzelnen konkreten Konjunkturlagen mit dem Rüstzeug der modernen Theorie beschreiben und ihren Zusammenhang verständlich machen und nicht eine für *alle* Konjunkturwellen gültige Theorie aufstellen, nicht allein, sondern in der vordersten Reihe der damals modernen Konjunkturtheorie[88]. War doch 1932 das Werk von Lutz erschienen, in dem der Theorie die Aufgaben gestellt worden waren, die hauptsächlichen Datenvariationen zu durchdenken und die „*konkrete* Konjunkturbewegung" zu analysieren[89], und unabhängig davon die Arbeit von Stucken[90], in der ein sehr ähnliches Verfahren bereits angewendet wurde. Eucken leugnet die Berechtigung der „Konjunkturtheorie". Er versteht darunter eine *allgemeine* Konjunktur-

---

[88] Vgl. auch *von Reichenau,* Charlotte: Beitrag in der Spiethoff-Festschrift, S. 234 ff., besonders S. 235.

[89] Vgl. *Lutz,* Friedrich: Das Konjunkturproblem in der Nationalökonomie, S. 169 (Hervorhebung im Original).

[90] Vgl. *Stucken,* Rudolf: Die Konjunkturen im Wirtschaftsleben, Jena 1932.

theorie ,die ihre Erkenntnisse auf der Gleichförmigkeit und Periodizität der Wechsellagen aufbaut, die einen Musterablauf der Konjunktur, den Normalzyklus darstellt — wenn auch nur für eine bestimmte Epoche —, zu seiner Erklärung eine Theorie schafft und erwartet, daß diese Erklärung auf die realen Konjunkturen paßt. Die ablehnende Stellungnahme gilt also vor allem dem Versuch zeitgebundener Theorien und der in der früheren Konjunktur- (und Wirtschafts-)theorie viel versuchten Realtypenbildung, die Eucken scharf ablehnt, wie sie auch Lutz schon in seinem mehrfach angeführten Werk „Das Konjunkturproblem in der Nationalökonomie" verwirft. Wir wollen aber auf diese wissenschaftstheoretischen Probleme, die Eucken in den dreißiger Jahren sehr beschäftigten und die auch in den „Grundlagen der Nationalökonomie" ausführlich erörtert werden, an dieser Stelle nicht eingehen. Eucken hat aber auch anerkannt, daß es gewisse Regelmäßigkeiten im Wirtschaftsprozeß immer wieder gibt, etwa die Beschleunigung des Investitionstempos im Aufschwung oder die starken Schwankungen der Produktionsmittelmärkte im Wechsel von Aufschwung und Stockung. Wenn es aber solche Schwierigkeiten im Wirtschaftsprozeß immer wieder gibt, dann müßte man doch gerade im Sinn der Euckenschen Lehre fordern, daß die Theorie mit Hilfe der Variationsmethode idealtypische Modelle erarbeitet und auf diese Weise Instrumente zum Verständnis der wirtschaftlichen Wechsellagen bereitstellt und dadurch auch der Wirtschaftspolitik Hilfe leistet.

In der Tat wertet Eucken in den „Grundlagen" die monokausalen Konjunkturtheorien als idealtypische Modelle, wenn er sagt, sie seien „insgesamt als hypothetische Variationen bei Annahme verschiedener Bedingungskonstellationen anzusehen"[91]. So seien z. B. Erntetheorien oder psychologische Theorien als Untersuchungen möglicher Variationen eines Datums und ihrer Auswirkungen anzusehen. Bei annähernder oder voller Realisierung einer solchen Variation seien sie dann nutzbar zu machen[92]. Die monokausalen Theorien sind damit relativiert. Ihre Leistung liegt im Beitrag zum Wissen um die „konjunkturverändernden Momente" (Stucken)[93]. Sind aber damit diese „Theorien" nicht als Teile einer Konjunkturtheorie anerkannt, die sich selbst als integrierender Bestandteil der Wirtschaftstheorie versteht? Alle Kriterien, die Eucken der Theorie stellt, werden doch erfüllt[94]: Die Ableitungen sind „allgemeine hypothetische Wahrheiten",

---

[91] *Eucken,* a.a.O., S. 192.

[92] Vgl. *Eucken,* a.a.O., S. 192.

[93] Vgl. *Stucken,* Rudolf: Die Konjunkturen im Wirtschaftsleben, S. 11 ff., 53 ff.

[94] Vgl. *Eucken:* Spiethoff-Festschrift, S. 76.

die ihrem Wesen nach zwar „über die Existenz individueller Tatbestände nichts aussagen", daher auch einzelne Konjunkturlagen nicht zu beschreiben vermögen, die aber doch dazu beitragen können, die konkrete wirtschaftliche Entwicklung in ihren Zusammenhängen aufzudecken und verständlich zu machen, wenn sie nur sinnvoll angewandt werden.

Wir können demnach feststellen, daß Eucken die „üblichen Konjunkturtheorien" wegen der „einseitig abgesonderten Behandlung ökonomischer Fragen"[95] als unzureichend ablehnt, aber ein „Konjunkturproblem"[96] für gegeben erachtet, das mit Hilfe der morphologischen Analyse der konkreten Wirtschaftsordnung unter Verwendung der von den „üblichen Konjunkturtheorien" erarbeiteten Modelle zu lösen ist. Warum sollte dieser Teil der theoretischen Forschung nicht in der Wirtschaftstheorie den Namen „Konjunkturtheorie" führen?

Eucken erkennt in seinem letzten Werk die Berechtigung eines derartigen eigenen Forschungszweiges an und formuliert sogar seine Aufgabe: „Und so wird die Konjunkturlehre zu einer Lehre von den Disproportionalitäten, von den Abweichungen vom Gleichgewicht in den Wirtschaftsprozessen der konkreten Ordnungen jeder Art, nicht nur der verkehrswirtschaftlichen, werden[97]." Wenn dieser Konjunkturlehre die Dignität der Bezeichnung „Theorie" verweigert wird, dann — wie wir gezeigt haben — nicht zu Recht: Es dürfte vielleicht in Konsequenz der früheren Äußerungen und aus Sorge davor geschehen sein, daß sich eine eigenständige Konjunkturtheorie wieder verbindungslos neben der allgemeinen Theorie bilden könnte.

b) Kritische Würdigung des „Züricher Referates"

Bei der Stellungnahme zum Züricher Referat muß immer bedacht werden, daß es die erste konjunkturtheoretische Arbeit Euckens ist, die Jahre vor den wissenschaftstheoretischen Überlegungen entstand, mit denen wir uns eben befaßten. In diesem „skelettmäßigen"[98] Beitrag zur Konjunkturtheorie hat Eucken den zusätzlichen Kredit als „conditio sine qua non" des Aufschwungs herausgearbeitet. Die „Dignität der Ursache" (Clausing)[99] hat er ausdrücklich für den zusätzlichen Kredit nicht in Anspruch genommen. Er hat darauf hingewie-

---

95 *Eucken:* Grundlagen, S. 233.

96 Vgl. *Eucken:* u. a. Grundlagen, S. 196.

97 *Eucken:* Grundsätze, S. 109.

98 Wie ihn Reichsminister a. D. *Dernburg* in der Diskussion zu Euckens Referat „Kredit und Konjunktur" genannt hat, a.a.O., S. 327.

99 Vgl. *Clausing,* Gustav: Spiethoff-Festschrift, S. 54.

sen, daß sich der Anstoß, der nicht aus der monetären Sphäre kommt, ohne den zusätzlichen Kredit nicht zum Aufschwung verwirklichen kann. Für den Aufschwung und für den Rückgang der Kapitalnachfrage und Investitionsbereitschaft können nach seiner Meinung mannigfache Momente, auch solche außerwirtschaftlicher Art, ursächlich sein.

Wenn man rubrizieren will, kann man sagen, daß Eucken damit eine „polykausale“[100] monetäre Konjunkturtheorie gemäßigter Form vertreten hat. Sie schließt sich ausdrücklich an Schumpeter an und nähert sich damit, wie Clausing nachweist[101], stark der Lehre Spiethoffs. Auch Hayek, der in der monetären Theorie eine im strengsten Sinn des Wortes endogene Erklärung der Konjunktur sieht[102], läßt erkennen, daß der Anstoß eben doch von außen kommen muß[103]. Bei anderen Vertretern der monetären Konjunkturtheorie, z. B. Röpke und Keynes, sind die Gewichte ähnlich verteilt, worauf Clausing[104] hingewiesen hat: Der Anstoß für den Aufschwung kommt nicht aus der monetären Sphäre, der zusätzliche Kredit ist aber die „conditio sine qua non“ dafür, daß aus Investitionsbereitschaft Investition, aus der Möglichkeit Wirklichkeit wird.

Dieser Beitrag Euckens zur konjunkturtheoretischen Diskussion erhebt keinen Anspruch darauf, eine ausgebaute Konjunkturtheorie zu bieten. Er will lediglich den Zusammenhang zwischen Konjunktur und Kredit, insbesondere die Rolle des zusätzlichen Kredits klären. Für diesen Bereich sind die Thesen aber so absolut formuliert, als ob sie für alle konjunkturellen Aufschwünge und Stockungen gälten. Bei genauer Prüfung zeigt sich aber, daß dies nicht der Fall ist. Neben den in der Arbeit genannten Voraussetzungen[105] ist z. B. unterstellt, daß die Unternehmer neue Gewinnchancen vermuten, wodurch den zur Kreditgewährung bereiten Banken überhaupt erst willige Kreditnehmer zugeführt werden. Dagegen kommt es wohl nicht darauf an, daß diese Chancen tatsächlich vorhanden sind, wie Löwe in der Diskussion nach dem Eucken-Referat meinte[106]. Die wichtigste — unausgesprochene — Voraussetzung aber ist das Bestehen einer modernen Geldwirtschaft, in der es Kreditgeld gibt und Banken bestehen, denen es

---

100 Eine Vorstellung, die Stucken in seinem bereits mehrfach zitierten Konjunkturwerk für die Konjunkturtheorie nutzbar gemacht hat.

101 Vgl. *Clausing*, Gustav: Spiethoff-Festschrift, S. 50 ff.

102 Vgl. *von Hayek*, Friedrich A.: Aussprache zum Eucken-Referat „Kredit und Konjunktur“, a.a.O., S. 371.

103 Vgl. *von Hayek*, Friedrich A.: Geldtheorie und Konjunkturtheorie, Wien, Leipzig 1929, S. 102, 107.

104 Vgl. *Clausing*, Gustav: Spiethoff-Festschrift, S. 55.

105 Vgl. *Eucken*, a.a.O., z. B. S. 289.

106 Vgl. *Löwe*, a.a.O., S. 336.

möglich ist, zusätzlichen Kredit zu gewähren. Daraus ergibt sich, daß der Arbeit gerade nach dem Maßstab der oben dargelegten methodologischen Position, die Eucken in seinen späteren Werken bezogen hat, der Charakter eines theoretischen Modells zukommt. Er sagt aus, daß bei einer ganz bestimmten Datenkonstellation Aufschwung und Stockung nur mit Hilfe des zusätzlichen Kredits erklärt werden können.

In diesem Rahmen erscheint die klare Arbeit auch heute noch beachtenswert. Die Einwände Wagners gegen die Rolle des zusätzlichen Kredits in der Konjunktur und die begrenzten Christodulopulos' sind nicht überzeugend. Wie wir erwähnten, hat Ehrlicher gezeigt, daß es unter bestimmten Umständen (bei Zunahme konjunkturabhängiger Investitionen) zu Absatzstockungen und damit auch zur allgemeinen Stockung kommt, wenn ausreichende zusätzliche Kredite fehlen. Auch im Aufschwung ist der zusätzliche Kredit wichtig, da es an den nötigen verfügbaren Finanzierungsmitteln häufig fehlen wird. Als notwendige Bedingung für alle denkbaren Aufschwungsituationen möchten wir ihn nicht bezeichnen. Sie sind aber sicherlich ein mögliches Mittel für die Finanzierung des Aufschwungs. Die neueren Forschungen haben uns die zusätzlichen Kredite in ihrer Bedeutung noch klarer erkennen lassen. Zusätzliche Kredite sind in modernen Volkswirtschaften, in denen Kreditgeldsysteme überwiegen, eine Voraussetzung des wirtschaftlichen Fortschritts, worauf Ehrlicher in der mehrfach zitierten Schrift „Geldkapitalbildung und Realkapitalbildung" immer wieder hingewiesen hat[107]. Über die Vorgänge bei der Ausdehnung und Einschränkung der Investitionen wissen wir heute viel mehr als im Jahre 1928. Wir denken z. B. an die Einteilung der Investitionen in konjunkturabhängige und kreditabhängige (Ehrlicher), aus der erkennbar wird, daß es nicht nur auf den Umfang der Kreditschöpfung, sondern auch darauf ankommt, in welchen Wirtschaftssektoren investiert wird. So haben die damals erörterten Probleme denn auch manches von ihrem Reiz verloren, andere haben sich ergeben. Wenn wir ein Zwischenergebnis festhalten wollen, dann dies, daß Eucken der Kreditschöpfung oder mit anderen Worten der Geldschöpfung die dominierende Rolle in seinem Konjunkturmodell zugeschrieben hat. Damit hat er einen wichtigen Aspekt herausgehoben.

c) Stellungnahme zu Euckens Konjunkturlehre als Bestandteil seines morphologischen Systems

Eucken ist den Weg, den er am Anfang der dreißiger Jahre zusammen mit Lutz gewiesen hatte, konsequent weitergegangen. Ja selbst die Thesen seines — früheren — Züricher Referats lassen sich zwang-

107 Vgl. *Ehrlicher,* Werner, a.a.O., z. B. S. 248 ff.

los einfügen. Der Satz: „Wer die Ursachen des Aufschwungs entdecken will, der muß schon weitergreifen und die gesamten treibenden Kräfte der modernen wirtschaftlichen Entwicklung zu erkennen versuchen“[108] könnte auch in den „Grundsätzen der Wirtschaftspolitik“ 20 Jahre später niedergeschrieben sein. Hier wie in den „Grundlagen der Nationalökonomie“ wird immer wieder betont, für das Entstehen von Konjunkturbewegungen, von Disproportionalitäten des Wirtschaftsprozesses, könnten die verschiedensten Ursachen wirtschaftlicher und nichtwirtschaftlicher Art benannt werden[109].

Ähnliches läßt sich anhand der Würdigung der „Schwankungen des Investitionstempos“ zeigen. Im Züricher Referat wurde als Hauptproblem der Konjunkturtheorie die Frage formuliert: „Warum erfolgt die Ausdehnung der Investitionstätigkeit stoßweise und nicht gleichmäßig?“ Die Schwankung im Investitionstempo wird auch in den „Grundlagen der Nationalökonomie“ als Hauptcharakteristikum der modernen Konjunkturbewegungen bezeichnet[110]. In den „Grundsätzen der Wirtschaftspolitik“ wird der Rückgang der Investitionstätigkeit ebenfalls als Kennzeichen wirtschaftlicher Depressionen angeben[111].

1928 hat Eucken dargelegt, daß unter der damaligen Wirtschaftsverfassung ohne den zusätzlichen Kredit weder der Übergang vom Aufschwung zur Stockung noch von der Stockung zum Aufschwung erklärt werden kann. Später hat er gelehrt, daß in der heutigen Kreditgeldordnung eine ganz wesentliche Voraussetzung für das Entstehen gewisser monetärer Gleichgewichtsstörungen gegeben ist. Für noch schlimmer erachtet es Eucken, daß dieser Geldordnung der Regulator zum automatischen „Ausgleich“ einmal entstandener Gleichgewichtsstörungen fehlt, wodurch die entstandenen Konjunkturschwankungen erst gefährliche Dimensionen gewinnen können[112]. Aus diesem Beispiel ergibt sich deutlich, wie die unsprünglich im Jahre 1928 entwickelten konjunkturtheoretischen Grundgedanken fortgeführt worden sind. Was zunächst als spezielles Konjunkturproblem erschien, wird als Teilproblem der allgemeinen Theorie erkannt. Seine Lösung erhält Modellcharakter. Die Konjunkturen selbst werden als Störungen des Wirtschaftsprozesses entdeckt, wie sie sich nicht nur im „Hochkapitalismus“ einstellen, sondern zu allen Zeiten, nicht nur in der Verkehrswirtschaft, sondern auch in der Zentralverwaltungswirtschaft. Aus

---

[108] *Eucken:* Kredit und Konjunktur, S. 290.

[109] Vgl. *Eucken:* Grundlagen, S. 183, 187, 189; ders. Grundsätze, S. 309 ff.

[110] Vgl. *Eucken:* Grundlagen, S. 181.

[111] Vgl. *Eucken:* Grundsätze, S. 309.

[112] Vgl. *Eucken:* Grundsätze, insbes. S. 310 ff.

dem Studium der Konjunkturlage einer konkreten Wirtschaftsordnung erschließt sich der Einblick in das generelle Problem. Der Schritt vom Besonderen zum Allgemeinen bringt die weitere Begriffsbestimmung, die sich ohne Schwierigkeiten in die allgemeine Theorie, in das morphologische System einbauen läßt. Noch in einem zweiten Punkt läßt sich dieses Fortschreiten vom Einzelnen zum Allgemeinen gut verfolgen. Nehmen wir die Rolle des zusätzlichen Kredits. Er wird zunächst als notwendige Bedingung des Umschlags der Konjunktur bezeichnet. Schon hier wird erkennbar, daß er für den Gesamtverlauf der Konjunktur Bedeutung besitzt. Später aber wird dargelegt, daß nicht nur beim zusätzlichen Kredit anzusetzen ist, sondern viel grundsätzlicher bei der Verfassung des Geldwesens selbst.

Abschließend können wir nun noch fragen: Ist Eucken der monetären Richtung in der Konjunkturtheorie zuzurechnen? Diese Frage haben wir schon auf Grund des Züricher Referats nur mit Vorbehalt bejaht. Jetzt erscheint sie vollends unwesentlich. Denn Eucken hat von Anfang an in der monetären Sphäre nicht die *Ursache* der Konjunkturschwankungen gesehen, sondern Ursachenvielfalt im Sinne eines polykausalen Systems vertreten. Daneben aber hat er stets die Bedeutung des Geldes bzw. der Geldordnung hervorgehoben. Wenn wir es also auch ablehnen, Eucken das Kennzeichen „monetäre Konjunkturtheorie" anzuheften, weil das seiner Position nicht gerecht würde, so können wir doch feststellen, daß er dem Geld eine Hauptrolle in seiner Konjunkturlehre übertragen hat.

Auch die moderne Konjunkturtheorie hat sich, von Ausnahmen abgesehen, von der Vorstellung, es gebe einen mechanistisch wirkenden Normalzyklus der Konjunktur, weitgehend freigemacht. Die Konjunktur wird nicht mehr als isolierte eigengesetzliche Erscheinung gesehen. Die polykausalen Theorien, die Lehre von den mannigfachen konjunkturverändernden Momenten, auch die richtungsändernd oder selbstverstärkend wirkenden Kräfte lassen sich gut mit Euckens System vereinbaren. Das Bemühen Ehrlichers, Kernprozesse aus dem tatsächlichen Konjunkturverlauf zu destillieren, kann im Sinne Euckens als Versuch gewertet werden, Modelle für immer oder häufig wiederkehrende Phasen in der Wirtschaftsentwicklung zu gewinnen, um mit ihrer Hilfe das tatsächliche Geschehen besser verstehen und deuten zu können. Auch die bei den Geldordnungen, in denen das dritte Geldsystem dominiert, üblichen kumulativen, kontraktiven und expansiven Prozesse, auf die Eucken hinweist, können als „Kernprozesse" verstanden werden. Aus dieser Sicht ergibt sich also eine weitgehende prinzipielle Übereinstimmung Euckens mit der modernen Konjunkturtheorie, die sich eben nicht als *„allgemeine"* Konjunkturtheorie in dem von Eucken mit Recht bekämpften Sinn versteht.

IV. Walter Euckens Beitrag zur Kapitaltheorie

Bereits in seinem Züricher Referat war Eucken bei der Untersuchung der Konjunkturbewegung auf die zentrale Rolle des Kapitals gestoßen: „Jeder Aufschwung setzt also auch in unserer Wirtschaft voraus, daß die Unternehmen, die zusätzliche Investitionen planen, zunächst einmal meist in Geldform die Verfügungsgewalt über Sachgüter für eine längere Frist erhalten. Sie müssen Kapital haben[1]." Während sich diese Arbeit mit der Frage beschäftigte, *woher* die Unternehmer das Kapital erhalten können, widmete der Autor zwischen 1934 und 1944 mehrere Arbeiten dem Kapitalproblem selbst: Die Monographie „Kapitaltheoretische Untersuchungen" (1934) und die Aufsätze „Vom Hauptproblem der Kapitaltheorie" (1937), „Der Wirtschaftsprozeß als zeitlicher Hergang" (1940) und „Die zeitliche Lenkung des Wirtschaftsprozesses und der Aufbau der Wirtschaftsordnungen" (1944)[2]. Eucken untersuchte vor allem Rolle und Funktion des Kapitals im Wirtschaftsprozeß, den Zins und den Sparvorgang. Wir wollen diese kapitaltheoretischen Studien kurz darstellen und versuchen zu beurteilen, welche Rolle Eucken hier dem Geld zugewiesen hat.

1. Der Begriff und die Theorie des Kapitals, der Zins und das Sparen bei Walter Eucken

a) Der Kapitalbegriff

In der oben angeführten Stelle und dem Züricher Referat sind bereits die wesentlichen Grundlagen für den Kapitalbegriff Euckens enthalten. Der hauptsächliche Unterschied besteht im Bezug auf die Fristigkeit („Verfügungsgewalt über Sachgüter für eine längere Frist"). Diese von der Unterscheidung zwischen Geld- und Kapitalmarkt herrührende Einschränkung erklärt sich aus der Problemstellung der damaligen Arbeit, die ganz dem Kredit und dessen Preis, dem Zins, gewidmet war. Lassen wir die Beifügung „für eine längere Frist" weg, so ergibt sich Kapital als Verfügungsmacht über Sachgüter. In den späteren kapitaltheoretischen Aufsätzen wird dieser Begriff präzisiert: Kapital ist demnach die Verfügungsmacht über verfügbare und heranreifende Konsumgüter, die von den Betriebsleitern — in der Marktwirtschaft — oder der Leitung der zentralgeleiteten Wirtschaft aufgewendet wird, um zukünftige Produktionsmittel und Konsumgüter

---

1 *Eucken:* Kredit und Konjunktur, S. 292.

2 Diese Studien sind in der 2. Auflage der „Kapitaltheoretischen Untersuchungen" 1954 zusammengefaßt und wieder abgedruckt. Sie werden in unserer Arbeit nach dieser Veröffentlichung als „Untersuchungen" zitiert.

herzustellen[3]. Verfügungsmacht über Konsumgüter ist nichts anderes als Kaufkraft, nichts anderes als Geld. Denn Geld wird letztlich nur deshalb angenommen, weil man damit „Konsumgüter zu kaufen vermag"[4]. Auch dann, wenn mit dem Geld produzierte Produktionsmittel bezahlt werden, wird das Geld nur angenommen, weil es als allgemeines Tauschmittel letztlich Verfügungsmacht über Konsumgüter verkörpert. Man kann daher auch sagen, Geld wird in den Händen der Unternehmer zu Kapital, wenn und sobald es zur Investition bestimmt ist. — Geld, das für den Konsum vorgesehen ist, wird nach Euckens Definition nicht als Kapital bezeichnet. —

Die vorhandenen Produktionsmittel, häufig Realkapital genannt, sind für Eucken kein Kapital. Zu ihrer Herstellung mußten die Unternehmer früher Verfügungsmacht über Konsumgüter — Kapital — aufwenden[5]. Sie sind also selbst Ergebnis früheren Kapitaleinsatzes und lassen sich auf das Kapital und die Produktionsfaktoren Arbeit und Boden zurückführen. Unter diesem Aspekt bezeichnet Eucken einmal in den kapitaltheoretischen Untersuchungen die produzierten Produktionsmittel als „Kapital unseres Landes": „Kapital unseres Landes (ist) die in Geld ausgedrückte Verfügungsmacht über Konsumgüter, die von den Unternehmern früher aufgewandt worden sind, um die Produktionsmittel und Konsumgüter, die ihnen im gegenwärtigen Zeitpunkt gehören, herzustellen[6]." Dieser Kapitalbegriff wird an keiner anderen Stelle benutzt, insbesondere auch in den „Grundlagen der Nationalökonomie" nicht wiederholt[7]. An anderer Stelle werden die produzierten Produktionsmittel mehrfach als „sog. dauerhaftes ‚Realkapital' — durch „sog." und Anführungszeichen doppelt distanziert — oder als „sog. festes Realkapital" bezeichnet. Auch das zeigt, daß der Bestand an Produktionsmitteln nicht zum Kapital gerechnet wird[8]. Hans Peter wirft also Eucken zu Unrecht vor, er identifiziere das Kapital mit den Gütervorräten *und* den produzierten Produktionsmitteln[9].

b) Kurze Darstellung der Kapitaltheorie Euckens

Eucken hat diesen seinen Kapitalbegriff auf der Suche nach der Quelle des Zinses entwickelt. „Woher kommt der dauernde Güterfluß,

---

3 Vgl. *Eucken:* Untersuchungen, S. 125/126; ders.: Grundlagen, S. 130.

4 Vgl. *Eucken:* Untersuchungen, S. 312.

5 Vgl. *Eucken:* Untersuchungen, S. 125 f.

6 *Eucken:* Untersuchungen, S. 125.

7 Vgl. z. B. *Eucken:* Grundlagen, S. 129 f.

8 Vgl. *Eucken:* Grundlagen, S. 159 f.

9 Vgl. *Peter,* Hans: Kapital II, in: HDSW, Bd. 5, 1956, S. 492.

der dem Zinsbezieher zufließt? Warum erhält er ihn und wodurch wird seine Größe bestimmt?[10]." Im Anschluß an die berühmten letzten Kapitel in Böhm-Bawerks „Positive Theorie des Kapitals", aber auch unter Berufung auf Jevons macht er den zeitlichen Aufbau der Produktion, die Länge der Produktionswege oder Ausreifungszeiten zum entscheidenden Problem. Das „Hauptproblem der Kapitaltheorie" sieht er darin, wie das Ringen der zukünftigen und der gegenwärtigen Bedürfnisse um längere oder kürzere Ausreifungszeiten zu entscheiden ist: „Die einen wollen die Ausreifungszeiten verkürzen, die anderen sie verlängern. Auch dieser Kampf muß entschieden werden. *Wie? Das ist das Hauptproblem der Kapitaltheorie*[11]." Mit anderen Worten ausgedrückt heißt das: Wieviel soll investiert werden? Eucken formuliert die Kernfrage auch so: „Wie soll die Produktion von heute ab temporal aufgebaut werden?[12]." Das ist nach Euckens Ansicht die Grundfrage für das Verständnis des Kapitals, der Abschreibungen, des Sparprozesses, der Konjunktur, des Kredits und der Löhne, ja des gesamten Wirtschaftsprozesses[13]. Die Frage wurde ursprünglich im Rahmen der Zinstheorie gestellt, dann aber verallgemeinert, grundsätzlich und für alle Wirtschaftsordnungen aufgeworfen. Dabei wird im Gegensatz zu den meisten anderen Kapitaltheoretikern von der Null-Lage ausgegangen und der Aufbau der Wirtschaft vom Beginn des Wirtschaftens an untersucht. Die Ergebnisse werden dann auf die entwickelte Wirtschaft übertragen. Im einzelnen finden wir folgenden Gedankengang:

Jede Produktion erfordert Zeit. Je ergiebiger die Produktion sein soll, desto mehr Zeit ist erforderlich. Während dieser Produktionszeit benötigen die produzierenden Arbeiter Konsumgüter noch bevor ihre Leistungen konsumreif geworden sind. Je mehr Konsumgüter zur Verfügung stehen, desto weiter kann die Produktion ausholen, desto ergiebiger kann sie sein. Diese Güter werden zurückversetzt, d. h. aus der Nähe der Konsumgutreife herausgenommen und wieder konsumfern in einem Produktionsprozeß eingesetzt. Dadurch verlängert sich die Ausreifungszeit der in den Gütern enthaltenen Arbeits- und Naturleistungen. Ausreifungszeit ist die Zeit, die zwischen dem Einsatz und dem Konsum abläuft. Ausreifungszeiten können auch durch „Produktionswegverlängerung" vergrößert werden, wenn die Kräfte Natur und Arbeit unmittelbar zurückversetzt werden. Beide Methoden sind eng miteinander verknüpft. Eucken kommt zu dem Ergebnis:

---

10 *Eucken:* Untersuchungen, S. 53.

11 *Eucken:* Untersuchungen, S. 197; Hervorhebung im Original.

12 *Eucken:* Untersuchungen, S. 199.

13 Vgl. *Eucken*: Untersuchungen, S. 205; ders. Grundlagen, S. 10.

Je länger die Ausreifungszeiten sind, desto ergiebiger ist die Produktion[14]. Dieser Satz ähnelt nach Euckens Ansicht dem ersten Gossenschen Gesetz und ist mit dem Ertragsgesetz aufs engste verwandt[15], aber nicht mit ihm identisch. Eucken erklärt das an mehreren Beispielen — in einer Antwort auf Einwände Schneiders und Kaldors. So meint er, indem ein Bauer einen Teil des geernteten Roggens als Saatgut zurückversetze, erhöhe er dessen Ergiebigkeit (Mehrergiebigkeit verlängerter Ausreifungszeiten). *Wie* er aber das Saatgut mit anderen Produktionsmitteln *kombiniere*, entscheide er unter Beachtung des Ertragsgesetzes. Die Zeit spielt nur unter dem ersten der beiden Gesetze eine Rolle[16]. So steigt nach Euckens Ansicht die Produktivität der Produktionsfaktoren Natur und Arbeit letztlich mit der Größe des Konsumgütervorrats, dem Kapital. Werden in der Wirtschaft dauerhafte Produktionsmittel verwandt, tritt an die Stelle des Konsumgütervorrats der Konsumgüterstrom. In der Geldwirtschaft sind es Anweisungen auf Anteile bestimmten Wertes an diesem Strom, ist es — mit anderen Worten — das Geld.

Das Kapital ist das Bindeglied für die produktive Verbindung der der Produktionsfaktoren Arbeit und Natur. Wenn das Vorhandensein von Kapital auch nicht „conditio sine qua non“ der Produktion ist, so gibt es doch eine „kapitallose Produktion“ im Sinne Böhm-Bawerks, die allein auf der Kombination von Natur und Arbeit beruht, nach Meinung Euckens „zweifellos tatsächlich nur selten“[17]. Die Entstehung des Kapitals wird in dem Abschnitt zu behandeln sein, der sich mit dem Sparen befaßt.

c) Euckens Zinslehre

Ausgangspunkt der kapitaltheoretischen Untersuchungen war, wie wir uns erinnern, die Frage nach der Quelle des Kapitalzinses. Mit dem Geldzins und dem Zins für Konsumkredite befaßt sich Eucken nicht. Ausgehend von der Statik klammert er folgerichtig den dynamischen Zins, den Differentialgewinn, aus seinen weiteren Überlegungen aus. Wie bereits dargestellt, fußen die Untersuchungen auf der Feststellung, daß die Produktion in der Regel um so ergiebiger und damit wertvoller wird, je längere Produktionsumwege eingeschlagen werden[18]. Je größer

---

14 Vgl. *Eucken:* Untersuchungen, S. 199—201.

15 Vgl. *Eucken:* Untersuchungen, S. 214.

16 Vgl. *Eucken:* Untersuchungen, S. 247, 248.

17 Vgl. *Eucken:* Grundlagen, S. 131. An dieser Stelle betont Eucken in erster Linie, daß der jeweils vorhandene Bestand an produzierten Produktionsmitteln auch ein Datum ist.

18 Vgl. *Eucken:* Untersuchungen, S. 68.

das Kapital, um so länger können die Produktionsumwege bemessen werden, desto ergiebiger werden auch die Produktionsfaktoren. Aus diesem Mehrwert kann der Zins für das Kapital gezahlt werden[19]. Eucken lehnt ausdrücklich die Agiotheorien ab und betont, „Warten" oder „Abstinenz" seien weder die Quelle des Zinses noch ein neuer Produktionsfaktor[20]. In der Geldwirtschaft steigen und fallen die Produktivität der Leistungen der Natur („Boden") und des Menschen („Arbeit") und damit auch ihre Preise — ceteris paribus — mit der Menge des Kapitals[21].

Damit hat Eucken dargetan, daß ein Zins gezahlt werden kann. Er fragt nun weiter: Warum aber wird er bezahlt? Es gibt keinen Beweis dafür, daß immer ein Zins entstehen *muß*. In der Robinsonwirtschaft[22] und in der gesellschaftlichen Wirtschaft, in der auf dem Kapitalmarkt ein Nachfragemonopolist konkurrierenden Anbietern oder einem Anbietermonopolisten gegenüberstehen[23], muß kein Zins entstehen. In der Konkurrenzwirtschaft dagegen muß es nach Euckens Ansicht den Zins geben, da sonst der unbegrenzten Unternehmernachfrage ein begrenztes Kapitalangebot gegenüberstünde. Anders wäre es in dem unrealistischen Fall, daß keine ergiebigeren technischen Umwege mehr bekannt wären oder die Unternehmer zu traditionsgebunden wären, um sie einzuschlagen[24].

Die wichtigste Funktion des Zinses besteht darin, das verfügbare Kapital auf die ergiebigsten Produktionsumwege zu verteilen, so daß die rentabelsten Projekte durchgeführt werden[25]. Bei gegebenem Zins wird nämlich die mittlere Ausreifungszeit so weit verlängert, daß der letzte Zuwachs eine Ergiebigkeits- und Wertsteigerung ergibt, die der Zinsbelastung gleichsteht[26]. Auch in seinem letzten Werk behält Eucken diese Stellung bei. Er betont die Auslesefunktion des Zinses, indem er darauf hinweist, daß der Zins als wichtiger Teil der allgemeinen Preismechanik zusammen mit den übrigen Preisen dafür sorgt, daß dort investiert wird, wo die Kapitalanlage am rentabelsten ist[27]. Damit sind Existenz und Funktion des Zinses nach Euckens Meinung erklärt und gerechtfertigt. Es bleibt noch die eigentliche Frage der Zinstheorie zu beantworten, die nach der Höhe des Zinses. Für ihre Beantwortung

---

[19] Vgl. *Eucken*, a.a.O., S. 92.

[20] Vgl. *Eucken*, a.a.O., S. 94 ff.

[21] Vgl. *Eucken*, a.a.O., S. 123.

[22] Vgl. *Eucken*, a.a.O., S. 104.

[23] Vgl. *Eucken*, a.a.O., S. 124.

[24] Vgl. *Eucken*: Untersuchungen, S. 115.

[25] Vgl. *Eucken*: Untersuchungen, S. 115, 123 f.

[26] Vgl. *Eucken*: Untersuchungen, S. 115.

[27] Vgl. *Eucken*: Grundsätze, S. 37 f., 84 f.

bedient sich Eucken der Grenznutzentheorie, der „Idee der Grenze“[28]. Danach kann höchstens soviel Zins gezahlt werden wie der Ergiebigkeitssteigerung und Werterhöhung entspricht, die die Produktionsfaktoren durch die letzte Verlängerung der Ausreifungszeit erzielen[29]. Der letzte Ergiebigkeitszuwachs ist abhängig von allen Daten des ökonomischen Kosmos. Bleiben sie konstant, so fällt dieser letzte Zuwachs und damit der Zins mit der Zunahme des Kapitals und umgekehrt[30]. Auf diesen Grenzwert werden sich bei freier Konkurrenz Zinshöhe und Länge der Ausreifungszeiten einspielen.

d) *Sparbegriff und Sparprozeß bei Eucken*

Zu den Problemen des Sparens hat sich Eucken zuerst in seinen „Kapitaltheoretischen Untersuchungen“ geäußert[31]. Aufgabe der Spartheorie ist es nach Euckens Ansicht, darzustellen, „wie unter zeitweiliger Einschränkung des Verbrauchs an Konsumgütern, aber bei Konstanz aller übrigen Daten, ein bestehender statischer Zustand in einen anderen überführt wird, in dem längere Produktionsumwege benutzt werden“[32]. Dieses Grundproblem der Spartheorie wird für alle Wirtschaftssysteme in gleicher Weise aufgeworfen. Auch hier geht es Eucken darum, Idealtypen herauszuarbeiten, Instrumente bereitzustellen, mit denen der Sparprozeß in den verschiedenen Wirtschaftsordnungen analysiert werden kann.

aa) Der Begriff „Sparen“

Eucken bezeichnet in den „Kapitaltheoretischen Untersuchungen“ den Konsumverzicht nicht als Sparen, sondern nur als einen Teil des Sparvorgangs. Sparen ist ihm ein zweiaktiger Vorgang: *Konsumverzicht plus Investition.* Die Konsumenten verzichten zeitweise darauf, ihre Ansprüche an den Konsumgütervorrat oder -strom geltend zu machen, die Unternehmer verwandeln diese Verfügungsmacht in Kapital und investieren es zum Ausbau längerer und damit ergiebigerer Produktionswege. Später, z. B. in der 1944 erstmals veröffentlichten Abhandlung „Die zeitliche Lenkung des Wirtschaftsprozesses“[33], hat Eucken, wohl in Anbetracht des herrschenden Sprachgebrauchs „Sparen“ im Sinne des —

---

[28] Vgl. *Eucken:* Untersuchungen, S. 116.
[29] Vgl. *Eucken:* Untersuchungen, S. 105, 116.
[30] Vgl. *Eucken:* Untersuchungen, S. 117.
[31] Vgl. *Eucken:* Untersuchungen, S. 138 ff.
[32] *Eucken:* Untersuchungen, S. 138.
[33] Vgl. *Eucken:* Untersuchungen, S. 314 ff.

zeitweiligen — Konsumverzichts verwendet[34]. Er hat seine Bedenken gegen diese Begriffsbestimmung jedoch nur zurückgestellt, nicht aufgegeben. Für richtiger hält er auch noch in seinem letzten Werk für diesen Vorgang den Ausdruck „Konsumverzicht“[35]. Eucken kennt neben dem freiwilligen Sparen das Zwangssparen, imposed lacking oder, wie er es auch schon in den „Kapitaltheoretischen Untersuchungen“ und später vorwiegend[36] nennt, das erzwungene Sparen.

bb) Der Sparprozeß

Nach Euckens Lehre gibt es einen dreiaktigen und einen zweiaktigen Sparprozeß. Im ersten Fall wird in der ersten Periode der Konsum eingeschränkt. In der zweiten Periode werden die Produktionsfaktoren umgelenkt, ihre Leistungen werden „zurückversetzt“, d. h. konsumferner eingesetzt. Die dritte Periode bringt ein neues Gleichgewicht auf der Grundlage einer verlängerten Produktionsperiode und verbesserter Bedürfnisbefriedigung. Dieser Prozeß wird in der Robinsonwirtschaft abgeleitet und dann auf die Geldwirtschaft übertragen[37]:

1. Periode: Die Einkommens- und Lohnempfänger haben als Zinsen oder Unternehmerlohn, als Rente oder Arbeitslohn Anweisungen auf Konsumgüter erhalten. Die Sparer verwenden die empfangenen Anweisungen in der Höhe des Sparbetrages *nicht* zum Ankauf von Konsumgütern.

2. Periode: Diese Anweisungen gelangen wieder an die Unternehmer, ohne vorher Waren gekauft zu haben.

3. Periode: In den Händen der Unternehmer wird daraus Kapital, die Anweisungen werden investiert. Die Unternehmer kaufen damit erneut produktive Leistungen und verlängern so die Produktionswege.

Eucken betont, daß das Sparen den Strom der Leistungen und Güter ohne wesentliche Vorratsbildung umlenkt, wenngleich zunächst die Nachfrage auf den Konsummärkten ausfällt. Damit lehnt er ausdrücklich die bereits von Ricardo vertretene Gegenmeinung ab[38].

Bei der Umlenkung der freiwerdenden Produktionsfaktoren werden verlustreiche Umstellungschwierigkeiten auftreten[39]. Ist das neue Gleich-

---

[34] Vgl. z. B. 1944 in der Abhandlung „Die zeitliche Lenkung des Wirtschaftsprozesses“, zitiert nach den „Untersuchungen“, S. 314 ff.

[35] Vgl. *Eucken:* Grundsätze, S. 38.

[36] Vgl. *Eucken:* Grundsätze, S. 38, 86.

[37] Vgl. *Eucken:* Untersuchungen, S. 142 f.

[38] Vgl. *Eucken:* Untersuchungen, S. 153.

[39] Vgl. *Eucken:* Untersuchungen, S. 154 ff.

gewicht erreicht, wird es nicht zu einer *allgemeinen*, möglicherweise aber zu einer teilweisen Überproduktion kommen, wenn die Neuproduktion den Bedürfnissen schlecht angepaßt ist, wie Eucken unter Berufung auf Miksch feststellt. Gegen derartige Fehlinvestitionen gibt es keine Prophylaxe. Die Korrekturen müssen nachträglich und fortwährend über das Preisgefälle vorgenommen werden. Zu weiteren Störungen kann es aber kommen, wenn zwar durch das Sparen der Güterstrom breiter wird, Geldmenge und Umlaufgeschwindigkeit aber gleich bleiben. Ein allgemeiner Druck auf die Preise muß die Folge sein. Daneben werden noch zwei Störungen des Sparprozesses erörtert: Das *„verkümmerte Sparen"* entspricht dem Horten. Nach Euckens Worten ist es ein Sparvorgang, der nach dem ersten Akt abgebrochen wurde: Konsumverzicht ohne Investieren. Auch die Banken horten, wenn sie ihre Liquidität dadurch erhöhen, daß sie Einzahlungen von Bargeld auf Sparkonten oder Umbuchungen von Giralguthaben auf Sparguthaben nicht kompensieren, also nicht zur Grundlage von Neuausleihungen machen. Dadurch wird die Menge des wirksamen Geldes verringert. An Stelle der Investition tritt ein allgemeiner Druck auf die Preise, der zur Deflation führt, bis sich ein neues Gleichgewicht auf niedrigerem Preisniveau einspielt. Das Sozialprodukt sinkt ebenfalls[40].

Das *„unvollendete Sparen"* ist dann gegeben, wenn eine eingeleitete Investition abgebrochen wird, weil das zur Fortsetzung erforderliche Kapital nicht mehr zu rentablen Bedingungen aufgenommen werden kann[41]. Der Zinssatz ist gestiegen, da das Sparen nachgelassen hat.

Im zweiaktigen Sparprozeß, der in den „Untersuchungen" nur kursorisch behandelt wird, da er seit Wicksell unter der Bezeichnung „Zwangssparen" bereits eingehend dargestellt worden sei, wird während der ersten Periode gleichzeitig[42] der Konsum eingeschränkt und die Produktionsperiode verlängert. Schon in der zweiten Phase wird dann der neue, ergiebigere Gleichgewichtszustand erreicht. Ob und wie dieser Prozeß abläuft, hängt entscheidend von der Haltung der Unternehmer, der Elastizität der Bankzahlungsmittel und dem Preismechanismus ab[43]. Dieses „Zwangssparen", der erzwungene Konsumverzicht zur Finanzierung neuer Investitionen, ist nur im Zwei-Phasen-Sparen möglich, nicht in der ersten Sparart. Das Horten dagegen ist nur in der

---

[40] Vgl. *Eucken:* Untersuchungen, S. 152.

[41] Vgl. *Eucken:* Untersuchungen, S. 152.

[42] Nur im scheinbaren Gegensatz dazu steht eine Bemerkung in den „Grundsätzen" (S. 86 ff.), wonach *erst* die Investition erfolge, *dann* der Konsumverzicht erzwungen werde. Hier ist offensichtlich mehr eine logische als eine zeitliche Reihenfolge gemeint. Der Investitions*entschluß* geht stets dem Konsumverzicht voraus, beides fällt aber in ein und dieselbe Produktionsperiode.

[43] Vgl. *Eucken:* Untersuchungen, S. 147.

ersten Sparart, dem Drei-Phasen-Sparen denkbar, in der der Konsumverzicht der Investition vorangeht, aber nicht unbedingt zur Investition führen muß.

Beide Arten des Sparens kommen in der Geschichte vor, sie sind nicht nur theoretisch denkbar. Auf beiden Wegen wird Kapital gebildet, das einen produktivitätssteigernden Umweg ermöglicht. Welcher der beiden Wege in einer konkreten Wirtschaftsordnung gewählt werden kann, hängt von den verwirklichten Marktformen und Geldsystemen ab. Schon in den „Kritischen Betrachtungen zum deutschen Geldproblem" hatte Eucken darauf hingewiesen, daß Kapitalbildung und Kapitalverwendung in starkem Maße durch die herrschenden Geldverhältnisse beeinflußt werden[44]. Herrscht z. B. auf einem Arbeitsmarkt ein Nachfragemonopol, so kann der Unternehmer die Löhne unter den durch die Grenzproduktivität der Arbeit bezeichneten Standard drücken und mit dem auf diese Weise „ersparten" Betrag Investitionen finanzieren[45]. Die Arbeiter aber werden zum Konsumverzicht gezwungen („Zwangssparen").

2. Stellungnahme der neueren Lehre zu Euckens Beiträgen zur Kapitaltheorie

Während die seltenen aktuellen Stellungnahmen zu Euckens Beiträgen zur Kapitaltheorie sich mehr mit Einzelfragen befaßten, widmete Amonn der 2. Auflage der „Kapitaltheoretischen Untersuchungen" und den mitabgedruckten Aufsätzen eine grundlegende Kritik. Bevor wir aber darauf eingehen, wollen wir einen kurzen Überblick über die heute vertretenen Kapitalbegriffe geben.

a) Der Kapitalbegriff in der modernen Literatur

Nach der Meinung mancher Autoren ist Kapital ein gesellschaftliches Phänomen. Der Begriff wird eigentlich nur als Bestandteil des „Kapitalismus" gebraucht[46].Dann wieder werden unter Kapital die produzierten Produktionsmittel verstanden, die Realgüter. Das dürfte vielleicht die am meisten verbreitete Meinung sein[47]. Auch Lutz kennt diesen

---

[44] Vgl. *Eucken:* Betrachtungen, S. 23.

[45] Vgl. *Eucken:* Untersuchungen, S. 313 f.

[46] Vgl. *Peter,* Hans: Kapital, II. Gesellschaftliche Theorie des Kapitals, in: HDSW, Bd. 5, S. 488 ff.; *Wessels,* Theodor: Ausgangstatsachen der Volkswirtschaftslehre, in: Handbuch der Wirtschaftswissenschaften, 2. Aufl., Köln, Opladen 1966, S. 41.

[47] Vgl. *Peter,* Hans: Kapital, II. Gesellschaftliche Theorie des Kapitals, in: HDSW, Bd. 5, S. 489. Peter lehnt übrigens diesen Kapitalbegriff ebenso wie Eucken ab, wenn auch mit anderer Begründung.

Kapitalbegriff der „Realkapitalgüter", ergänzt ihn aber um den Begriff des „Geldkapitals". Darunter versteht er Geld, mit dem Kapitalgüter erworben werden[48]. Ehrlicher kennt neben dem Geldkapital, worunter er einerseits die ersparten Beträge, andererseits den Schuldenstand versteht, das Realkapital; das sind die Anlagen und Vorräte[49]. Ähnlich, aber weiter formulieren Machlup und sich ihm anschließend Halm den Begriff „Geldkapital" als die Geldsummen, „die für den Kauf von Produktions- und Dienstleistungen zur Verfügung stehen". Auch Stucken läßt das Geldkapital als Kapital gelten. Ihn interessiert allerdings weniger das Kapital an sich, als vielmehr der Kapitalmarkt[50]. Eine große Zahl von Autoren legt den Akzent noch mehr auf das Geldkapital. So versteht Rittershausen unter Kapital die ersparten Geldmittel, während die produzierten Produktionsmittel bei ihm „Vermögen" heißen[51].

Preiser nennt „Geld für Investitionen" Kapital[52] und Fettel erklärt im Anschluß an diese Meinung, Geld werde durch den Entschluß seines Eigentümers, es zur Investition zu verwenden, Kapital[53]. Für Hahn ist Kapital Kaufkraft, also die abstrakte Macht, Güter und Dienste in Produktionsumwege zu zwingen und sie dort eine bestimmte Zeit zu halten, „vulgär ausgedrückt Geld"[54]. Neumark versteht unter Kapital den Teil des Volkseinkommens, der zwecks „Plazierung" angeboten wird, der „investitionsdisponibel" ist. Ersparte Beträge, die gehortet werden und nicht als aktuelles Angebot an Geldkapital in Erscheinung treten, zählt er nicht dazu[55]. Forstmann[56] schließt sich weitgehend Eucken an. Auch er legt den Konsumgütern, soweit sie „der Alimentierung des Produktionsfaktors Arbeit dienen", eine „respektive Kapitaleigenschaft" bei, da „sie *allein* es möglich machen, umfangreiche Produktionsumwege beschreiten zu können". Trotzdem rechnet er offenbar auch die produzierten Produktionsmittel zum Kapital. Die einseitige Betonung des Kapitalcharakters der Konsumgüter erscheint ihm „etwas übertrieben"[57]. Obwohl also Forstmann dem Euckenschen Gedankengang

---

48 Vgl. *Lutz*, Friedrich A.: Kapital, in: Staatslexikon, insbes. Sp. 799/800.

49 Vgl. *Ehrlicher*, Werner: Geldkapitalbildung und Realkapitalbildung, S. 5, 6.

50 Vgl. *Stucken*, Rudolf: Geld und Kredit, S. 132.

51 Vgl. *Rittershausen*, Heinrich: Wirtschaft, Frankfurt/M. 1958, S. 310.

52 Vgl. *Preiser*, Erich: Der Kapitalbegriff und die neuere Theorie, in: Die Unternehmung am Markt (Festschrift für Rieger), Stuttgart, Köln 1953, S. 27.

53 Vgl. *Fettel*, Johannes: Kapital, in: HWB, 1958, Sp. 2960.

54 Vgl. *Hahn*, Albert L.: Volkswirtschaftliche Theorie des Bankkredits, S. 130 ff., S. 138.

55 Vgl. *Neumark*, Fritz: Möglichkeiten einer finanzpolitischen Beeinflussung von Kapitalbildung und Kapitalverwendung, in: Kapitalbildung und Kapitalverwendung, Schriften des Vereins für Socialpolitik, Bd. 5. NF, 1953, S. 53 ff.

56 Vgl. *Forstmann*, Albrecht: Geld und Kredit, S. 220 ff.

57 Vgl. *Forstmann*, Albrecht: Geld und Kredit, S. 228.

insoweit folgt, als er die Verfügungsmacht über Konsumgüter als alleinige notwendige Bedingung umfangreicher Produktionsumwege ansieht, zieht er daraus nicht den gleichen Schluß.

Andere Autoren übernehmen den Euckenschen Kapitalbegriff ausdrücklich, wie z. B. Meyer[58] und Gestrich[59]. Diese Zusammenstellung erhebt keinen Anspruch auf Vollständigkeit. Sie soll nur einen Eindruck von der Spannweite des vielgebrauchten und zentralen Begriffs Kapital vermitteln. Wenn man die Bedeutung dieses Begriffs in der Nationalökonomie bedenkt, ist man versucht, von einer verblüffenden Buntheit der Vorstellungen zu sprechen, die sich mit dem Terminus Kapital verbinden. Weil es keine allgemein theoretisch anerkannten Begriffsbestimmungen gibt, ist es auch nicht möglich, die Statistiken darauf abzustimmen. Autoren, die ihre theoretischen Einsichten an umfangreichen empirischen Untersuchungen gewinnen oder auch nur darstellen wollen, sehen sich daher gezwungen, die Begriffe nach dem verfügbaren statistischen Material abzugrenzen. Ehrlicher ist in seiner Habilitationsschrift so vorgegangen. Er hat darauf hingewiesen, daß dabei Unschärfen in Kauf genommen werden müssen[60].

b) Kritik der Euckenschen Kapitaltheorie

Amonn hat, wie bereits erwähnt, der Kapitaltheorie Euckens eine gründliche Untersuchung gewidmet[61]. Er hat besonders zwei Einwände gegen ihre Grundlagen erhoben: „Erstens ist die Annahme des Vorhandenseins eines Konsumgütervorrats keine unbedingt notwendige Voraussetzung für das Wirtschaften — wie es das Vorhandensein von Bedürfnissen, von der Produktion günstigen Naturbedingungen, die Verfügung über Arbeitskraft und technisches Wissen sind.“ Weiter wendet er ein, „daß die Annahme des Vorhandenseins eines Konsumgütervorrat keinen irgendwie gearteten Vorzug für die Theorie gegenüber der des Vorhandenseins eines Produktionsmittelbestandes hat“.

Schon 1936 hatte Erich Schneider kritisch zu dem Aufsatz „Vom Hauptproblem der Kapitaltheorie“ Stellung genommen[62]. Schneider hat hier nachgewiesen, daß praktisch in allen wesentlichen Fragen weit-

---

[58] Vgl. *Meyer*, Fritz W.: Der Ausgleich der Zahlungsbilanz, S. 139, 140.

[59] Vgl. *Gestrich*, Hans: Neue Kreditpolitik, S. 34.

[60] Vgl. *Ehrlicher*, Werner: Geldkapitalbildung und Realkapitalbildung, S. 5.

[61] Vgl. *Amonn*, Alfred: Kapital, Zins und Wirtschaftsordnung, in: Ordo, Bd. X, S. 422 ff.

[62] Vgl. *Schneider*, Erich: Bemerkungen zum Hauptproblem der Kapitaltheorie, in: Jahrbücher für Nationalökonomie und Statistik, 147. Bd., 1938, S. 183 ff.

gehende Übereinstimmung zwischen Eucken und den damals modernsten Kapitaltheoretikern, wie Schneider, Iversen und Morgenstern besteht[63]. Er hat zugleich angemerkt, daß zwischen Eucken und Knight tiefgreifende Unterschiede zu erkennen sind. Übereinstimmend wird als zentrales Problem oder Hauptproblem angesehen, welche der vorhandenen Produktionsfaktoren zur Kapitalgüter- oder zur Konsumgütererzeugung zu verwenden sind. Damit hängt es zusammen, daß die genannten Autoren wie Eucken den Aufbau eines Produktionsprozesses, nicht dessen regelmäßigen Ablauf untersuchen.

Nach Schneiders Meinung ist der Begriff der Ausreifungszeit überflüssig und entbehrlich, da seine Einführung keinen Vorteil mit sich bringt. „Rückversetzung" und „Verlängerung der Ausreifungszeit" seien identisch. Identisch seien auch das Gesetz von der Mehrergiebigkeit längerer Ausreifungszeiten und das Ertragsgesetz[64].

c) *Kritik der Euckenschen Zinslehre*

Schon die Fragestellung der kapitaltheoretischen Untersuchungen nach der Quelle des Kapitalzinses hat Widerspruch hervorgerufen. So verwirft sie Ammon mit dem Argument, der Zins habe ebensowenig eine besondere Quelle wie Rente und Lohn. Wie alle Einkommen fließe der Zins aus dem einen Fonds „Sozialprodukt". Das ganze Zinsproblem sei ein Verteilungs-, kein Produktivitätsproblem[65]. In die gleiche Richtung zielen auch die Einwände Veits[66].

Von den anderen Einwänden gegen die auch von Eucken vertretene Zinstheorie sollen hier noch drei erwähnt werden. Der Begriff der durchschnittlichen Produktionsperiode sei nicht brauchbar. Die Länge dieser Periode sei nämlich vom Zins abhängig. Daher dürfe sie nicht zugleich zur Bestimmung des Zinses verwendet werden. Außerdem könnten die Leistungen der Produktionsfaktoren nur mit ihrer Entlohnung bewertet werden, die sich erst in dem mit Hilfe der durchschnittlichen Produktionsperiode abzuleitenden allgemeinen Gleichgewicht ergebe.

---

[63] Vgl. *Schneider*, Erich: Das Zeitmoment in der Theorie der Produktion, in: Jahrbücher für Nationalökonomie und Statistik, 3 Teile: 142. Bd., 1935, S. 271 ff.; 143. Bd., 1936, S. 45 ff.; 144. Bd., 1936, S. 129 ff.

Iversen, Carl: Die Probleme des festen Realkapitals, in: Zeitschrift für Nationalökonomie, 7.Bd., 1936, S. 145 ff.

[64] Vgl. *Schneider*, Erich: Bemerkungen zum Hauptproblem der Kapitaltheorie, a.a.O., S. 187 f.

[65] Vgl. *Amonn*, Alfred: Kapital, Zins und Wirtschaftsordnung, in: Ordo, Bd. X, S. 455.

[66] Vgl. *Veit*, Otto: Reale Theorie des Geldes, S. 205 ff.

Auch der Gebrauch des Subsistenzmittelfonds, der für Eucken als 5. Datum für die Gleichgewichtsbestimmung wesentlich ist, ist auf ähnliche Bedenken gestoßen. Denn der Wert des Fonds oder des Kapitals, das der Unternehmer einsetzt, kann nur als der kapitalisierte Wert der erwarteten Erträge bestimmt werden. Er kann nur mit Hilfe des Zinses ermittelt werden, der aber nach Euckens Meinung wiederum vom Subsistenzmittelfonds abhängt[67].

Wie auf manchen anderen Gebieten zielt auch die neuere zinstheoretische Forschung darauf ab, die verschiedenen Zinstheorien zusammenzufassen. So ist mehrfach darauf hingewiesen worden, daß die Keynes'sche Theorie und die Kredittheorie nur zwei verschiedene Formulierungen eines theoretischen Konzepts darstellen[68]. Veit glaubt den allgemeinen Konflikt zwischen monetärer und naturaler Zinsdeutung dadurch überbrückt zu haben, daß er den Zins als Entgelt für doppelten Verzicht erklärt, für Verzicht auf Verbrauch *und* auf einen hohen Liquiditätsgrad während der Dauer des Verbrauchsverzichts[69]. Im übrigen hat Lutz deutlich gemacht, daß auch die Zinstheorie von Keynes keine rein monetäre Theorie ist, sondern nur dem Geld neben den realen Faktoren seinen Platz verschafft hat[70].

Nach Meinung von Lutz wird die weitere Entwicklung des Zinstheorie zu einer Vereinigung der u. a. von Eucken vertretenen Richtung mit der auf Walras, Fisher und Knight aufbauenden führen. Die auf Keynes zurückgehenden Ergebnisse über den Einfluß des Geldes könnten ebenfalls ohne prinzipielle Schwierigkeiten eingebaut werden[71]. Die herausragenden Merkmale dieser Lösung werden sein: 1. Erklärung der Struktur der Zinssätze; 2. Untersuchung einer Zeitperiode; 3. gleichzeitige Bestimmung von Zins, Güterpreisen und Preisen der Produktionsfaktoren im Rahmen einer allgemeinen Gleichgewichtsanalyse; 4. Bestimmung der Investitionsperioden der produktiven Einsätze; 5. Einfluß des Geldes auf den Zins. Lutz selbst hat Untersuchungen in dieser Richtung vorangetrieben. Dabei hat er sich zunächst ganz auf den Kapitalmarkt beschränkt und die Struktur der Zinssätze sowie die Bedeutung der Banken für die Zinssätze untersucht. Am Ende dieser Bemühungen könnte nach der Meinung von Lutz ein ‚temporäres' mikroökonomisches Gleichgewicht für eine Einheitsperiode bestimmt werden, in der Neuinvestitionen vorgenommen werden[72].

---

67 Vgl. *Lutz,* Friedrich A.: Die Entwicklung der Zinstheorie seit Böhm-Bawerk, in: Untersuchungen, S. IX ff.; hier S. XIII, XIV.

68 Vgl. *Schneider,* Erich: Einführung, II. Teil, S. 328.

69 Vgl. *Veit,* Otto: Reale Theorie des Geldes, S. 232, 233.

70 Vgl. *Lutz,* Friedrich A.: Die Entwicklung der Zinstheorae, a.a.O., S. XXI.

71 Vgl. *Lutz,* Friedrich A.: Die Entwicklung der Zinstheorie, a.a.O., S. XXIV, XXV.

72 Vgl. *Lutz,* Friedrich A.: Zins, in: HDSW, 12. Bd. 1965, S. 445 ff.

d) *Kritik der Spartheorie Euckens*

Nach Wagners Meinung ist das Zwangssparen lediglich bei Eucken und Pigou widerspruchslos in den Gedankengang eingefügt. Diese sehr positive Stellungnahme ist in einer Fußnote des Wagnerschen Kreditbuches enthalten[73]. Das charakterisiert die Situation, denn von einer eigentlichen kritischen Diskussion der Euckenschen Spartheorie kann keine Rede sein.

Im Gegensatz zum Euckenschen Sprachgebrauch bedeutet Sparen im allgemeinen Sprachgebrauch Verzicht auf gegenwärtigen Konsum zugunsten späteren Konsums, also Konsumaufschub. Der Konsumverzicht aus anderen Gründen, etwa der Askese, soll hier außer Betracht bleiben. Auch in der wissenschaftlichen Diskussion werden Konsumaufschub oder Konsumverzicht als Sparen bezeichnet[74]. In der volkswirtschaftlichen Gesamtrechnung wird in Anschluß an Keynes als Ersparnis die Differenz zwischen Gesamteinkommen und dem gesamten Konsum definiert[75].

Doch auch Eucken steht mit seiner Definition des Sparens nicht allein. So sieht z. B. Haller das Sparen ebenfalls als zweiaktiges Geschehen: „einen geldlichen Vorgang: den Verzicht auf die konsumtive Verwendung für einen Teil des Geldeinkommens und in einen gütermäßigen: die Verwendung des nichtkonsumierten Teils zum Erwerb von zusätzlichen Sachgüterbeständen“[76].

Aber nicht nur durch freiwilliges Sparen entsteht Kapital. Schon Hahn hatte im Anschluß an Macleod den Banken die Macht zugeschrieben, im Wege der Kreditschöpfung Kapital zu schaffen[77]. Daran wird heute nicht mehr gezweifelt. Allgemeingut ist auch die Erkenntnis geworden, daß in diesem Fall der Konsumverzicht Unbeteiligten auferlegt wird.

3. Stellungnahme zu den Euckenschen Beiträgen zur Kapitaltheorie unter Berücksichtigung der Rolle des Geldes

In den vorstehenden Abschnitten unserer Untersuchung haben wir kritische Einwände skizziert, die in der fachliterarischen Diskussion

---

[73] Vgl. *Wagner*, Valentin F.: Geschichte der Kredittheorien, S. 249.

[74] Vgl. *Rittershausen*, Heinrich: Wirtschaft, S. 310 f.; *Hintner*, Otto: Kredit und Kreditformen, in: HWB, Sp. 3509; *Veit*, Otto: Reale Theorie des Geldes, S. 233.

[75] Vgl. *Bombach*, Gottfried: Volkswirtschaftliche Gesamtrechnung, in: HWB, Sp. 6045 f., Abbildung 2; *Colm*, Gerhard: Volkswirtschaftliche Gesamtrechnung, in: HDSW, Bd. 11, S. 395.

[76] *Haller*, Heinz: Sparen, in: HDSW, Bd. 9, 1956, S. 661.

[77] Vgl. *Hahn*, Albert L.: Volkswirtschaftliche Theorie des Bankkredits, S. 133.

gegen Euckens Arbeiten vorgebracht worden sind. Da und dort haben wir auch die Richtung der späteren Behandlung der von Eucken untersuchten Probleme mehr angedeutet als dargelegt. Mit unserer eigenen Stellungnahme soll dieser Teil unserer Arbeit enden.

a) Ist Euckens Kapitalbegriff haltbar?

Der Überblick über die kapitaltheoretische Literatur hat eine bunte Vielfalt von Kapitalbegriffen erschlossen. Es besteht offenbar alles andere als Einigkeit darüber, ob es neben Arbeit und Boden, neben Mensch und Natur noch einen dritten Produktionsfaktor gibt und was er eigentlich ist. Eucken hat das Kapital nie als Produktionsfaktor bezeichnet. Ein ursprünglicher Produktionsfaktor ist es sicher nicht. Doch ist das mehr eine terminologische als wesentliche Frage. Er hat nicht bestritten, daß das Kapital nicht nur Ergebnis früherer Kombinationen von Natur und Arbeit ist, sondern mehr als das. Amonn hat nun gegen den von Eucken für die Wirtschaft ohne dauerhafte Produktionsmittel entwickelten Kapitalbegriff eingewendet, genausogut könne man einen Produktionsmittelbestand als vorhanden annehmen, anstatt eines Konsumgütervorrats. Um hier eine Entscheidung fällen zu können, müssen wir mit Eucken bedenken, daß jede Produktion Zeit kostet. In ganz primitiven Verhältnissen wird „von der Hand in den Mund" gelebt. „Produktion" und Konsum liegen ganz nahe beieinander. Soll die Produktion ergiebiger werden, wird die Produktionsperiode länger. Länger als ganz wenige Tage kann sie nur werden, wenn ein Konsumgütervorrat oder die Verfügungsmacht über anderswo laufend entstehende Konsumgüter vorhanden sind. Denn die „Produzenten" müssen sich auch während der Produktionszeit ernähren. Sie benötigen also Konsummittel, bevor ihre Arbeit konsumierbare Früchte gezeitigt hat. Daran ändert auch das Vorhandensein eines noch so großen Produktionsmittelbestandes im Sinne Amonns nichts. Fehlen Konsumgüter, dann kann trotz aller verfügbaren produzierten Produktionsmittel die (ertragreiche) Produktion nicht erfolgen. Um überhaupt das Leben fristen zu können, müßten die Menschen zu primitivsten Wirtschaftsformen zurückkehren und vorübergehend die wertvollen Produktionsmittel unbenutzt lassen. Mit Recht kann also Eucken feststellen, daß ein Konsumgütervorrat bzw. Verfügungsgewalt über einen Teil des ständig fließenden Konsumgüterstroms, von sehr seltenen Fällen abgesehen, Voraussetzung für die produktive Verbindung von Arbeit und Natur ist.

Von den vielen produktivitätssteigernden Faktoren ist die Verfügungsmacht über Konsumgüter der *logisch* wichtigste. Daher erscheint es uns durchaus gerechtfertigt, ihn als Kapital zu bezeichnen. Dieses

„Kapital" im Sinne Euckens entspricht genau dem Kapitalbegriff des Unternehmers. Verfügungsgewalt über Konsummittel erlaubt es ihm, die erforderlichen produktiven Kräfte zur Produktion zu verbinden, zum Beispiel Grund zu pachten, Arbeiter und Angestellte zu beschäftigen und Maschinen zu erwerben. Mag der Unternehmer noch so viel Grund, Hallen voller Maschinen und Rohstoffe haben, fehlt es ihm an Geld, ist er nicht liquide, kann er keine Arbeiter bezahlen, so kann er nichts produzieren. Dagegen kann ein geschickter Robinson durchaus Produktionsmittel erzeugen, wenn er ausreichend Konsumgüter vorfindet, die ihn während der Produktionszeit ernähren. Es ist bezeichnend, daß Fettel gerade im Handwörterbuch der Betriebswirtschaft im Grunde den gleichen Kapitalbegriff vertritt wie Eucken.

Für die moderne Wirtschaft ist freilich der Bestand an Realkapital ein wichtiges Datum, von dem die Produktivität entscheidend abhängt. Das hat aber auch Eucken nicht verkannt. Den großen Vorteil des Euckenschen Begriffes erblicken wir darin, daß er mikroökonomisch wie makroökonomisch für die Volkswirtschaft und die Betriebswirtschaft geeignet ist. Die Autoren, die mehr in makroökonomischen Einheiten denken und bei denen die Güterseite im Vordergrund des Interesses steht, neigen dem Begriff des Realkapitals zu. Wer aber mikroökonomisch am einzelnen Wirtschaftsplan oder betriebswirtschaftlich orientiert ist oder die monetäre Seite der Wirtschaft zum Ausgangspunkt seiner Überlegungen macht, der kommt zu dem Euckenschen Kapitalbegriff.

Verfügungsmacht über Konsumgüter kann man auch als Kaufkraft oder als Geld bezeichnen. Mit dieser Definition, die Geld, das zur Investition bestimmt ist, als Kapital bezeichnet, stimmt eine große Gruppe von Autoren in der Sache bei teilweise differierender Wortwahl überein. Geld, das zu produktivem Einsatz bestimmt ist, nennen z. B. Preiser, Hahn, Fettel, Forstmann, Halm, Rittershausen, Machlup, Stucken, Ehrlicher, Gestrich, Meyer und auch Lutz Kapital oder Geldkapital. Die Betonung des Geldes im Kapitalbegriff kann kaum stärker sein als bei Eucken.

b) Stellungnahme zur Kapitaltheorie Euckens

Mit den Bemerkungen zum Kapitalbegriff ist zugleich auch schon die Kapitaltheorie Euckens kritisiert. Auf eine der kritischen Anmerkungen Amonns sind wir bereits eingegangen. Wir müssen uns noch mit dem ersten Einwand Amonns befassen. Wir rekapitulieren, daß Amonn Eucken entgegengehalten hat, das Vorhandensein eines Konsumgütervorrats sei keine unbedingt notwendige Voraussetzung des Wirtschaftens. Dieser Feststellung Amonns ist voll zuzustimmen. Auch die

Familien der Holz- und Knochenzeit, die sich durch Jagen und Sammeln ernährten, wirtschafteten. Man kann sich vorstellen, daß sie ohne einen Konsumgütervorrat auskommen mußten, da „Produktionsperiode" und Konsumperiode zusammenfielen und praktisch nur die Zeit eines Tages ausfüllten. Amonns Feststellung ist also richtig, sie trifft aber Eucken nicht. Dieser hatte nie behauptet, ein Konsumgütervorrat oder Anteil am Konsumgüterstrom, also Kapital, sei Voraussetzung für das Wirtschaften. Er hat auch nicht geschrieben, Kapital sei „unbedingt notwendige Voraussetzung" der Produktion. Er hat lediglich in den Kapitaltheoretischen Untersuchungen im Anschluß an Menger erklärt, „eine *zeitlose* Produktion gibt es nicht"[78]. Damit ist aber nicht behauptet, daß es auch keine *kapitallose* Produktion gibt. Wie das Beispiel der vorsteinzeitlichen Sammler- und Jägerfamilie zeigt, ist eine kapitallose Produktion in sehr primitiven Produktionsarten möglich, wenn Konsum- und Produktionsperiode sehr kurz sind und zusammenfallen. Eucken bemerkt aber in den Grundlagen mit Recht, daß es eine derartige kapitallose Produktion „nur selten" gibt[79]. Auch der erste Amonnsche Einwand gegen Euckens Kapitaltheorie greift demnach nicht durch.

Dagegen sind unseres Erachtens die Einwände Schneiders gerechtfertigt. „Rückversetzung" und „Verlängerung der Ausreifungszeit" erscheinen uns auch als identisch. Eucken kennt zwei Arten, die Ausreifungszeit zu verlängern: die Rückversetzung und die Produktionsverlängerung. Er sagt aber selbst, daß beide Methoden aufs engste zusammengehören[80]. Sie sind unseres Erachtens untrennbar miteinander verbunden. Wenn wir — um das Euckensche Beispiel zu verwenden — Weizen nicht mahlen und verbacken, sondern aussäen, dann bedeutet dies zugleich eine Rückversetzung des Weizens und ein Hinlenken der sonst für Mahlen und Backen erforderlichen Arbeit in einen längeren Produktionsweg. Es bestehen keine Bedenken dagegen, diesen ganzen Vorgang mit dem Begriff Rückversetzung zu bezeichnen, denn auch dise Arbeit wird konsumferner eingesetzt, also „rückversetzt". Das Verhältnis zwischen der Rückversetzung und der Verlängerung der Ausreifungszeit ist ähnlich wie das zwischen der Wirksamkeit des Geldes und der Umlaufgeschwindigkeit. Es besteht ein logisches Folgeverhältnis. Bemüht man sich aber um eine Messung, so ergeben sich identische Ergebnisse. Wird der Weizen um 10 Monate zurückversetzt, dann wird die Ausreifungszeit der in ihm gebundenen Leistungen um 10 Monate verlängert. Das Gesetz von der Mehrergiebigkeit längerer Ausreifungszeiten ist daher nichts anderes als ein Anwendungsfall des

---

[78] *Eucken:* Untersuchungen, S. 61.

[79] Vgl. *Eucken:* Grundlagen, S. 131.

[80] Vgl. *Eucken:* Untersuchungen, S. 201.

Ertragsgesetzes. Auch insoweit erscheint uns die Kritik Schneiders gerechtfertigt.

Wir sagten vorher, Geld werde dadurch Kapital, daß es für die Produktion bestimmt werde. Jetzt können wir auch formulieren, indem Geld zurückversetzt und konsumferner eingesetzt wird, wandelt es sich zu Kapital. Dabei spielt es keine Rolle, ob das Geld gespart oder zusätzlich geschaffen worden ist. Darauf werden wir noch einzugehen haben.

c) Stellungnahme zu Euckens Zinslehre

Auch in diesem Abschnitt wollen wir uns zunächst mit den Bedenken Amonns befassen. Sein Einwurf war, es gebe keine eigene Quelle für den Zins, er fließe vielmehr wie alle anderen Einkommen aus dem Sozialprodukt. Dieser Hinweis auf das Sozialprodukt ist richtig, besagt aber nur eine Selbstverständlichkeit. Der Einwand zeigt, daß Amonn die Fragestellung Euckens mißdeutet. Er übersieht, daß hier das Problem mikroökonomisch angegangen wird: Was setzt den Unternehmer instand, einen Kapitalzins zu zahlen? Diese Fragestellung ist nicht sinnlos, wie die Untersuchungen selbst zeigen. Der Zins fließt aus dem Mehrwert, der durch den mit Hilfe des Kapitals möglichen ergiebigeren Einsatz der Produktionsfaktoren entsteht. Das schließt nicht aus, daß der Zins auch aus anderen Einkommen bezahlt werden kann, wenn etwa eine Fehlinvestition vorlag.

Amonn hat weiter eingewendet, es handele sich um ein Verteilungs-, nicht um ein Produktivitätsproblem. Natürlich ist das Zinsproblem auch ein Verteilungsproblem. Der Zins ist Einkommen und fließt damit letztlich aus dem Sozialprodukt. Diese Sicht der Dinge widerspricht der Euckenschen Arbeit nicht, sie interessiert ihn aber nicht. Er untersucht den Zins nicht unter dem Gesichtspunkt der Verteilung des Volkseinkommens, sondern in seiner Rolle beim zeitlichen Aufbau der Produktion. Daß der Zins auch hierbei eine wichtige Funktion hat, hat Eucken zumindest für sein Modell der reinen Wettbewerbswirtschaft überzeugend nachgewiesen. Damit steht er in der Reihe der auf der Klassik aufbauenden Zinstheoretiker[81]. Allerdings entsprechen die heutigen Wirtschaftsordnungen diesem Idealtyp nicht. Auch heute noch sind wichtige Investitionsarten zinsempfindlich, nämlich die kreditabhängigen Investitionen (Ehrlicher). Ein großer Teil der öffentlichen und ein nicht unbeträchtlicher Teil der privaten Investitionen ist es jedoch nicht oder nur wenig, so daß der Zins häufig mehr ein Symptom denn ein echtes

---

[81] Vgl. *Stucken*, Rudolf: Geld und Kredit, S. 87.

Regulativ ist[82]. Der Staat kann z. B. seine Investitionen zur Verbesserung der Infrastruktur nicht ausschließlich von der Zinshöhe lenken lassen. Bis heute ist es noch nicht gelungen, die Rentabilität von Schulen oder öffentlichen Verwaltungsgebäuden zu berechnen. Im Bereich der Hoheitsverwaltung und der Daseinsvorsorge ist ein Rentabilitätsdenken fehl am Platze. Hier muß die Nutzen-Kosten-Analyse ansetzen. Das Problem besteht aber in der Bewertung oder gar Quantifizierung des Nutzens. Auch hier gilt das ökonomische Gesetz. Die gegebenen knappen Mittel müssen so eingesetzt werden, daß sie einen möglichst hohen Nutzen bringen. Anders formuliert: Ein erstrebter Nutzen ist mit möglichst geringen Mitteln zu erreichen. Diese Fragestellungen sagen aber nichts aus über die *Richtigkeit* der am Modell gewonnenen Einsichten über den Einfluß des Zinses auf den zeitlichen Aufbau der Produktion, sondern nur über ihre *Aktualität*. Eucken selbst hat später darauf hingewiesen, daß der Kapitalzins im Monopol die Auslesefunktion für die Investitionsvorhaben nicht mehr wahrnehmen könne, weil der Monopolist die Investition aus willkürlich überhöhten Preisen finanzieren könne[83]. Er ist also nicht dem Fehler verfallen, seine Theorie unbesehen auf die Wirtschaft anwenden zu wollen[84].

Mit dem Hinweis auf die produktivitätssteigernde Wirkung zusätzlichen Kapitaleinsatzes hat Eucken die wirtschaftliche Möglichkeit der Zinszahlung dargetan. Für die logische Möglichkeit reicht es aus zu erfahren, daß das Kapital knapp ist, daß also die Nachfrage nach Kapital oder, wie Eucken auch sagen könnte, nach Geld das Angebot übersteigt[85]. Insoweit stimmen übrigens die neueren Zinstheorien — auch die Liquiditäts- und die Kredittheorien — überein. Ihre Unterschiede zeigen sich erst beim nächsten Schritt, wenn die Bestimmungsgründe für Angebot und Nachfrage dargestellt werden.

Die Euckensche Zinslehre hat sich nicht durchsetzen können, da sie an mindestens einem entscheidenden Punkt einen Zirkelschluß enthält, wie Lutz nachgewiesen hat, nämlich bei der Bewertung des Kapitals. Dennoch hat die von Eucken vorgetragene „Verfeinerung" (Veit) der an Böhm-Bawerk anknüpfenden Zinstheorie einen wichtigen Baustein zur neuen zinstheoretischen Synthese bereitgestellt.

Wir wollen es bei diesen Bemerkungen zur Zinslehre bewenden lassen. Es bleibt nur noch festzuhalten, daß Eucken dem Geld keinen Einfluß auf die Zinsgestaltung einräumt. In seinen Veröffentlichungen

---

82 Vgl. *Stucken*, Rudolf.: Geld und Kredit, S. 93.

83 Vgl. *Eucken*: Grundsätze, S. 37 f., 84 f.

84 Ein Fehler, vor dem vor allem Stucken die Vertreter der Theorie des voll wirksamen Zinses nachdrücklich warnt.

85 Vgl. *Stucken*, Rudolf: Geld und Kredit, S. 94.

erwähnt er nicht einmal die temporäre Beeinflussung durch das Geld, die von anderen Autoren nicht verkannt wird, die den Zins in der statischen Wirtschaft erklären wollen. Das bedeutet sowohl für Euckens Zinstheorie wie für seine Geldlehre eine fühlbare Lücke[86]. Dazu ist jedoch zu bedenken, daß sowohl die „Kapitaltheoretischen Untersuchungen" wie die bis 1944 in den Jahrbüchern für Nationalökonomie und Statistik erschienenen weiterführenden Arbeiten keine abgeschlossene Theorie bieten wollen, sondern als Fragmente einer umfassenden Kapitaltheorie zu verstehen sind. Eucken selbst plante nach Abschluß seiner „Grundsätze der Wirtschaftspolitik", die kapitaltheoretischen Studien zusammenzufassen und zu überarbeiten. Darauf wurde von Euckens Freunden und Mitarbeitern bereits in zahlreichen Nachrufen aufmerksam gemacht[87]. Hierzu sind im Nachlaß zahlreiche Notizen aufgefunden worden, aus denen hervorgeht, daß insbesondere auch der Einfluß des Geldes auf den Zins herausgearbeitet werden sollte, wie Lutz mitteilt[88]. Er hätte, wie seine Notizen beweisen, auch von der durchschnittlichen Produktionsperiode abrücken und auf das Problem der Zinsstruktur eingehen wollen. Damit hätte sich Eucken auch in der Behandlung des Zinses in die vorderste Reihe der modernen Theorie gestellt.

d) *Stellungnahme zu Euckens Spartheorie*

Wie wir sahen, ist schon der Sparbegriff Euckens umstritten. Große Bedeutung kommt dieser Auseinandersetzung nicht zu. Es ist mehr eine Frage des Geschmacks, ob bereits der Konsumverzicht als Sparen bezeichnet werden soll. Dem herrschenden Sprachgebrauch hat sich daher auch Eucken in späteren Veröffentlichungen angeschlossen, wenn auch gleichsam unter Vorbehalt. Wir halten die herrschende Terminologie zumindest für die Geldwirtschaft für durchaus zweckmäßig. Es wäre gekünstelt, wenn man sagen wollte, wer sein Geld auf ein Sparkonto einzahlt, spart nur dann, wenn die Sparkasse in gleicher Höhe einen Investitionskredit gewährt. Der Geldsparer wäre dann kein richtiger Sparer. Echt sparen würde allenfalls der Wertpapiersparer, der sein Geld für Investitionen zur Verfügung stellt, sei es nun direkt (Erwerb von Aktien und Industrieobligationen) oder indirekt (Erwerb von Pfandbriefen und Kommunalobligationen). Selbst in diesen Fällen wird das gesparte Geld nicht notwendigerweise sofort investiert. Die Erlöse werden häufig zumindest vorübergehend als Finanzanlagen in mehr oder

---

86 Vgl. *Lutz,* Friedrich A.: Die Entwicklung der Zinstheorie seit Böhm-Bawerk, a.a.O., S. XXVI.

87 Vgl. z. B. *Miksch,* Leonhard: Walter Eucken, in: Kyklos, Bern 1950, Vol. IV, S. 280.

88 Vgl. *Lutz,* Friedrich A.: Die Entwicklung der Zinstheorie seit Böhm-Bawerk, a.a.O., S. XXVII.

weniger liquider Form gehalten. Auch der Begriff des „unvollendeten" Sparens scheint uns problematisch. Eine begonnene Investition wird selten deshalb abgebrochen werden, weil das zur Fortsetzung erforderliche Kapital nicht mehr zu rentablen Bedingungen aufgenommen werden kann. Auch abgesehen davon, daß diese Störung überhaupt nur bei zinsempfindlichen Investitionen denkbar ist, dürfte dieser Fall keine große Bedeutung haben. Ein sorgfältiger Investor wird gerade vor Beginn einer großen Investition die Gesamtfinanzierung sichern oder doch einen ersten Abschnitt, der so bemessen ist, daß er schon für sich eine sinnvolle Investition darstellt.

Wir wollen aber nicht eine Kurzkritik der Spartheorie Euckens vorführen, sondern die Berührungspunkte zwischen diesem Teil der Kapitheorie und der Geldlehre untersuchen. Nach Euckens Lehre bestimmt neben der Marktform besonders die Geldordnung, ob die Konsumenten durch ihren freiwilligen Sparentschluß die Kapitalbildung maßgeblich beeinflussen oder andere Stellen ihnen diese Entscheidung „abnehmen". Bei freier Konkurrenz auf allen Märkten ist im Rahmen des ersten Geldsystems Kapitalbildung und Sparen nur nach der ersten, der dreiaktigen Methode des Sparens möglich. Die Betriebe und Haushalte entscheiden über die Höhe der Ersparnisse und damit über die Möglichkeit, Kapital zu bilden und zu investieren. Es ist nicht möglich, sie zum Sparen zu zwingen. Bei diesem Geldsystem ist die Kapitalbildung abhängig von der Höhe der Einkommen, die die Sparneigung bestimmen. Die Banken vermitteln das Kapital. Eine ganz andere Funktion haben die Banken im dritten Geldsystem. Sie schaffen selbst Geld, indem sie Kredite gewähren. Handelt es sich um Investitionskredite, so schaffen die Banken auf diesem Wege Kapital. Falls diese Kapitalbildung größer ist als die Gesamtersparnis (der Konsumverzicht), dann muß der Ausgleich durch Zwangssparen erfolgen. Wenngleich das Zwangssparen nur kurz behandelt wird, so ist es doch der Kapitaltheorie Euckens und auch seiner Geldlehre nahtlos integriert, wie Wagner mit Recht festgestellt hat. Schöpfen die Banken weniger Geld, als den Sparbeträgen entspricht, so wird das Sparen Nachfrageausfall und damit eine deflationäre Tendenz zur Folge haben[89].

In den „Kapitaltheoretischen Untersuchungen" hatte Eucken noch ausgeführt, in der Wirtschaft im Gleichgewicht bestehe eine strenge Bindung der Kreditgewährung an das Sparen. Zwar nicht im Sinne der alten Lehre, wonach die Banken nur so viele Kredite gewähren können, wie sie vorher an Einlagen erhalten hatten, aber doch derart, daß jede Bank „nach Empfang von Spargeldern ihre Kreditgewährung erweitern" werde[90]. Diese Ansicht bezeichnet er 1944 in dem Aufsatz „Die

---

[89] Vgl. *Eucken:* Grundsätze, S. 351.

[90] Vgl. *Eucken:* Untersuchungen, S. 152.

zeitliche Lenkung des Wirtschaftsprozesses und der Aufbau der Wirtschaftsordnungen" ausdrücklich als „nicht zutreffend"[91]. Die Liquidität der Banken, von der ihre Fähigkeit abhängt, Kredite zu gewähren, ist durch zahlreiche Faktoren bestimmt. Einer davon ist das Sparen. Ein notwendiger Parallelismus zwischen dem Umfang des Sparens und der Kreditgewährung der Banken besteht nicht. In diesem Zusammenhang führt Eucken aber auch aus, es gebe Arten des Sparens, wie z. B. das Sparen in Bankguthaben, die die Liquidität der Banken verschlechterten. So generell formuliert ist diese Behauptung sicher nicht richtig. Eine Verschlechterung wird eintreten, wenn das Geld vorher auf Sparguthaben gehalten wurde und nun von demselben oder einem anderen Anleger auf Giralkonto gehalten wird. Dagegen wird die Liquidität verbessert, wenn Bargeld auf ein Giralkonto eingezahlt wird, um es dort zu sparen. Die Liquidität einer Bank — wenn auch nicht der Banken insgesamt— wird auch verbessert, wenn Geld von einer anderen auf ein bei ihr geführtes Giralkonto überwiesen wird und dort verbleibt. In beiden Fällen wäre die Liquidität allerdings noch mehr verbessert worden, wenn der Betrag auf ein Sparkonto bezahlt worden wäre. Ungenau ist die Formulierung an gleicher Stelle, der Kauf von Wertpapieren verbessere die Liquidität der Banken. Das kann doch nur dann der Fall sein, wenn die Wertpapiere aus dem Bestand der Bank abgegeben werden oder wenn mit dem Erlös des Wertpapierverkaufs ein Bankkredit zurückgezahlt wird.

Es ist noch anzumerken, daß das zweite Geldsystem im Rahmen der Spartheorie nicht besonders behandelt wird. Da hier Geld und erst recht Kapital nicht durch die Kreditgewährung der Banken geschaffen werden kann, sondern nur als Gegenleistung bei Lieferung von Waren oder Leistung von Diensten entstehen kann, können die Banken nur als Kapitalvermittler auftreten wie beim ersten Geldsystem.

In der Spartheorie nimmt das Geld den Platz ein, der ihm gebührt. Das Geld ist nicht nur Objekt des Sparprozesses. Je nach der Geldordnung wird der Dirigentenstab über Investitionen und Konsum, über den Aufbau und das Wachstum der Wirtschaft, über die Kapitalbildung den Konsumenten und Sparern oder den Banken überreicht. Wenn wir noch einmal den Blick über den engeren Bereich der Spartheorie hinaus auf die ganze Kapitaltheorie Euckens richten, dann sehen wir die dominierende Rolle des Geldes auf allen Etappen: Der monetäre Kapitalbegriff, die Rolle des Geldes bei der Kapitalbildung und bei der Kapitalverwendung. Lediglich die Zinslehre fällt aus dem Rahmen, sollte aber, wie wir gezeigt haben, gerade in dieser Richtung erweitert werden.

---

[91] Vgl. *Eucken*: Untersuchungen, S. 314.

D. Walter Euckens Beitrag zur Geldpolitik

Wir haben bisher auf den Spuren Euckens die Provinzen der Geldtheorie durchmessen, beginnend mit den Kernzonen, dann mehr und mehr auf die Randzonen dieses Teils der Wirtschaftstheorie ausgreifend. Im folgenden werden wir uns den geldpolitischen Ansichten Euckens zuwenden. Wir müssen uns an dieser Stelle ins Gedächtnis zurückrufen, daß Eucken von Anfang an theoretische Forschung und politische Forderung als Einheit verstanden hat. Bereits in der ersten dem Geld gewidmeten Arbeit „Kritische Betrachtungen zum deutschen Geldproblem" ging es ihm nicht nur um eine Analyse und Diagnose — eine Kritik — des Untersuchungsobjekts, sondern letztlich um eine Therapie. Er analysierte das deutsche Inflationsproblem, um einen Lösungsvorschlag erarbeiten und propagieren zu können. Dieses innige Verhältnis zwischen Geldtheorie und Geldpolitik — wie auch zwischen Wirtschaftstheorie und Wirtschaftspolitik — bestimmte forthin das Werk des Nationalökonomen Eucken. Auch und gerade für Euckens geldtheoretische und geldpolitische Position gilt das Wort Miksch's: „Euckens Forscherleistung läßt sich nicht trennen von seiner Leistung als Wirtschaftspolitiker . . .[1]." Daran werden wir immer zu denken haben, wenn wir nunmehr das geld*politische* Werk Euckens aus systematischen Gründen am Ende unserer Arbeit darstellen und untersuchen. Wie in den bisherigen Teilen der Arbeit werden wir zunächst Eucken zu Wort kommen lassen, dann seinen Meinungen andere wissenschaftliche Äußerungen gegenüberstellen und schließlich selbst Stellung nehmen.

Geldpolitik ist Teil der Wirtschaftspolitik. Wir werden daher damit beginnen, daß wir den Ort ausloten, den Eucken der Geldpolitik im Feld der Wirtschaftspolitik anweist. Auf dieser Grundlage werden wir die Euckensche Geldpolitik selbst darstellen. In diesem Zusammenhang muß auch auf die Vorschläge Euckens zur Gestaltung der internationalen Währungsordnung eingegangen werden. Schließlich wird noch das Verhältnis der Geldpolitik zur Konjunkturpolitik zu schildern sein.

---

1 *Miksch*, Leonhard: Walter Eucken, in: Kyklos, Bern 1950, Vol. IV, S. 280.

I. Grundzüge der Geldpolitik im Werk Walter Euckens

Bevor wir uns mit der eigentlichen geld- und währungspolitischen Konzeption Euckens befassen, werden wir die Geldpolitik in den Gesamtzusammenhang der Wirtschaftspolitik unseres Autors einordnen. Wir stützen uns dabei vor allem auf die „Grundsätze der Wirtschaftspolitik" und auf eine Reihe kleinerer Nachkriegsarbeiten, die zum Teil in dem genannten Werk verarbeitet sind. Daneben werden wir aber auch auf Euckens Aussagen in den „Grundlagen der Nationalökonomie" und in den kapitaltheoretischen und frühen geldtheoretischen und geldpolitischen Untersuchungen zurückgreifen.

1. Der Primat der Währungspolitik in der Wirtschaftspolitik

Die Basis des wirtschaftspolitischen Programms Euckens ist die Feststellung, daß für die Lenkung des modernen industriellen, arbeitsteiligen Wirtschaftsprozesses von den vielen denkbaren Ordnungsformen nur drei in Frage kommen[2]: Die Leitung 1. durch zentrale staatliche Stellen, 2. durch Gruppen monopolistischer, teilmonopolistischer und ähnlicher Art und 3. durch Konkurrenz[3]. Zur Wahl stehen also eine Wirtschaftsordnung, in der die Züge der Zentralen Verwaltungswirtschaft überwiegen, und zwei Ordnungen der Verkehrswirtschaft, die Wettbewerbswirtschaft, in der die Marktform der vollständigen Konkurrenz vorherrscht, oder eine ständisch (kooperativ, gruppenanarchisch) geleitete Wirtschaft.

Die Gruppenordnung wird immer nur Übergang sein. Die wahre Alternative lautet also: Wettbewerbsordnung oder zentralverwaltungswirtschaftliche Lenkung wesentlicher Teile des Wirtschaftsprozesses[4].

In der Wettbewerbsordnung dominiert die Marktform der vollständigen Konkurrenz. Sie wird ergänzt von der Form der einfachen zentralgeleiteten Wirtschaft in den Haushalten und teilweise in der Landwirtschaft. In dieser Wirtschaftsordnung werden die Pläne der wirtschaftenden Haushalte und Betriebe durch Koordination aufeinander abgestimmt. Die Konkurrenz soll den Wirtschaftsprozeß lenken und Leistungssteigerungen bewirken (Leistungswettbewerb)[5]. Sie kann das nur leisten, wenn der Preismechanismus funktioniert, der den Ablauf der Wirtschaft als zentraler Steuerungsapparat regelt. Daher ist es das erste Ziel der Wirtschaftspolitik, einen derartigen automatischen Knappheitsmesser zu schaffen. Ihn zu erhalten, gegen Störun-

---

[2] Vgl. *Eucken:* Grundsätze, S. 242.
[3] Vgl. *Eucken:* Grundsätze, S. 243.
[4] Vgl. *Eucken:* Grundsätze, S. 245.
[5] Vgl. *Eucken:* Grundsätze, S. 247.

gen zu schützen und immer wieder herzustellen, ist ihr ständiger und wichtigster Auftrag[6]. Aufgaben des Preismechanismus sind es insbesondere, die Knappheitsrelationen korrekt anzuzeigen, die Einzelpläne zu koordinieren, zwischen Angebot und Nachfrage zu vermitteln, Sparen und Investieren aufeinander abzustimmen und damit Fehlleitungen von Gütern zu vermeiden[7]. Er kann diese seine Aufgaben nur dann erfüllen, wenn eine stabile Rechenskala vorhanden ist, die als „Koordinationsbasis" der Einzelpläne dient[8]. Die volle stabilisierende Wirkung der Konkurrenzwirtschaft kann aber nur erreicht werden, wenn das Geld in das Gleichgewichtssystem eingeordnet ist[9]. „Die Beibehaltung des heute üblichen unstabilen Systems würde den Wirtschaftsprozeß der Wettbewerbsordnung entscheidend stören[10]."

Wie nach diesen Feststellungen nicht anders zu erwarten, weist Eucken der Währungs -und Geldpolitik in der Verkehrswirtschaft einen besonderen Rang zu[11]. Während in der Zentralverwaltungswirtschaft eine Wirtschaftspolitik ohne Währungspolitik denkbar ist[12], bildet die Währungspolitik in der Verkehrs- oder — wie Eucken auch sagt — Wettbewerbswirtschaft einen wichtigen Bestandteil der Wirtschaftspolitik, ja geradezu ihren Kern. Unter allen wirtschaftspolitischen Maßnahmen gebührt der Geldpolitik sogar die logische und zeitliche Priorität. Schon in den „Kritischen Betrachtungen zum deutschen Geldproblem" hatte Eucken alle Versuche als aussichtslos abgelehnt, die Inflation durch nicht monetäre Maßnahmen, wie Steigerung der Produktion u. ä., zu beheben. Die erste Aufgabe wäre es damals nach seiner Meinung gewesen, die — ausschließlich monetären — Quellen der überproportionalen Geldvermehrung zu verstopfen[13]. Ganz ähnlich formulierte er 25 Jahre später seine wirtschaftspolitische Maxime zur Beendigung der zurückgestauten Inflation: „An der Spitze steht die Währungsreform[14]."

Wir haben bereits oben dargestellt, daß Eucken die *Geldordnung* stets als integrierten Bestadteil der *Wirtschaftsordnung* versteht. Konsequent fordert er, daß die *Geldpolitik* in ein Bukett entsprechender

---

6 Vgl. *Eucken:* Grundsätze, S. 254.

7 Vgl. *Eucken:* Untersuchungen, S. 303.

8 Vgl. *Eucken:* Grundlagen, S. 89/90.

9 Vgl. *Eucken:* Grundlagen, S. 198.

10 *Eucken:* Grundsätze, S. 264.

11 Vgl. *Eucken:* Grundsätze, S. 257.

12 Vgl. *Eucken:* Grundsätze, S. 256.

13 Vgl. *Eucken:* Betrachtungen, besonders S. 79/80.

14 *Eucken:* Deutschland vor und nach der Währungsreform, in: *Hunold,* Albert (Hrsg.): Vollbeschäftigung, Inflation und Planwirtschaft, Erlenbach-Zürich 1951, S. 157.

wirtschaftspolitischer Maßnahmen eingebettet wird. In Anwendung dieses Gedankens kam er in seinem Gutachten über die Währungsreform zu dem Schluß, diese dürfe nicht isoliert durchgeführt werden, sondern müsse als „Teilstück einer umfassenden Wirtschaftsreform" behandelt werden[15]. Eine wirtschaftspolitische Gesamtkonzeption ist seiner Ansicht nach nötig[16], da alle Teile der Wirtschaftspolitik in einem Verhältnis vollständiger Interdependenz zueinander stehen[17]. Wegen dieses die Wirtschaft beherrschenden Grundsatzes der Interdependenz hat die Währungsreform die Aufgabe, den Neuaufbau einer Wirtschaftsordnung einzuleiten[18], da eine richtige Geldpolitik mittelbar die stärkste Zugmaschine zu der richtigen Wirtschaftsordnung ist. Genauso wird eine falsche Geldpolitik zu anderen, unerwünschten Ordnungsformen führen. Aus diesen Gründen kommt Eucken zu dem Schluß: In der Wirtschaftspolitik besitzt die Währungspolitik den Primat[19], jedenfalls im Rahmen der Wettbewerbswirtschaft.

2. Geldpolitik ist Währungsverfassungspolitik

Das Ziel dieser Währungspolitik ist es, die der Wirtschaftsordnung angemessene Geldordnung zu schaffen. Eucken beschäftigte sich in diesem Zusammenhang nur kursorisch mit den Formen der Zentralen Verwaltungswirtschaft. Das Ziel der von ihm vertretenen Wirtschaftspolitik war stets die Schaffung der Wettbewerbsordnung. Denn sie allein vermag „bei Anwendung der wesentlichen Kriterien und in Würdigung der gegebenen geschichtlichen Gesamtsituation" das ordnungspolitsche Problem zu lösen[20]. Im Mittelpunkt seines geld- bzw. währungspolitischen Denkens und Lehrens stand deshalb die Frage nach der dieser Wirtschaftsordnung angemessenen Geld- und Währungsordnung. Die erste Anwort auf diese Frage lautet: Die Währung darf nicht unstabil sein. Demgemäß heißt die erste wirtschaftspolitische Forderung: Die Unstabilität der Währung ist zu beseitigen. In positiver Formulierung könnte das Ziel so dargestellt werden: In die Wettbewerbsordnung ist eine Geldordnung einzubauen, die in das Gleichgewichtssystem eingeordnet ist. Das heißt, das Geld muß die Aufträge der Konsumenten und Sparer unverfälscht weitergeben. Vom Geld dürfen keine störenden Impulse ausgehen. Dieses Ziel kann nach

---

15 Vgl. *Eucken,* a.a.O., S. 157.

16 Vgl. *Eucken,* a.a.O., S. 173.

17 Vgl. *Eucken,* a.a.O., S. 165.

18 Vgl. *Eucken:* Bemerkungen zur Währungsfrage, in: *Hans Möller:* Zur Vorgeschichte der Deutschen Mark, Basel, Tübingen 1961, S. 204.

19 Vgl. *Eucken:* Grundsätze, S. 256.

20 Vgl. *Eucken:* Grundsätze, S. 250.

Euckens Meinung mit der heute üblichen vom Staat oder von der Zentralbank nach eigenem Ermessen manipulierten Geld- und Kreditpolitik nicht erreicht werden.

Im einzelnen lehnt Eucken die Vollbeschäftigungspolitik mit Hilfe des billigen Geldes, wie sie die Keynes'sche Schule vertritt, vor allem deshalb ab, weil sie den Lenkungsmechanismus der Preise zerstört[21].

Auch die Vorschläge, die Gestrich in seinem von Eucken in 2. Auflage herausgegebenen Werk „Kredit und Sparen" gemacht hat, sind für Eucken nicht ausreichend[22]. Gestrich hält die Stabilität nur dann für erreichbar, wenn mit allen Machtmitteln der Geld- und Kreditpolitik ausgestattete zentrale Stellen durch laufende Eingriffe, durch Diskontpolitik, Offenmarktpolitik, Festsetzung von Mindestreserven, mit Hilfe der staatlichen Finanzpolitik und mit direkten staatlichen Investitionen Sparen und Kredit in Übereinstimmung bringen. „Es ergibt sich unabweislich die merkwürdige Tatsache, daß eine möglichst störungsfrei ablaufende Verkehrswirtschaft eine zentralgeleitete, mit allen notwendigen Machtmitteln für Beherrschung des Geld- und Kreditsystems arbeitende Kreditpolitik braucht[23]." Die Notenbank soll nach Gestrichs Meinung nicht organisatorisch in die allgemeine Staatsverwaltung eingebaut werden, sondern privat oder halbprivat organiert sein und im Rahmen der staatlichen Wirtschaftspolitik sachlich selbständig arbeiten können[24].

Eucken hält diese Konzeption vor allem deshalb nicht für ausreichend, weil er bezweifelt, daß die für die Geldpolitik Verantwortlichen dieser Aufgabe gewachsen sind. Seines Erachtens sehen sie sich allzu vielen Einflüssen und Pressionen interessierter Stellen ausgesetzt. Zuviele Kreise der Wirtschaft, der Gewerkschaften und schließlich der Staat selbst sind an niedrigem Zins, an billigerem Geld und an einer Kreditexpansion interessiert. Die Gefahr ist groß, daß die Zentralstellen nicht nur das Gleichgewicht zwischen Kredit und Sparen herstellen, sondern daß sie die Entschlüsse der Sparer von sich aus im Hinblick auf das angeblich volkswirtschaftlich Erforderliche korrigieren[25]. Die Geldpolitik schwebt ständig in der Gefahr, zum kurzfristigem Verdecken der Fehler einer inkonsequenten Wirtschaftspolitik mißbraucht zu werden: „Die Versuchung ist nämlich übergroß, Disproportionalitäten, die im Produktionsprozeß als Folge einer Voll-

---

21 Vgl. *Eucken:* Grundsätze, S. 140 ff.

22 Vgl. *Gestrich,* Hans: Kredit und Sparen, 1. Aufl., Jena 1944. Hier nach der 2. Aufl. zitiert.

23 *Gestrich,* Hans: Kredit und Sparen, S. 155.

24 Vgl. *Gestrich,* Hans: Kredit und Sparen, S. 83.

25 Vgl. *Eucken:* Grundsätze, S. 259/260.

beschäftigungspolitik um jeden Preis oder aus den Machtkämpfen wirtschaftlicher Gruppen oder aus sonstigen Gründen entstehen, vorübergehend durch inflatorische Maßnahmen — Kreditexpansion, Abwertung, Politik des niederen Zinses und dergleichen — zu überdecken[26]." Die Gefahr falscher Entscheidungen wird noch vergrößert, da sich allzuoft zur Schwäche der Leiter der Geldpolitik noch deren mangelndes theoretisches Wissen und der Glaube an falsche Theorien gesellen. Übrigens hatte Eucken schon in den „Kritischen Betrachtungen zum deutschen Geldproblem" auf den Druck der Interessenten und die verhängnisvollen Folgen falscher Theorien aufmerksam gemacht.

In summa erscheinen Eucken die Möglichkeiten moderner Geldpolitik als fragwürdig oder als wirkungslos, ja sogar als gefährlich. Sein Vorschlag geht dahin, statt dessen in die Währungsverfassung einen automatischen Geldwertstabilisator einzubauen und damit die Voraussetzung für das Funktionieren des Preismechanismus zu schaffen. Erst dann wäre dieses Lenkungsinstrument für den Wirtschaftsprozeß voll funktionstüchtig[27]. Dieser Gedanke zieht sich wie ein roter Faden durch das geldpolitische Werk Euckens. Bereits in den „Kritischen Betrachtungen zum deutschen Geldproblem" wird gefordert, dem Staat müsse die Geldschöpfungsmacht genommen werden. Er dürfe nicht mehr die Geldmenge bestimmen, sondern nur noch „Münzmeister" sein. Damals glaubte Eucken noch, dieses Ziel mit der Goldwährung erreichen zu können[28]. Zwar verkannte er die damaligen Schwierigkeiten nicht, die sich aus der zu jener Zeit gewaltig angewachsenen Goldreserve der USA, der Ungewißheit der Nachfrage nach Gold und den enormen Reparationslasten des Deutschen Reiches ergaben[29]. Trotzdem aber bejahte er die Goldwährung.

Die damals vorhandenen Bedenken Euckens gegen das Gold haben sich zwei Jahre später noch verstärkt[30]. Er erkannte nun, daß vom Gold bedenkliche Einflüsse auf das Warenpreisniveau ausgehen können, und zwar von der „künftigen Goldproduktion", der Nachfrage nach Gold und der Währungspolitik der USA. Ähnlich beurteilte Eucken damals die Gold-Devisen-Währung. Ihr lastete er zusätzlich an, die Abhängigkeit vom Ausland sei noch größer als bei der Goldwährung. Ganz große und plötzliche Störungen der Stabilität aber erwartete er bei dieser Währungsordnung nicht.

---

26 *Eucken:* Grundsätze, S. 257/258.

27 Vgl. *Eucken,* Grundsätze, S. 262, 257, 311.

28 Vgl. *Eucken:* Betrachtungen, S. 80.

29 Vgl. *Eucken:* Betrachtungen, S. 81.

30 Vgl. Eucken: Die deutsche Währungspolitik und das Sachverständigengutachten, in: Bankarchiv, 1924, S. 235.

In den „Grundlagen der Nationalökonomie" wird mit spürbarer Hoffnung von Plänen berichtet, das 3. Geldsystem aus seiner dominierenden Stellung zu verdrängen und die Geldversorgung mit der Produktion wichtiger Waren zu verbinden[31]. Vom Gold ist nicht mehr die Rede.

Was uns in dem theoretischen Hauptwerk noch etwas verhüllt entgegentritt und fast zwischen den Zeilen versteckt ist, wird in den Grundsätzen der Wirtschaftspolitik ausdrücklich postuliert: „Das dritte Geldsystem ist zu beseitigen[32]." Doch ist diese Forderung als Fernziel zu verstehen. Eucken ist sich darüber im klaren, daß das Kreditgeld nicht mehr zu beseitigen ist. Er will es aber aus seiner dominierenden Stellung entfernen und es auch sonst entschärfen. Als „gangbarer Weg" zu einer sinnvollen Geldverfassung wird der bereits in den „Grundlagen der Nationalökonomie" erwähnte Graham-Plan einer Waren-Reserve-Währung — kombiniert mit Gedanken des Chicago-Plans — bezeichnet[33]. Die Waren-Reserve-Währung bringt nach Euckens Ansicht ein „besseres Prinzip der Geldversorgung" zur Geltung, da die Geldversorgung durch Bankkredite ihre dominierende Stellung verliert und subsidiären Charakter gewinnt. Im Gegensatz zur Goldwährung, bei der die Geldversorgung von den Zufälligkeiten der Produktion *einer* Ware abhängig ist, wird bei der Waren-Reserve-Währung die Geldschöpfung „wenigstens teilweise mit dem Kauf und Verkauf von Waren" verknüpft[34]. Nach dem Vorschlag B. Grahams[35] wird Geld durch eine zentrale Agentur geschaffen und in Umlauf gebracht. Die Agentur kauft Lagerhauszertifikate eines Bündels bestimmter Waren und verkauft sie wieder zu festen Preisen. Für das Bündel, das wichtige Waren festgelegter Art und Menge enthält, ist ein Preis von 100 Dollar festgelegt. Die Agentur kauft, wenn der Preis auf ca. 95 Dollar sinkt, und verkauft, wenn er auf etwa 105 Dollar steigt.

Nach Euckens Meinung ist damit der erwünschte automatische Geldmengen- (und damit Geldwert-)regulator gefunden. Anders als beim 3. Geldsystem ist hier ein Prozeß kumulierender Expansion oder Kontraktion der Geldmenge unmöglich. Bei steigendem Preisniveau wird durch die Verkäufe der Agentur Geld stillgelegt und das Warenangebot vergrößert; bei fallendem Preisniveau ergibt sich durch die Käufe der umgekehrte Effekt. Allerdings ist dieser Automatismus

---

[31] Vgl. *Eucken:* Grundlagen, S. 122.

[32] *Eucken:* Grundsätze, S. 311.

[33] Vgl. *Eucken:* Grundsätze, S. 264.

[34] Vgl. *Eucken:* Grundsätze, S. 262.

[35] Vgl. *Graham*, Benjamin: Zuerst 1937 in: Storage and Stability.

voll wirksam nur bei deflationistischer Tendenz. Die Agentur kann ja unbeschränkt kaufen und damit Geld in den Wirtschaftskreislauf pumpen. Bei inflatorischer Tendenz kann sie jedoch nur in dem Umfang verkaufen und damit Geld stillegen, den ihr Warenvorrat erlaubt. Hier muß nach Euckens Vorschlag das ergänzend weiterbestehende Kreditgeld flankierend eingreifen. Eucken führt an dieser Stelle Gedanken des 100 % — oder Chicagoplans ein, wie sie ähnlich auch von Gestrich vertreten worden waren. Gestrich hatte empfohlen, Depositen- und Emissionsbanken zu trennen und als „letzte Konsequenz" eine einzige Kreditbank bestehen zu lassen und sie ganz unter staatliche Führung zu stellen[36]. Nach Euckens Vorstellung hat ebenfalls allein die Zentralbank die Macht, Kreditgeld zu schöpfen. Die Privatbanken (Geschäftsbanken) werden umgebaut. Bank- und Giralabteilung werden streng getrennt. Die Bankabteilung kann lediglich in Höhe der Spareinlagen Kredite gewähren. Die Giralabteilung kann es gar nicht. Sie ist nur Zahlungsmittlerin. Die Giralguthaben sind zu 100 % in Noten oder Guthaben bei der Zentralbank abzudecken. Dadurch wird der prozyklische Einfluß der Geschäftsbanken auf die Geldschöpfung ausgeschaltet. Eine wichtige und für Eucken sehr erwünschte Nebenfolge wäre die Auswirkung auf die Kapitalbildung, die wieder enger mit dem freiwilligen Konsumverzicht der Konsumenten verbunden wäre. Die Geschäftsbanken könnten kein Geld mehr schöpfen, um es Unternehmern für Investitionen zur Verfügung zu stellen. Sie könnten also kein Kapital schaffen. Die Stellung der Sparer und Konsumenten im alltäglichen Wirtschaftsprozeß würde wesentlich gestärkt[37]. Die Zentralbank wäre bei der Kredit- und Geldschöpfung nicht frei; sie hätte ihre Kreditgewährung nach dem Warenbestand der Agentur auszurichten. Stiege der Bestand — ein Zeichen für sinkende Preise, dann würde die Bank Kreditgeld schaffen, nähme der Warenbestand ab — ein Zeichen für steigende Preise, würde sie Kreditgeld stillegen.

Diese Währungsordnung würde, wie Eucken meint, den Geldwert von der durchschnittlichen Knappheit, vom Wert der vielen Waren des Warenkorbes abhängig machen, nicht mehr vom Wert der einen Ware „Gold". Die Regulierung der Geldmenge würde sich „infolge der Interdependenz aller Warenpreise und Einkommen" auf alle Preise und Einkommen auswirken[38].

Eine ganz besondere Stellung ist in Euckens Konzept dem Staat zugewiesen. Er legt die Regeln für die Arbeit der Agentur und der Noten-

---

36 Vgl. *Gestrich*, Hans: Kredit und Sparen, S. 79.

37 Vgl. *Eucken*: Untersuchungen, S. 316.

38 Vgl. *Eucken*: Grundsätze, S. 262.

bank fest und kontrolliert ihre Beachtung. Die Geldmenge selbst aber wäre dem Zugriff politischer Stellen entzogen. So würde ein „automatisch wirkender währungspolitischer Stabilisator", ein „rationaler Automatismus" geschaffen. Dieser Stabilisator würde antizyklisch wirken: In der Deflation würden Waren gekauft und damit Geld geschaffen, in der Inflation würden Waren verkauft, damit das Angebot vergrößert und zugleich Geld stillgelegt, also die Nachfrage verknappt. Wie bereits dargelegt, wäre die Wirkungsmöglichkeit der Agentur in der Deflation prinzipiell unbeschränkt gegeben, aber nicht in der Inflation. Allerdings weiß Eucken, daß diese Währungsordnung nicht isoliert in einem Land eingeführt werden kann. Sie müßte seines Erachtens in den Haupthandelsländern verwirklicht werden, wobei die Warenbündel die gleichen Proportionen aufzuweisen hätten. Die Basis hätte ein internationaler Vertrag über die währungspolitischen Spielregeln zu bilden. Ein derartiges Währungsabkommen würde die Wechselkursstabilisierung wesentlich erleichtern.

Eucken hat die Forderungen formuliert, die nach seiner Ansicht an eine zureichende Weltwährungsordnung zu richten sind:

„1. Sie muß automatisch funktionieren, so daß die Zentralbankleiter die Geldpolitik nicht nach wechselnden Gesichtspunkten von Fall zu Fall willkürlich bestimmen können.

2. Der Mechanismus muß auf möglichste Stabilhaltung der Wechselkurse hinwirken.

3. Es muß ein kräftiger Stabilisator in den Mechanismus eingebaut werden, der viel stärker, als es bei der Goldwährung der Fall war, darauf hinwirkt, daß Inflation und Deflation vermieden werden[39]."

Eucken meint, daß eine nach seinen Vorschlägen gestaltete internationale Währungsordnung diesen Forderungen gerecht würde. Nur in Klammern sei bemerkt, daß die Geldpolitik in der Zentralverwaltungswirtschaft auf diametral entgegengesetzte Ziele ausgerichtet ist. Diese Wirtschaftsordnung kann sich keinem Automatismus in der Geldschöpfung unterwerfen, denn die zentralen Pläne sind immer letzte Instanz[40]. Ihre Geldpolitik wird daher immer darauf gerichtet sein, das 3. Geldsystem zu verwirklichen und zu erhalten, das die Geldschöpfung unabhängig von der Güterseite ermöglicht und sich am leichtesten manipulieren läßt. Überliquidität — eine Lebensvoraussetzung der geldwirtschaftlichen freieren Formen der Zentralverwaltungswirtschaft — läßt sich hier leicht erreichen. Auch eine Wirtschaftspolitik, die die Zentralverwaltungswirtschaft anstrebt, wird eine

---

39 *Eucken:* Grundsätze, S. 169.

40 Vgl. *Eucken:* Grundsätze, S. 168.

entsprechende Geldpolitik, die des billigen Geldes, wählen. Sie wird das 3. Geldsystem durchsetzen und mit seiner Hilfe den Weg zur Zentralverwaltungswirtschaft bahnen.

3. Die Geld(ordnungs-)politik verdrängt die Konjunkturpolitik

Eucken steht allen Bemühungen, den Konjunkturverlauf selbst mit fiskalischen, wirtschaftspolitischen und geldpolitischen Mitteln zu lenken, skeptisch gegenüber. Er verkennt zwar nicht, daß in Ausnahmesituationen, wie sie z. B. im Jahre 1932 in Deutschland gegeben waren, spezielle konjunkturpolitische Maßnahmen nicht zu vermeiden sind. Wenn eine Inflation herrscht, müßten die Quellen der Inflation mit Mitteln der Geldpolitik verstopft werden. Herrscht eine Deflation mit Massenarbeitslosigkeit, dann sind staatliche Maßnahmen, die den Wirtschaftsprozeß wieder in Gang zu setzen, unumgänglich. Im allgemeinen hält er aber derartige Maßnahmen eher für schädlich, da sie nur an den Symptomen herumkurieren und dadurch die Heilung des Übels selbst hinauszögern. Wenn der Wirtschaftsprozeß bereits gleichgewichtslos geworden ist, verstellen — wie Eucken meint — alle kurzfristigen Erfolge der Konjunkturpolitik nur den Blick für die Notwendigkeit einer umfassenden Ordnungspolitik. Alle Teilerfolge ändern nichts daran, daß es vor allem darum geht, der Wirtschaftsordnung eine zureichende Lenkungsmechanik einzubauen[41]. Das heißt, Marktformen und Geldordnungen sind zu reformieren und die Investitionstätigkeit ist zudem durch Konstanz der Wirtschaftspolitik anzuregen; das ist die eigentliche und überragende politische Aufgabe. Wie wir bereits mehrfach darlegten, bedeutet das nach Euckens Meinung, daß zunächst einmal das dritte Geldsystem beseitigt und ein automatisch wirkender geldpolitischer Stabilisator konstruiert werden muß.

Sind die genannten ordnungspolitischen Voraussetzungen geschaffen, dann werden Inflationen und Deflationen verhindert werden. Die sie auslösenden Disproportionalitäten werden schnell ausgeglichen und korrigert werden, da der Wirtschaftsprozeß dann die erforderliche Elastizität besitzt. Eucken ist der Überzeugung, daß damit die eigentlichen Ziele jeder Konjunkturpolitik, eine gleichmäßige Investitionsrate und ein gleichmäßiges Wirtschaftswachstum unschwer, gleichsam automatisch erreicht werden. Ist einmal die richtige Geld- und Wirtschaftsordnung geschaffen, so sind weitere konjunkturpolitische Maßnahmen „wohl kaum" erforderlich. Bezeichnend ist die folgende Stelle in den „Grundsätzen der Wirtschaftspolitik": „Ob darüber hin-

---

[41] Vgl. *Eucken:* Grundsätze, S. 312.

aus innerhalb der Wettbewerbsordnung noch besondere Maßnahmen nötig sein werden, um Konjunkturschwankungen auszugleichen? — wahrscheinlich nicht[42]." Die richtige Geldpolitik macht also nach Euckens Ansicht die Konjunkturpolitik herkömmlicher Art überflüssig.

II. Neuere Ansichten zur Geldpolitik

Die wissenschaftliche Behandlung der Geldpolitik war in der Nachkriegszeit in den USA und in den letzten Jahren auch in Deutschland in den Schatten der Haushalts- und der Fiskalpolitik geraten. Die Praxis der Geldpolitik hatte sich dadurch allerdings kaum beeinflussen lassen. In der Bundesrepublik kam es zu einer Renaissance der Geldpolitik. Die Bundesbank wurde zur „Hüterin der Währung" und zugleich zeitweise zum einzigen Regulator der Wirtschaftspolitik. Zumindest in Deutschland hat in der Praxis die "fiscal policy" die Geldpolitik nicht zu entthronen vermocht, wenn sie auch beträchtlich an Gewicht gewonnen hat. Wir werden im folgenden den Stand der praktischen Geldpolitik nur ergänzend berücksichtigen und uns hauptsächlich mit den in der Wirtschafts*wissenschaft* vertretenen Ansichten befassen. Wir möchten die Geldpolitik im Kontext der gesamten Wirtschaftspolitik herausarbeiten um ihre Bedeutung sichtbar werden zu lassen. Daher müssen wir unsere Aufmerksamkeit zunächst auf das Verhältnis der Geldpolitik zur Wirtschaftspolitik richten — wie wir auch oben das Verhältnis der Geldtheorie zur Wirtschaftstheorie untersucht hatten. Nach der „Umfeldbestimmung" können wir den Stand der geldpolitischen Diskussion selbst darstellen. Wir müssen uns auch dabei auf einen Überblick beschränken. Von den zahlreichen interessanten Einzelfragen werden wir nur diejenigen gesondert behandeln, zu denen sich Eucken geäußert hat, also zu den Problemen, die mit der Rolle der Geldpolitik als Instrument der Konjunkturpolitik zusammenhängen.

1. Die Geldpolitik — eines von vielen Instrumenten der Wirtschaftspolitik

In der geldpolitischen Diskussion fällt als erstes eine Vielfalt verschiedener Begriffe auf. Geldpolitik, Kreditpolitik, Währungspolitik, Finanzpolitik und Fiskalpolitik stehen nebeneinander, ohne stets klar oder gar einheitlich gegeneinander abgegrenzt zu sein[1]. Eucken ver-

---

[42] *Eucken*, a.a.O., S. 311.

[1] Vgl. *Forte* Francesco und Harold M. *Hochman:* Monetary and Fiscal Policy: Ambiguities in Definitions, in: *Haller*, Heinz und Horst Claus *Recktenwald:* Finanz- und Geldpolitik im Umbruch, Mainz (1969), S. 357 ff.

wandte Geldpolitik und Währungspolitik als Synonyma. Forstmann lehnt diesen Usus mit Nachdruck ab. Er will als Objekt der Währungspolitik nur die den Außenwert und die Außenbeziehungen des Geldes berührenden Fragen gelten lassen[2]. Auch unter Finanzpolitik und Fiskalpolitik wird zuweilen das gleiche, zuweilen verschiedenes verstanden. Boulding setzt "monetary policy" der "financial policy" gleich und unterscheidet davon die "fiscal policy"[3].

Wir möchten diese terminologischen Probleme aber nur erwähnen, nicht diskutieren. Für unsere Thematik kommt es hier auf mögliche terminologische Unterschiede nicht entscheidend an. Wir werden uns im nächsten Abschnitt ohnehin noch eingehend mit dem Inhalt der Geldpolitik zu befassen haben. Diese „deduktive" Methode der Annäherung an das Untersuchungsobjekt scheint uns vor einer Auseinandersetzung um Definitionen den Vorrang zu verdienen. Wir möchten aber nicht versäumen anzumerken, daß nach einer neueren eingehenden Untersuchung von Forte und Hochman, auf die wir bereits hingewiesen haben, der Grad der Zweideutigkeit in den Definitionen der "fiscal" und der "monetary policy" besonders hoch zu sein scheint[4].

Wie auch immer die Geld- und Währungspolitik im einzelnen umgrenzt wird, Einigkeit dürfte darüber bestehen, daß in den Wirtschaftsordnungen dieseits des „Eisernen Vorhangs" die Geldpolitik ein wesentlicher Faktor der Wirtschaftspolitik ist. Die Geldpolitik kann sich aus dieser allgemeinen Wirtschaftspolitik nicht lösen und eigene Wege gehen, sie kann die größeren Zusammenhänge, das „Ganze", nicht außer acht lassen. „Geld- und Kreditpolitik kann immer nur ein Teil der allgemeinen Wirtschaftspolitik sein[5]." Dieser Satz Erich Schneiders dürfte heute allgemein bejaht werden[6].

Damit ist freilich noch nichts über den Stellenwert der Geldpolitik in der allgemeinen Wirtschaftspolitik ausgesagt. In der angelsächsischen Literatur gibt es Stimmen, die die Geldpolitik allenfalls als ultima ratio des wirtschaftspolitischen Instrumentariums gelten lassen. Bezeichnend ist folgende Sentenz Kaldors: "It follows from the above reasoning that monetary and credit policy represents, at best, a crude and blunt instrument for controlling inflationary and deflationary

---

[2] Vgl. *Forstmann,* Albrecht: Geld und Kredit. Zweiter Teil. Die Anwendung der Geld- und Kredittheorie, S. 593 f.

[3] Vgl. *Boulding,* Kenneth E.: Principles of Economic Policy, Englewood Cliffs N. J. (1964), S. 210.

[4] Vgl. *Forte,* Francesco und Harold M. *Hochman,* a.a.O., S. 387.

[5] *Schneider,* Erich: Einführung in die Wirtschaftstheorie, III. Teil, Geld, Kredit, Volkseinkommen und Beschäftigung, 5. Aufl., Tübingen 1959, S. 103.

[6] Vgl. *Johnson,* Harry G.: Probleme der Geld- und Finanzpolitik in Entwicklungsländern, in: Beiträge zur Geldtheorie und Geldpolitik, S. 271 ff.

tendencies in the economy which should be employed only in circumstances in which, and to the extent to which, no superior instruments of controll are available[7]." Nicht ganz so extrem urteilen die Wissenschaftler, die an der Wiege der „New Economic Policy" der „demokratischen Ära" der Präsidenten Kennedy und Johnson standen. Für sie ist die Geldpolitik lediglich eins von mehreren flankierenden Instrumenten. Das Zentralinstrument der Wirtschaftspolitik ist ihnen die Budgetpolitik[8]. Boulding formuliert diesen Gedanken einmal so: "Fiscal policy, therefore, must always be supplemented by financial policy, or, at it is often called, 'monetary policy'[9]." Auch die Schriften Walter Hellers, der als erster Vorsitzender des Wirtschaftsbeirats der amerikanischen Regierung unter Kennedy (von 1960 bis 1964) maßgeblich an der Einleitung und Durchsetzung der „New Economic Policy" beteiligt war, zeugen für diese Konzeption[10]. Im Finanzbericht 1969 der Bundesregierung wird ebenfalls der Finanzpolitik entscheidender Anteil an einer Restriktionspolitik zugeschrieben[11]. Es gibt aber auch Autoren, die die Geldpolitik als erstes Instrument der Wirtschaftspolitik behandeln[12]. In den Vereinigten Staaten hatten die Chicagoer Schule und besonders ihr derzeit berühmtester Vertreter Milton Friedman der Geldpolititk stets einen höheren Stellenwert eingeräumt als die herrschende Lehre. Wir haben bereits auf die Renaissance der Quantitätstheorie Frindmanscher Prägung in den USA hingewiesen. Hand in Hand damit ist die Geldpolitik zu neuem Ansehen gelangt. Dementsprechend hat die Nixon-Administration den Primat der Fiscal Policy beendet. Zur wirtschaftspolitischen Konzeption Nixons meint etwa Strümpel in einer sehr instruktiven Abhandlung über die Praxis der „Neuen Wirtschaftspolitik in den USA": „Bisher sind kaum mehr als die Konturen der Wirtschaftspolitik der Regierung Nixon erkennbar. Zweierlei ist sicher: Die Ära des Primats der Fiscal Policy ist zu Ende; das Budget als Thermostat, als Regelungs- oder Steuermechanismus der Konjunkturpolitik wird in der nun angebrochenen Epoche nicht fortleben[13]."

[7] *Kaldor*, Nicholas: Monetary Policy, Economic Stability and Growth, in: Essays on Economic Policy, Vol. I, London (1964), P. 141.

[8] Vgl. *Strümpel*, Burkhard: Der Primat der Fiscal Policy: Wirtschaftspolitische Lehren aus der Ära Kennedy/Johnson, in: Finanz- und Geldpolitik im Umbruch, Mainz (1969), S. 147 f.

[9] *Boulding*, Kenneth E.: Principles of Economic Policy, Englewood Cliffs N. J. (1964), S. 210.

[10] Vgl. etwa *Heller*, Walter W.: Das Zeitalter des Ökonomen, Tübingen 1968, insbes. S. 26 ff. und S. 63 ff.

[11] Vgl. *Bundesministerium der Finanzen:* Finanzbericht 1969. Die volkswirtschaftlichen Grundlagen und die wichtigsten finanzpolitischen Probleme des Haushaltsplans der BRD für das Rechnungsjahr 1969, Bonn, S. 89.

[12] Vgl. *Dürr*, Ernst: Prozeßpolitik, in: Kompendium der Volkswirtschaftslehre, Bd. 2, S. 209; ferner Studie des International Information Center for Local Credit: Economic policy in practice, Den Haag 1968, S. 17 ff.

[13] *Strümpel*, Burkhard, a.a.O., S. 148.

Mc Cracken, der Vorsitzende der jetzigen Gruppe der Wirtschaftsberater ist offensichtlich geneigt, der Geldpolitik eine größere Bedeutung beizumessen[14]. Wenn die Fiscal Policy ihre Dominanz verliert, dann heißt das aber noch nicht, daß die Geldpolitik ihre Stelle einnimmt. Es hat sich auch noch keine übereinstimmende Meinung über den Rang der Geldpolitik in der Wirtschaftspolitik herausgebildet. Immerhin wird jetzt allgemein eingeräumt, daß — vor allem in Zeiten der Depression und Stagnation — „fiskalische Maßnahmen die Geldpolitik unterstützen müssen", wie Halm feststellt[15]. Bezeichnend ist aber auch die Warnung Halms an gleicher Stelle: „Gefahr droht heute eher von seiten derer, die glauben, sich ausschließlich auf die Fiskalpolitik verlassen zu können, und bereit sind, die inflationistischen Folgen ihrer Einseitigkeit durch Preis- und Mengenkontrollen zu unterdrücken."

Wir werden wohl nicht fehl gehen, wenn wir von der Gleichwertigkeit der verschiedenen Ziele der Wirtschaftspolitik auch auf die grundsätzliche Gleichwertigkeit der verschiedenen Instrumente „Geldpolitik", „Finanzpolitik", „Haushaltspolitik", „Außenwirtschaftspolitik" schließen. So bestimmt etwa das Stabilitätsgesetz der Bundesrepublik, daß Bund und Länder mit ihrer Finanz- und Wirtschaftspolitik gleichzeitig zur Stabilität des Preisniveaus, zu einem hohen Beschäftigtenstand und zu außenwirtschaftlichem Gleichgewicht sowie zu stetigem und angemessenem Wirtschaftswachstums beizutragen haben[16]. Daher wird immer wieder betont, „wie bedeutsam ein aufeinander abgestimmter Einsatz der Instrumente der Geldpolitik und der Instrumente der Finanzpolitik für die Beeinflussung der ökonomischen Aktivität ist"[17].

2. Aspekte der geld- und währungspolitischen Diskussion

Die aktuelle geldpolitische Diskussion dreht sich zwar hauptsächlich — jedenfalls gemessen an der Quantität der Beiträge — um die konkreten geldpolitischen Maßnahmen, weniger um die Ordnung und die Grundlagen des Geldwesens selbst. Wir werden auf diese tagespolitischen Einzelfragen nicht gesondert eingehen, sondern sie nur insoweit berühren, als sie im Zusammenhang mit den Geld- und Währungsordnungsproblemen stehen, denen wir unser Hauptaugenmerk zuwenden wollen. Diese Beschränkung rechtfertigt sich durch die Besinnung auf den Zweck dieses Abschnitts unserer Arbeit. Hier soll der Hintergrund

---

[14] Vgl. *Strümpel*, Burkhard, a.a.O., S. 161.

[15] Vgl. *Halm*, George N.: Geld, Außenhandel und Beschäftigung, 4. Aufl., Berlin (1966), S. 213.

[16] Vgl. *Gesetz* zur Förderung der Stabilität und des Wachstums der Wirtschaft vom 8. Juni 1967, BGBl. I, S. 582 ff., § 1.

[17] *Schneider*, Erich, a.a.O., S. 266.

gezeichnet werden, vor dem das geldpolitische Werk Euckens zu messen und zu beurteilen ist. Daher werden wir am Ende dieses Abschnitts noch kurz auf einige wenige geldpolitische Einzelfragen eingehen, die auch in Euckens Schaffen eine Rolle spielten.

a) Die Reform der internationalen Währungsordnung

Auf dem Terrain der internationalen Währungspolitik gibt es die meisten grundsätzlichen Auseinandersetzungen. Wir finden eine Unzahl von Meinungen vertreten, die teilweise auf eine völlige Änderung der internationalen Währungsordnung, die derzeit auf dem Abkommen von Bretton Woods aufbaut, abzielen, teilweise aber auch systemimmanente Reformen für ausreichend und erstrebenswert halten.

Eine Rückkehr zur reinen Goldreservewährung wird von dem bekannten französischen Experten Jaques Rueff seit Jahren mit allem Nachdruck gefordert. Auch die französische Regierung unter Präsident de Gaulle schien dieser Ansicht zuzuneigen. Jedenfalls hat der Präsident selbst z. B. im Februar 1965 in einer Rede gefordert: „Das internationale Währungssystem muß auf einer einwandfreien monetären Grundlage errichtet werden, die nicht den Stempel eines einzelnen Landes trägt... Dabei kann man kaum an eine andere Grundlage als das Gold denken[18]." Die offiziellen Anträge und Äußerungen der französischen Regierung waren allerdings nie so prononciert. Immerhin erstrebte die offizielle französische Politik offensichtlich eine stärkere Betonung der Rolle des Goldes als Basis der internationalen Währungsordnung[19]. Diese französischen Stimmen gleichen aber einsamen Rufern in der Wüste, die mehr der Vollständigkeit halber verzeichnet werden. Jedoch gilt diese Reserve allein dem Medium „Gold" selbst. In den Vorschlägen steckt der Wunsch, in die Währungsordnung einen automatischen Steuerungsmechanismus einzubauen, der von der „Ehrlichkeit und Intelligenz von Regierungsmitgliedern" (G. B. Shaw) unabhängig funktioniert und der die bisherige Privilegierung des Reservewährungslandes beseitigt. Diese Favorisierung des Automatismus finden wir in manchen Plänen zur Reform der internationalen Währungsordnung.

Auch in dem Vorschlag einer Warenreservewährung, den Hart, Kaldor und Tinbergen der Konferenz der UNO über Handel und Entwick-

---

[18] Zitiert nach *Emminger*, Otmar: Die Rolle des Goldes im internationalen Währungssystem, in: Währungspolitik im Wandel der Zeit, Frankfurt/M. (1968), S. 255.

[19] Vgl. etwa die Stellungnahme des Ministers und französischen Gouverneurs Francois-Xavier *Ortoli* auf der Tagung des „Board of Governors" vom 30. 9.—4. 10. 1968, in: International Monetary Fund: Summary proceedings of the twenty-third annual meeting of the Board of Governors, 1968, Washington D. C., S. 37.

lung am 17. Februar 1964 vorgelegt haben, spielt dieser Gedanke eine Rolle[20]. Ähnlich, wie schon Jahrzehnte früher Graham, schlagen diese Experten jetzt vor, eine internationale Geldeinheit zu schaffen, die durch Gold und Lagerscheine für eine Reihe von Rohstoffen gedeckt wäre, deren *Gesamtwert* im Verhältnis zum Gold durch Käufe und Verkäufe stabil gehalten würde. Damit würde ein dem Goldwährungsmechanismus ähnlicher, aber auf breiterer Güterpalette basierender Automatismus geschaffen. Nach Ansicht der drei Autoren würde diese Warenreservewährung auch das Wachstum der Weltwirtschaft fördern. Bei steigender Urproduktion würden die Erlöse ebenfalls steigen, da die zusätzlichen Produkte vom IWF aufgekauft würden, ihre Preise also nicht nachgeben müßten. Würde andererseits das Gesamtpreisniveau der Reservewaren steigen, dann hätten die Industrieländer abzuwerten, um den depressiven Wirkungen der Warenverkäufe aus den Beständen des Fonds zu entgehen. Außerdem sollen besondere Vorschriften für die Zusammensetzung des Warenkorbes dazu beitragen, daß das Gesamtpreisniveau nicht durch extreme Preissteigerungen einzelner Güter zu stark nach oben rückt.

Auch dieser Plan, der vor allem den Interessen der Entwicklungsländer dienen will, hat keinen großen Anklang gefunden, obgleich er die Souveränität der Nationalstaaten schonen und ihnen die Freiheit gewähren würde, den Wechselkurs zwischen ihrer Währung und dem internationalen Geld „Bancor“ frei zu verändern. Als allzu groß gelten die theoretischen und praktischen Bedenken gegen jede Warenreservewährung — auch gegen die neue Version. Johnson hat in knapper Form die Argumente für und gegen den Plan einer Warenreservewährung zusammengestellt[21]. Er weist vor allem darauf hin, daß der Plan recht wenig effizient sei. Allenfalls könnten auf diesem Weg die Geldpreise der im Warenkorb enthaltenen Güter stabilisiert werden, nicht aber die relativen Preise, im Verhältnis zu den Industrieprodukten, nicht die „terms of trade“, nicht die Exporterlöse noch das durchschnittliche Geld- oder Realeinkommen der Produzenten. Schwierigkeiten könnten sich auch ergeben, wenn die Preise eines Gutes, das für ein Land besonders wichtig ist, gerade fielen, während sich der Durchschnittspreis des Warenbündels erhöhte. Johnson erwähnt auch die Kosten, die sich aus der Lagerhaltung der Waren ergeben, von denen derzeit nur 58 % der Weltexporte aus Entwicklungsländern stammten. Er schätzt im Anschluß an Grubel, daß es 2,458 Milliarden Dollar kosten würde, um die

---

[20] Vgl. dazu die sehr instruktive Darstellung bei *Johnson,* Harry G.: Internationale Währungsreform und unterentwickelte Länder, in: Beiträge zur Geldtheorie und Geldpolitik, Berlin (1969), S. 324 ff.

[21] Vgl. *Johnson,* Harry G.: Internationale Währungsreform und unterentwickelte Länder, a.a.O., S. 324 ff.

Exporterlöse der Entwicklungsländer 1973 um 1,310 Milliarden Dollar zu erhöhen[22].

Zu diesen praktischen Einwänden kommen die theoretischen: „Erstens stellt ein partieller Reservestandard der vorgeschlagenen Art, der dem internationalen Geldstandard lediglich aufgepfropft wird, ohne daß gleichzeitig hinsichtlich der Schaffung inländischen Kreditgeldes eine Einschränkung der Autonomie erfolgt, in Wahrheit keine echte Reform der internationalen Währungsordnung dar, ... zweitens stellen die nach ihrer Dauerhaftigkeit, ihrer Marktfähigkeit und ihren allgemeinen Angebotsbedingungen für die Einbeziehung in den Plan überhaupt geeigneten Güter nur einen geringen Bruchteil der Weltproduktion dar, der keineswegs repräsentativ für den Gesamtoutput ist." Ihre Produktionskosten würden sich sehr wahrscheinlich im Verhältnis zu den Kosten anderer Güter ändern, so daß die Stabilisierung der Geldpreise der Reservegüter sehr wahrscheinlich zu einer Destabilisierung des alllemeinen Preisniveaus führen würde. „Drittens werden aufgrund des geringen Anteils der betreffenden Güter am Gesamtoutput sowie aufgrund der für viele von ihnen geltenden beschränkten Angebots- und Nachfrageelastizitäten die automatischen Stabilisierungseffekte der Warenreservewährung ... möglicherweise nur sehr gering sein und folglich eine beträchtliche Zeit beanspruchen, um überhaupt wirksam werden zu können." Schließlich gibt Johnson noch zu erwägen, ob der Plan überhaupt eine Chance hat, verwirklicht zu werden. Halm hat diese Frage entschieden, denn er erwähnt ihn nicht einmal bei der Diskussion der Pläne zur Verbesserung der Weltwährungsordnung[23]. Auch Johnson ist hier mehr als skeptisch, hänge die Durchsetzbarkeit doch davon ab, „daß sich jene Länder, die trotz des großen Gewichts ihrer historischen Tradition und seiner Symbolkraft den Goldstandard bereits weitgehend aufgegeben haben, neuerlich dazu überreden lassen, einen bisher noch gar nicht erprobten und unorthodoxen Alternativplan gleicherweise willkürlicher Art einzuführen". Aus all diesen Erwägungen kommt Johnson zu dem Ergebnis: „nur wenig empfehlenswert"[24].

Neben diesen Erwägungen dürfte aber die weitverbreitete Abneigung gegen eine Rückkehr zum Automatismus ausschlaggebend dafür sein, daß die Warenreservewährung so geringen Anklang findet. Die meisten Vorschläge beschränken sich auf Verbesserungen im Rahmen der gegenwärtigen Weltwährungsordnung. Hierüber aber gibt es ganze Biblio-

---

[22] Vgl. *Johnson*, Harry G.: Internationale Währungsreform und unterentwickelte Länder, a.a.O., S. 331, Anm. 20.

[23] Vgl. *Halm*, George N.: Geld, Außenhandel und Beschäftigung, 4. Aufl., Berlin (1966), S. 336 ff.

[24] Vgl. *Johnson*, Harry G., a.a.O., S. 331 f.

theken, deren Inhalt wir hier nicht referieren können[25]. Eine Reihe dieser Vorschläge wollte, wie die Warenreservewährung, zugleich den Entwicklungsländern helfen und ergänzte die Pläne zur Verbesserung der internationalen Währungsordnung um entsprechende Bestimmungen. In der Regel war vorgesehen, die zusätzlich benötigte Liquidität in Form von Krediten an die Entwicklungsländer bereitzustellen[26]. Die Bemühungen, das Liquiditätsproblem erst zu klären und dann zu lösen, bildeten in den letzten Jahren einen wesentlichen Teil der Tätigkeit des Internationalen Währungsfonds[27]. Doch soll der lange währende Streit darüber nur erwähnt werden, ob ein Mangel an internationaler Liquidität bestehe oder in nächster Zukunft zu erwarten ist, oder ob im Gegenteil die Weltwährungsordnung eine zu laxe Zahlungsbilanzdisziplin begünstigt und damit eine immanente Inflationstendenz bewirkt[28]. Inzwischen sind nach jahrelangen Beratungen der sog. Zehnergruppe der wichtigsten Welthandelsländer und des IWF selbst zusätzliche Kreditfazilitäten geschaffen worden, die auf Sondererziehungsrechten beruhen[29]. In der Bundesrepublik ist in den letzten Jahren ein anderes Problem in den Mittelpunkt der Diskussion gerückt. Im engeren Sinn geht es dabei darum, ob und wie ein (einigermaßen) stabiles Preisniveau im Inneren bewahrt werden kann, wenn die Preise bei den wichtigsten Außenhandelspartnern steigen. Ist eine nationale Stabilitätspolitik in einer Welt der Inflation überhaupt möglich? L. Albert Hahn hat seit vielen Jahren die Meinung vertreten, daß eine Lösung im Rahmen der gegenwärtigen Weltwährungsordnung nicht möglich ist[30]. Helfen kann nur ein System freier Wechselkurse, wie Hahn in enger Anlehnung an Keynes' „A Trakt on Monetary Reform" von 1923 darlegt[31]. Ganz allgemein gewinnen die Anhänger freier Wechselkurse in der Wissenschaft ständig an Boden, während in der Währungspraxis

---

25 Vgl. dazu die Darstellung bei *Halm*, George N.: Geld, Außenhandel und Beschäftigung, 4. Aufl., Berlin (1966), Kapitel 19, 20 und insbes. 24, S. 336 ff.

26 Vgl. *Johnson*, Harry G.: Internationale Währungsreform und unterentwickelte Länder, in: Beiträge zur Geldtheorie und Geldpolitik, Berlin (1969), S. 318 ff.

27 Vgl. *International Monetary Fund:* Annual report of the Executive Directors for the fiscal year ended april 30, 1968, Washington D. C., S. 12 ff., S. 17.

28 Vgl. *Emminger*, Otmar: Bemerkungen zur internationalen Währungsdiskussion, in: Währungspolitik im Wandel der Zeit, Frankfurt/M. (1966), S. 185.

29 Vgl. *International Monetary Fund*: Annual report of the Executive Directors for the fiscal year ended april 30, 1968, Washington D. C., Appendix I, S. 129 ff.

30 Vgl. *Hahn*, Albert L.: Zwischen Inflation und Arbeitslosigkeit, Frankfurt/M. (1958); wiederabgedruckt in: Geld und Kredit, Frankfurt/M. (1960), S. 159 ff.; hier S. 188.

31 Vgl. *Hahn*, Albert L.: Ein Traktat über Währungsreform, Basel, Tübingen (1964), S. 60.

selbst die nach dem Bretton-Woods-System mögliche „Stufenflexibilität“ zugunsten (fast) starrer Wechselkurse aufgegeben wurde[32]. „Wenn Stabilität des Preisniveaus inmitten einer inflationistischen Welt angestrebt wird, muß man sich damit abfinden, daß der Wechselkurs geändert werden muß[33].“ In besonders prononcierter Weise hat sich der „Sachverständigenrat zur Begutachtung der gesamtwirtschaftlichen Entwicklung“ bereits in seinem ersten Jahresgutachten zum Fürsprecher der freien Wechselkurse gemacht. „Die volle Flexibilität des Wechselkurses gibt erst die Freiheit, eine wirksame Politik der Geldwertstabilität zu treiben, ohne daß von Zeit zu Zeit ein Deflationsdruck ausgeübt werden müßte[34].“ Doch darf nicht übersehen werden, daß es auch im Lager der Wissenschaft bedeutende Stimmen gibt, die in flexiblen Wechselkursen durchaus nicht das Allheilmittel sehen. Wir erinnern nur an die Stellungnahmen Stuckens[35] und Stützels[36]. Ganz klar ablehnend ist die Praxis, wie z. B. die Stellungnahme der Bundesregierung zum 1. Jahresgutachten des Sachverständigenrates: „Selbst wenn die Bundesregierung rechtlich nicht gebunden wäre, würde sie nicht von der Verteidigung eines festen Wechselkurses abgehen[37].“

Von den vielen Argumenten, die für diesen Vorschlag angeführt werden, erscheint uns im Hinblick auf die Geldpolitik eines besonders beachtlich zu sein. Es besagt, daß für die Zahlungsbilanz bei flexiblen Wechselkursen nicht mehr ausschließlich die Geldpolitik zuständig ist, anders als bei starren. „Wesentlich besser ist es, das internationale Gleichgewicht weitgehend durch flexible Wechselkurse herbeizuführen und die Geld- und Fiskalpolitik zusammen und ohne inneren Widerspruch hauptsächlich auf die nationalwirtschaftlichen Probleme auszurichten[38].“ Da die hier geforderte Abkehr von der heutigen Weltwährungsordnung kaum erreichbar erscheint und auch der Übergang der

---

[32] Vgl. *Emminger*, Otmar: Grundprobleme der internationalen Währungsordnung, Berlin (1964) (Weltwirtschaftliche Probleme der Gegenwart); wiederabgedruckt in: Währungspolitik im Wandel der Zeit, Frankfurt/M. (1966), S. 206.

[33] *Sachverständigenrat* zur Begutachtung der gesamtwirtschaftlichen Entwicklung: Jahresgutachten 1964, Bundestagsdrucksache IV/2890, Rdnr. 240 f.

[34] *Lutz*, Friedrich A.: Stabilität und Wachstum, Sonderdruck aus: IFO-Studien — Zeitschrift des Ifo-Instituts für Wirtschaftsforschung, 14. Jahrgang 1968, Heft 1/2, Berlin/München, S. 76.

[35] Vgl. *Stucken*, Rudolf: Was stimmt nicht mit unserem Geld?, Hamburg (1967), S. 18, 77 ff.

[36] Vgl. *Stützel*, Wolfgang: Anpassen statt Aufwerten — Interview in: Der Volkswirt, 23. Jahrgang, Nr. 20, 16. 5. 1969, S. 15.

[37] *Bundesregierung:* Stellungnahme zum ersten Jahresgutachten des Sachverständigenrates zur Begutachtung der gesamtwirtschaftlichen Entwicklung: Jahresgutachten 1964, Bundestagsdrucksache IV/2890, Rdnr. 8.

[38] *Halm*, George N.: Geld, Außenhandel und Beschäftigung, 4. Aufl., Berlin (1966), S. 282.

Bundesrepublik zu freien Wechselkursen im Alleingang nicht viel wahrscheinlicher ist, — vor allem dann, wenn die Wechselkurse vollkommen frei schwanken und die Währungsinstanzen auf jede Intervention verzichten sollen[39, 40] — werden nach der Theorie des „second best" Alternativen entwickelt.

Hahn schlägt z. B. in dem bereits zitierten Traktat über Währungsreform eine häufigere Anpassung einzelner Wechselkurse vor und propagiert damit die Rückkehr zur ursprünglichen „Stufenflexibilität" von Bretton Woods. Der Sachverständigenrat hat eingesehen, daß die volle Wechselkursflexibilität der freien Wechselkurse offenbar „kategorisch ausgeschlossen bleiben" soll, und hat die unangekündigte Paritätsänderung aus staatspolitischen Gründen abgelehnt[41]. Zugleich hielt er an dem Ziel der Preisnivaustabilität auch in einer Umwelt, in der die Preise weiter steigen, fest. Drei mögliche Wege für die deutsche Politik erörterte der Sachverständigenrat in diesem Gutachten: den gehärteten Devisenstandard, den mittelfristig garantierten Paritätsanstieg und die Erweiterung der Bandbreiten mit begrenzter Paritätsanpassung nach oben. Der Devisenstandard sollte dadurch „gehärtet" werden, daß sich zumindest die wichtigsten Länder des IWF strengeren Regeln über die innerstaatliche Wirtschaftspolitik unterwerfen. Der Sachverständigenrat bezweifelt aber selbst, daß auf diesem Wege in den nächsten Jahren nennenswerte Erfolge zu erzielen seien. Daher erwägt der Rat die genannten Alternativen.

Unter „mittelfristig garantiertem Paritätsanstieg" wird ein System verstanden, in dem „die für die Währungspolitik zuständigen Instanzen verbindlich erklären (Vorankündigung), daß während einer bestimmten Periode in der Zukunft (Festlegungsperiode) die Kurse, bei denen die Bundesbank am Kassadevisenmarkt intervenieren muß (Interventionspunkte), nicht konstant bleiben, sondern ansteigend fixiert werden, und zwar von Woche zu Woche ganz allmählich, so daß sich im Laufe eines Monats ein Paritätsanstieg von z. B. 0,2 v. H. ergibt"[42].

---

39 Vgl. *Halm,* George N., a.a.O., S. 286.

40 Auch die „Freigabe" der Wechselkurse der Deutschen Mark für 2 Wochen nach der Wahl zum 6. Deutschen Bundestag war von vornherein als Übergangsmaßnahme zu einer neuen Parität gedacht. Im Hinblick auf die fortgesetzten Devisenoperationen der Bundesbank kann man übrigens die Kurse in diesen Wochen kaum als freie Marktkurse bezeichnen. Bundeswirtschaftsminister Schiller hat in einem Interview am 24. Oktober 1969 im Deutschen Fernsehen (Bericht aus Bonn, ARD 21 Uhr) marktbeeinflussende Maßnahmen der Bundesbank lediglich für die letzten Tage in Abrede gestellt.

41 Vgl. *Sachverständigenrat* zur Begutachtung der gesamtwirtschaftlichen Entwicklung, Jahresgutachten 1966, Bundestagsdrucksache V/1160, Rdnr. 267.

42 *Sachverständigenrat* zur Begutachtung der gesamtwirtschaftlichen Entwicklung, Jahresgutachten 1966, a.a.O., Rdnr. 268.

Ähnlich ist der Vorschlag der Erweiterung der Bandbreiten mit begrenzter Paritätsanpassung nach oben. Einmal sollten die Bandbreiten von jetzt ± 1 % auf ± 4—5 % gedehnt werden, zum anderen sollte die generelle Erlaubnis verankert werden, die Parität bis zu 2 % gegenüber dem jeweiligen Vorjahresstand zu ändern[43].

Wir wollen darauf verzichten, diese Pläne im einzelnen, im Für und Wider, vorzustellen, da sie — anders als die Warenreservewährung — zu weit von Euckens Vorstellungen entfernt sind. Zu deren Beurteilung vermöchte daher eine weitere Erörterung kaum wichtige Gesichtpunkte beizutragen.

b) Die Diskussion um die Reform der innerstaatlichen Geldordnung

Wie wir dargelegt haben, rührt die Diskussion über die internationale Geld- und Währungsordnung durchaus an die Grundlagen der geltenden internationalen Geldverfassung. Die Grundzüge der innerstaatlichen Geldordnungen sind viel weniger umstritten. „Revolutionäre“ Pläne, die darauf ausgehen, die Basis der Geldordnung, etwa die Art und Weise der Geldschöpfung, zu verändern, sind demgemäß selten. Es dominieren Stellungnahmen zu den geldpolitischen Maßnahmen des Tages — zur „Feineinstellung“, wobei die Geldordnung als Datum hingenommen wird. Wie wir bereits anmerkten, soll uns dieser Teil der Diskussion hier nicht weiter beschäftigen. Wir wollen uns vielmehr den Stimmen zuwenden, die sich für eine Reform der Daten selbst einsetzen.

Die Bundesrepublik hatte Mitte der Fünfziger Jahre ein recht umfassendes Instrumentarium zur Steuerung der Geldversorgung der Wirtschaft[44]: Diskont-, Lombard-, Offenmarkt-, Mindestreserve- und Swapsatz-Politik. Es hat sich aber in der Währungsgeschichte der letzten Jahre gezeigt, daß es Fälle gibt, in denen dieses Instrumentarium nicht greift, in denen es der Notenbank nicht oder nicht rechtzeitig gelingt, die Geldschöpfung der Kreditbanken in den Griff zu bekommen[45].

Hier setzt die Kritik an, die insbesondere Stucken seit Jahren vorgetragen hat. Sie fußt auf der Feststellung: „... die Herrschaft der Notenbank über die Geldschöpfung ist in einer grundsätzlichen Art

---

[43] Vgl. *Sachverständigenrat* zur Begutachtung der gesamtwirtschaftlichen Entwicklung, Jahresgutachten 1966, a.a.O., Rdnr. 275.

[44] Vgl. *Stucken*, Rudolf: Was stimmt nicht mit unserem Geld?, Hamburg 1967, S. 43.

[45] Vgl. etwa die Darstellung bei *Stucken*, Rudolf: Was stimmt nicht mit unserem Geld?, Hamburg 1967, S. 52 ff.

zweifelhaft geworden[46]." Stucken erscheint es als die „große offene Frage", wie die Herrschaft über die Geldschöpfung für die Notenbank zurückgewonnen werden kann. So fordert er eine „Partnerschaft von Notenbank und Kreditinstituten in der Geldpolitik"[47] zunächst noch als ultima ratio[48], dann aber, als sich die Hoffnung auf eine freiwillige „unbewehrte" Regelung zerschlagen hatte, mit großem Nachdruck die Ergänzung des Instrumentariums der Notenbank[49], insbesondere die Kreditplafondierung[50]. Ferner denkt er dabei in Anlehnung an englische, schweizerische und amerikanische Vorbilder an die Ergänzung des Mindestreservesystems um das sog. Zuwachssystem[51] und an Gentlemen's Agreements[52, 53].

Das Instrumentarium der Schweizerischen Nationalbank wurde kürzlich u. a. um die Mindestreservepflicht für Einlagen erweitert. Im Gegensatz zu dem bei uns üblichen Bestandssystem werden aber die Mindestreserven nach dem *Zuwachs* der Einlagen berechnet. Stucken schlägt nun vor, unser „Bestandssystem" um das „Zuwachssystem" zu ergänzen, für das allerdings wesentlich höhere Höchstsätze im Gesetz zu verankern wären. Diese Ergänzung hätte „den Vorteil, schwächere Banken, die keine großen Einlagenzuflüsse haben, im Verhältnis zu den stark expandierenden Banken zu entlasten"[54].

Immer wieder hat Stucken gefordert, der Bundesbank das Recht zur Kreditplafondierung zu gewähren[55]. Auch bei der Vorbereitung des Stabilitätgesetzes hat er sich, z. B. bei Beratungen mit dem damaligen Vorsitzenden der Ministerpräsidentenkonferenz, dem Bayer. Ministerpräsidenten Dr. h. c. Goppel, nachdrücklich dafür eingesetzt, dieses Instrument im Gesetz zu verankern. Dem starken Druck der Interessenten ist es schließlich doch gelungen, die entsprechende Be-

---

46 *Stucken*, Rudolf: Deutsche Geld- und Kreditpolitik 1914—1939, 3. Aufl., Tübingen 1964, S. 291.

47 *Stucken*, Rudolf: Deutsche Geld- und Kreditpolitik 1914—1963, S. 292.

48 Vgl. *Stucken*, Rudolf: Deutsche Geld- und Kreditpolitik 1914—1963, S. 293.

49 Vgl. *Stucken*, Rudolf: Was stimmt nicht mit unserem Geld?, S. 58, 66.

50 Vgl. *Stucken*, Rudolf: Was stimmt nicht mit unserem Geld?, S. 99, 101, 103.

51 Vgl. *Stucken*, Rudolf: Neue Notenbankinstrumente in der Schweiz, in: Finanz- und Geldpolitik im Umbruch, Mainz 1969, S. 396.

52 Vgl. *Stucken*, Rudolf: Was stimmt nicht mit unserem Geld?, S. 106.

53 Vgl. auch *Johnson*, Harry G.: Alternative Leitprinzipien der Geldpolitik in Kanada, in: Beiträge zur Geldtheorie und Geldpolitik, Berlin 1969, S. 231 ff.

54 *Stucken*, Rudolf: Neue Notenbankinstrumente in der Schweiz, a.a.O., S. 396.

55 Vgl. *Stucken*, Rudolf: Deutsche Geld- und Kreditpolitik 1914—1963, 3. Aufl., S. 294 ff.; ders., Was stimmt nicht mit unserem Geld?, S. 96; ders.: Neue Notenbankinstrumente in der Schweiz, a.a.O., S. 396 f.

stimmung des Regierungsentwurfs zu Fall zu bringen. Unter Kreditplafondierung versteht Stucken die Beschränkung der Gesamtsumme der Kredite (quantitative Kreditbeschränkung) oder bestimmter Kreditarten (qualitative Kreditbeschränkung)[56]. Die Kreditbeschränkungen können im Wege des Agreements der Notenbank mit den Kreditbanken oder durch Anordnung der Notenbank aufgrund gesetzlicher Ermächtigung verwirklicht werden. Denkbar wäre auch eine Kombination beider Wege. So könnten entsprechend dem Tarifvertragsrecht eine Vereinbarung für allgemein verbindlich erklärt und damit Außenseitern gegenüber bindend werden.

Jedenfalls wird nach Stuckens Ansicht die gesetzliche Ermächtigung für die Notenbank, Kredite zu beschränken, dem Abschluß von Gentlemen's Agreements sehr förderlich sein, deren Vorteil die größere Flexibilität ist[57]. In die Kreditplafondierung sollten auch die großen privaten und öffentlichen Kapitalsammelstellen einbezogen werden. Anderenfalls bestünde die Gefahr, daß die Bankkredite durch Direktkredite dieser Stellen ersetzt würden, was der Kreditplafondierung ihre quantitative Wirkung nähme[58]. Nun gäbe es aber für große Unternehmen immer noch die Möglichkeit, im Ausland direkt Kredite aufzunehmen, der man allerdings durch eine besondere außenwirtschaftliche Absicherung begegnen könnte. Stucken hält dies nicht für nötig. Im großen Umfang würden wohl nur dann Auslandskredite aufgenommen, wenn wie 1960 eine Aufwertung erwartet werde. Selbst dann halbiere die Kreditplafondierung immerhin noch die binnenwirtschaftlichen Folgen des Auslandskredits, da die Banken gehindert sind, ihre Kredite entsprechend dem ihnen durch den Verkauf der Devisen zufließenden Notenbankgeld auszudehnen.

Bei diesen Untersuchungen — seien es die Stuckens über die deutsche Lage oder die Johnsons über die Situation in den USA und Kanada — geht es darum, der Notenbank bessere Instrumente in die Hand zu geben, mit denen sie ihre Politik wirkungsvoller realisieren kann. Die Verbindung zwischen ihrer Geldpolitik und der Geldschöpfung der Kreditbanken soll so straff wie möglich werden. Eine „entscheidend verstärkte Beherrschung des Liquiditätsvolumens durch die Zentralbank" wäre freilich erst durch die Pflicht zur hundertprozentigen Deckung des Kreditbankgeldes in Zentralbankgeld gewährleistet[59]. Diese Pläne werden heute aber kaum mehr vertreten. Bezeichnend ist die Beurteilung des 100 %-Plans — allerdings in der indiskutablen

---

[56] Vgl. *Stucken,* Rudolf: Was stimmt nicht mit unserem Geld?, S. 95.

[57] Vgl. *Stucken,* Rudolf: Was stimmt nicht mit unserem Geld?, S. 120.

[58] Vgl. *Stucken,* Rudolf: Was stimmt nicht mit unserem Geld?, S. 110.

[59] Vgl. *Veit,* Otto: Deutsche Geldpolitik, S. 113.

Form der Golddeckung — durch Tinbergen: „So wurde der Vorschlag gemacht, eine hundertprozentige Golddeckung zu verlangen („100-Prozent-Währung"), um die übermäßige Ausdehnung des Geldumlaufs zu verhindern. Die gleiche Wirkung läßt sich aber durch eine vernünftige monetäre Politik erreichen, wie sie in den vorhergehenden Kapiteln diskutiert wurde. Der Vorschlag einer 100-Prozent-Währung erscheint demgegenüber ziemlich starr"[60]. Ähnlich sieht Forstmann den Chicagoplan weder als zweckmäßig noch als notwendig an, da er auf den praktisch niemals und theoretisch kaum realisierbaren Fall abgestellt sei, daß alle Depositen zurückgezogen würden. Es fehle ihm an der nötigen Elastizität in der Anpassung an den volkswirtschaftlich legitimen Bedarf[61].

Die Notenbank wird heute nicht als völlig ungebundene, im luftleeren Raum angesiedelte Institution konzipiert. Die Geldpolitik und damit die Notenbank haben vielmehr die allgemeine Wirtschaftspolitik der Regierung zu unterstützen, wie es in § 12 Satz 1 des Bundesbankgesetzes formuliert ist. Das ist heute wohl allgemeine Meinung[62]. Man vertraut darauf, daß die Leiter der Geldpolitik — wenn sie nur fähig sind — in diesem Rahmen die richtige Politik machen werden, und ist davon überzeugt, daß das von Heller für die gesamte Wirtschaftspolitik geprägte Wort auch auf diesem Teilgebiet gilt, daß also nur eine wachsame und kluge Politik und eine gehörige Portion Fingerspitzengefühl und Glück die richtige Geldversorgung erreichen[63]. Nun gibt es aber, wie die Erfahrungen der Vergangenheit lehren, auch in Notenbanken eine „Vorliebe für falsche Theorien" (Stucken). Ein gewisses Unbehagen glaubt man daher auch in den Schriften der Autoren zu verspüren, die sich wie Stucken mit großem Nachdruck für die Erweiterung des Instrumentariums der Notenbank einsetzen. So hat Stucken Verständnis dafür, daß über die Bildung der Konjunkturausgleichsrücklage II des Stabilitätsgesetzes nicht die Bundesbank, sondern die Bundesregierung entscheidet, weil es sich dabei um eine politische Entscheidung handle[64]. Johnson, der eine Ermächtigung der Zentralbank zur Kontrolle der Kreditquoten der Banken für nützlich und empfehlenswert hält, fährt fort: „Ich habe jedoch ein erhebliches Vorurteil gegen jede Ausdehnung der Macht der Zentralbank in dieser Richtung,

---

60 *Tinbergen,* Jan: Wirtschaftspolitik, Freiburg (1968), S. 261

61 Vgl. *Forstmann,* Albrecht: Geld und Kredit, II. Teil, Die Anwendung der Geld- und Kredittheorie, Göttingen 1952, S. 706, 712.

62 Vgl. *Schneider,* Erich: Einführung in die Wirtschaftstheorie, III. Teil, Geld, Kredit, Volkseinkommen und Beschäftigung, 5. Aufl., Tübingen 1959, S. 104.

63 Vgl. *Heller,* Walter W.: Das Zeitalter des Ökonomen, Neue Dimensionen der Wirtschaftspolitik, Tübingen 1968, S. 75.

64 Vgl. *Stucken,* Rudolf: Was stimmt nicht mit unserem Geld?, S. 113.

und zwar aus dem Grunde, weil sie notwendigerweise zu einer verstärkten Abhängigkeit der komplexen ökonomischen Sachprobleme vom individuellen Urteil der Zentralbank führen muß[65]." Von dieser Position aus ist der Schritt nicht mehr allzu groß bis zu der Forderung die Leiter der Notenbankpolitik sollten von ihrer alten, auf ihre Urteilskraft gestützten Praxis abgehen und sich statt dessen an einer festen Regel orientieren. Die Geldmenge soll nach diesem Vorschlag Friedmans künftig Jahr für Jahr um einen festen Prozentsatz — von 4 % —[66] erhöht werden, der den langfristigen monetären Erfordernissen der Volkswirtschaft entspricht, aber keine Rücksicht auf konjunkturelle Schwankungen nimmt[67]. Friedman will damit offenbar ein Stück Automatismus an entscheidender Stelle in die Wirtschaft einfügen. Ein Automatismus, der nicht von den Zufälligkeiten der Goldproduktion oder der Güter irgendeines Warenkorbes gesteuert wird, sondern vom langfristig zu erwartenden Wirtschaftswachstum. Hinter Friedmans These steckt eine Philosophie und eine Geldtheorie[68]. Die Philosophie ist die der „Chicagoer Schule", die die Forderung nach dem größtmöglichen Geltungsbereich freier Märkte mit der nach einer staatlichen Regelung des Geldwesens verbindet. Wenn sich die Ermessensfreiheit der Zentralbank schon nicht einschränken lasse, dann solle sie wenigstens einer festen, allen bekannten Regel folgen. Im Grunde ist das die Position Gestrichs[69]. Die geldtheoretische Basis ist die Quantitätstheorie. Wir haben bereits im geldtheoretischen Teil unserer Arbeit darauf hingewiesen, daß dieser Theorie und der Geldmenge von Friedman und seinen Schülern in den USA zu neuem Ansehen verholfen wurde. Friedman fordert nun, die Geldmenge in den Mittelpunkt der Notenbankpolitik zu stellen und nicht die Zinssätze. Auch Wallich, der der „Regel" skeptisch gegenübersteht, will die Geldmenge stärker beachtet wissen als die Zinssätze[70]. Er kommt zu dem Schluß: „Auch aus theoretischer Sicht muß festgestellt werden, daß die Regelung des Geldmengenwachstums gewiß die bessere Politik ist, falls die Notenbank wählen muß zwischen der Stabilisierung der Zins-

---

[65] *Johnson*, Harry G.: Alternative Leitprinzipien der Geldpolitik in Kanada, a.a.O., S. 248 f.

[66] Vgl. *Friedman*, Milton: A Program for Monetary Stability, New York 1960, S. 84 ff.; *Strümpel*, Burkhard: Der Primat der Fiscal Policy, a.a.O., S. 162; *Johnson*, Harry G.: Geldtheorie und Geldpolitik, in: Beiträge zur Geldtheorie und Geldpolitik, S. 66.

[67] Vgl. *Wallich*, Henry C.: Eine Regel für die Geldpolitik?, in: Deutsche Bank: Beiträge zu Wirtschafts- und Währungsfragen und zur Bankgeschichte, Nr. 8, August 1969, S. 6.

[68] Wir folgen mit unserer Darstellung der erwähnten Arbeit *Wallichs*.

[69] Vgl. *Gestrich*, Hans: Kredit und Sparen, S. 155.

[70] Vgl. *Wallich*, Henry C., a.a.O., S. 12.

sätze oder der Geldmengenwachstumsrate[71]." Er hält, zumindest derzeit, die Quantitätstheorie für einen verläßlichen Führer. Der Gedanke der „Regel" beruht auf einer weiteren Erkenntnis Friedmans: Zwischen der Wachstumsrate der Geldmenge und dem Stand der wirtschaftlichen Aktivität besteht ein Zusammenhang, aber auch ein sehr langes time-lag. Der zeitliche Abstand zwischen den Höchstständen der Geldmengenzuwachsrate und der Konjunktur betrug z. B. nach seinen Berechnungen in den USA zwischen 13 und 24 Monaten, im Durchschnitt 16 Monate. Diese Ergebnisse haben Zustimmung und heftigen Widerspruch gefunden[72]. Insbesondere wird seine Berechnungsmethode in Zweifel gezogen. Bei der Messung des Verzögerungseffektes ergeben sich aber eine ganze Reihe schwieriger, vor allem methodischer Fragen, auf die wir hier nicht eingehen können[73]. Zu denken geben sollten nach Meinung Wallichs Berechnungen mit Zahlen der Wirtschaftsentwicklung der letzten Jahrzehnte. Setzt man demnach das laufende Einkommen mit Hilfe einer konstanten — der derzeitigen — Umlaufgeschwindigkeit des Geldes in Relation zur Geldmenge und nimmt an, diese wäre in den letzten 19 Jahren seit 1950 um jährlich 4 % gewachsen, so müßte das Bruttosozialprodukt der USA 1969 1126 Mrd Dollar betragen. In Wirklichkeit wird es auf 930 Mrd Dollar geschätzt. Rechnet man die Termineinlagen noch zum Geld, so kommt Wallich zu einem Bruttosozialprodukt von 746 Mrd Dollar bei einer Wachstumsrate der Geldmenge von 4 % und zu einem solchen von 1067 Mrd Dollar bei einer Rate von 6 %. Die eine hätte also stark deflationär, die andere inflationär gewirkt. Man hätte 1950 eine Wachstumsrate von 5 % wählen müssen. Immerhin läßt sich mit der von Friedman selbst vorgeschlagenen Formel das Bruttosozialprodukt der Jahre 1962 bis 1966 mit einer durchschnittlichen Abweichung von nur 1¼ % berechnen. Für die früheren Jahre sind die Werte allerdings auch hier schlechter[74].

c) Die Geldpolitik als Instrument der Konjunkturpolitik

Aus den Arbeiten Friedmans ergibt sich eine betonte Skepsis im Hinblick auf die Eignung der Geldpolitik zur (kurzfristigen) Konjunkturbeeinflussung. Damit schickt sich das Pendel an, wieder einmal zurückzuschwingen, nachdem in den Jahren vorher die Geldpolitik ge-

---

71 *Wallich,* Henry C., a.a.O., S. 11.

72 Vgl. die Übersicht bei *Johnson,* Harry G.: Geldtheorie und Geldpolitik, a.a.O., S. 67 ff.

73 Vgl. *Johnson,* Harry G.: Geldtheorie und Geldpolitik, a.a.O., S. 68; *Wallich,* Henry C., a.a.O., S. 6 f.

74 Vgl. *Wallich,* Henry C., a.a.O., S. 17 f.

rade als Mittel der kurzfristigen Stabilisierung wieder entdeckt worden war[75] — wenn sie auch die Führungsrolle der Fiskalpolitik hatte überlassen müssen. Während aber die Skepsis Friedmans sich auf das Time-lag zwischen der Änderung der Geldmenge und ihrer Wirkung auf die Wirtschaft gründet, dabei aber gerade die Geldmenge selbst als Wachstumsbedingung (re-)installiert, erstrecken andere Kritiker kurzfristiger Geldpolitik ihre Skepsis auch auf die Bedeutung der Größe „Geldmenge" selbst. So erachtet der Radcliffe-Report die gesamte verfügbare Liquidität als den entscheidenden Ansatzpunkt zur Kontrolle der Nachfrage, nicht aber die Geldmenge[76].

In Deutschland nimmt seit langem Schmölders eine ähnliche Position ein. Für ihn muß demgemäß Geldpolitik „heute im wesentlichen Liquiditätspolitik sein"[77]. Sowohl die vom Radcliffe-Report wie die von Friedman vertretenen Meinungen sind alles andere als allgemein anerkannt. Die überwiegende Meinung in Wissenschaft und Praxis der USA sieht wohl in der Geldpolitik ein Hauptinstrument der Konjunkturpolitik. Wie wir dargelegt haben, ist diese Stellung in der jüngsten Zeit sogar zu Lasten der bislang dominierenden Fiscal Policy gestärkt worden. So hat die Federal Reserve die Konjunktur in den Jahren 1966 bis 1968 mit „hektischen Sprüngen" in ihrer kurzfristigen Geldpolitik zu beeinflussen gesucht[78]. In Deutschland vertritt der Sachverständigenrat eine polyinstrumentale Konjunkturpolitik. Demgemäß findet er für die Rezession des Jahres 1966 folgende „Erklärung grundsätzlicher Art: Der Grund liegt im Fehlen einer planvollen Koordination von Kredit- und Fiskalpolitik und im Fehlen einer wirksamen Verhaltensabstimmung zwischen den staatlichen Instanzen auf der einen und den nichtstaatlichen auf der anderen Seite"[79]. Der Geldpolitik kommt im Rahmen dieser Konzeption eine mehr flankierende Aufgabe zu, weniger eine zentrale — wenn man von den Fragen des Außenwertes der Mark absieht. Damit ähnelt sie den in der Zeit der Kennedy-Johnson-Administration in den USA herrschenden Meinungen. Auch auf der Suche nach einer geeigneten außenwirtschaftlichen Absicherung bevorzugt der Sachverständigenrat Modelle, in deren Rahmen der Geldpolitik nicht die Hauptrolle zufällt. So heißt es z. B.

---

[75] Vgl. *Johnson*, Harry G.: Geldtheorie und Geldpolitik, in: Beiträge zur Geldtheorie und Geldpolitik, S. 62 f., S. 73.

[76] Vgl. *Kaldor*, Nicholas: The Radcliffe Report, in: Essays on Economic Policy, London 1964, Vol. I, S. 156 f.

[77] Vgl. *Schmölders*, Günter: Geldpolitik, 2. Aufl., Tübingen, Zürich 1968, S. 3.

[78] Vgl. *Wallich*, Henry C., a.a.O., S. 12 f.

[79] *Sachverständigenrat* zur Begutachtung der gesamtwirtschaftlichen Entwicklung: Jahresgutachten 1967, Bundestagsdrucksache V/2310, Rdnr. 232.

im Jahresgutachten 1967: „Die Geld- und Fiskalpolitik hat nur noch die Aufgabe, für das außenwirtschaftliche Gleichgewicht zu sorgen und braucht deshalb nur zu leisten, was sie auch gegenwärtig auf die Dauer nur leisten kann[80].“ Die Bundesregierung sah demgegenüber — im Juni 1964 — die Geld- und Kreditpolitik der Bundesbank als Hauptinstrument an, die durch eine antizyklische Finanzpolitik zu ergänzen und zu unterstützen sei[81]. Im gleichen Sinn äußerte sie sich auch in ihrer Stellungnahme zum ersten Jahresgutachten des Sachverständigenrates im Januar 1965[82]. Zur gleichen Zeit wurde in den USA der Budgetpolitik sogar die Aufgabe der konjunkturellen „Feineinstellung“ aufgebürdet[83]. Im Gesetz zur Förderung der Stabilität und des Wachstums der Wirtschaft vom 8. 6. 1967[84] sind nunmehr die nötigen Instrumente für die moderne Fiskal-, Haushalts- und Schuldenpolitik geschaffen. Heute gilt die Geldpolitik vor allem deshalb als wichtiges, um nicht zu sagen hauptsächliches Instrument der Konjunkturpolitik, weil sie als beweglich, schnell verfügbar und stets einsatzbereit angesehen wird. Die Fiscal Policy weist demgegenüber ein sehr langes „inside-lag“ — das ist die Zeit, die zwischen einer Analyse der Indikatoren und dem Einsatz der Mittel verstreicht — und zudem auch ein langes „outside-lag“ — Zeitraum zwischen Einsatz und Wirkung der Mittel — auf[85]. Nach wie vor eignet unbestrittenermaßen der Geldpolitik ein kurzes „inside-lag“. Es bleibt aber abzuwarten, wie die Diskussion über die Länge des „outside-lag“ verlaufen wird, die durch Friedmans Berechnungen ausgelöst worden ist. Jedenfalls ist es auch in der Bundesrepublik allgemeine Meinung, daß die Bremsen der Bundesbank zu langsam und zu spät eingreifen. Für manche Autoren ist damit auch schon die Frage nach der Geld(-versorgungs-) -ordnung selbst gestellt[86]. Eine ähnliche Skepsis hinsichtlich des Bremsvermögens der Notenbank finden wir in den USA, wie Johnson feststellt: „Tatsächlich hat sich der Kreis mittlerweile wieder geschlossen und die vorherrschende Meinung hat sich wiederum zur für die zwanziger Jahre typischen Ansicht bekannt, daß die Geldpolitik offensichtlich wirksamer zur Deflations- als zur Inflationsbekämpfung eingesetzt werden könnte[87].“ Etwas anders sieht Haller diese Zusam-

---

[80] a.a.O., Rdnr. 309.

[81] Vgl. Bundestagsdrucksache IV/1752.

[82] Vgl. Bundestagsdrucksache IV/2890.

[83] Vgl. *Stümpel*, Burkhard, a.a.O., S. 147 f.

[84] BGBl. I, S. 582 ff.; vgl. insbes. §§ 6, 5, Abs. 2, 11, 13, 19.

[85] Vgl. *Strümpel*, Burkhard, a.a.O., S. 157, 158.

[86] Vgl. *Stucken*, Rudolf: Deutsche Geld- und Kreditpolitik 1914—1963, S. 291.

[87] *Johnson*, Harry G.: Geldtheorie und Geldpolitik, a.a.O., S. 63.

menhänge. Er betont, daß die Geldpolitik zwar von ähnlicher Wirkung wie die Finanzpolitik sei, wenn es darum gehe, die Gesamtnachfrage zu drosseln. Gelte es aber, diese anzukurbeln, so sei die Finanzpolitik eindeutig überlegen, da sie unmittelbar eine Steigerung der Gesamtnachfrage bewirken könne[88]. Allerdings fährt Haller fort: „Zur Wirtschaftsankurbelung in der Depression ist eine unabdingbare Voraussetzung eine expansive, auf Geldvermehrung, Kreditausweitung, Zinsverbilligung usw. gerichtete Geldpolitik. In der Regel wird sie als nicht ausreichend betrachtet werden können, da ihre Wirkung zu schwach und zu langsam sein wird... Die Geldpolitik muß also einen unentbehrlichen Hilfsdienst leisten[89]." In der Kontraktionspolitik kann dagegen die Geldpolitik völlig unabhängig von der Finanzpolitk eingesetzt werden. Sie wird jedoch praktisch durch die erforderliche Rücksichtnahme auf die Kurse der schwebenden Staatsschuldpapiere gehemmt. Bei hoher Staatsverschuldung fällt also die Geldpolitik weitgehend aus[90]. Hier liegt auch der Grund, warum in den USA die Fähigkeit der Geldpolitik, zur Drosselung des Booms beizutragen, skeptischer beurteilt wird als in Deutschland, wo die Staatsschuld vergleichsweise recht niedrig ist[91].

Haller kommt trotz dieser Bemerkungen über die Rolle der Staatsschuld zu dem Ergebnis, daß die Geldpolitik von grundlegenderer Bedeutung ist als die Finanzpolitik, weil die Finanzpolitik immer einer geldpolitischen Abstützung bedarf, die Geldpolitik aber allenfalls in der Depression auf die Finanzpolitik angewiesen ist[92]. Halm legt dar, daß in der Depression der Nachdruck auf der Fiskalpolitik, in der Prosperität aber in der Geldpolitik liegen wird, und fährt fort: „Da aber das Decifit Spending durch Kreditschöpfung finanziert werden muß, so darf festgestellt werden, daß die Geldpolitik in mehr oder minder aktiver Form immer in entscheidender Weise an den konjunkturpolitischen Maßnahmen der Regierung beteiligt ist[93]."

Zur Bekämpfung der Inflation wird also nach überwiegender Meinung die Geldpolitik einer wesentlichen, nach einer weitverbreiteten Meinung den entscheidenden Beitrag zu liefern haben. Freilich hängt die Entscheidung über die Rolle der Geldpolitik bei der Inflations-

---

88 Vgl. *Haller*, Heinz: Finanzpolitik, Tübingen, Zürich 1957, S. 274.

89 *Haller*, Heinz, a.a.O., S. 275 f.

90 Vgl. *Haller*, Heinz, a.a.O., S. 279.

91 Vgl. *Wissenschaftlicher Beirat beim Bundeswirtschaftsministerium:* Gutachten zu Fragen der Staatsverschuldung, in: Bundesanzeiger, Jg. 20, Nr. 155 vom 21. August 1968, S. 3 f.

92 Vgl. *Haller*, Heinz, a.a.O., S. 278, 275.

93 *Halm*, George N.: Geld, Außenhandel und Beschäftigung, 4. Aufl., Berlin 1966, S. 227.

bekämpfung von der vertretenen Inflationstheorie ab. Den zahlreichen Inflationstheorien entsprechend finden wir eine reiche Skala der Meinungen über die Eignung der Geldpolitik zur Inflationsbekämpfung. Jeder Autor hält selbstverständlich eine Politik für erforderlich, die dort ansetzt, wo er die Inflationsursache sieht. Für den Fall der importierten Inflation fordert daher z. B. der Sachverständigenrat die außenwirtschaftliche Absicherung. Auf weitere Beispiele wollen wir an dieser Stelle verzichten und statt dessen auf unsere Übersicht im Kapitel C I 2 (Der gegenwärtige Stand der Inflationstheorie), verweisen. Jedenfalls gibt es noch heute eine beachtliche und im Zuge der „Renaissance der Quantitätstheorie" wohl steigende Zahl von Experten, die zu dieser Frage ähnlich wie Besters feststellen würden: „Kurzformeln, wie lohninduzierte Inflation (als Ergebnis exzessiv steigender Löhne und Gehälter), investitionsinduzierte Inflation (im Zuge der Ausweitung eines Investitionsbooms), fiskalinduzierte Inflation (infolge ausgabenfreudigen Finanzgebarens) und exportinduzierte Inflation (bei anhaltenden Leistungsbilanzüberschüssen) verschleiern allzu leicht die conditio sine qua non jeder Inflation, nämlich die übermäßige Geldausweitung im Verhältnis zum Güterangebot[94]." Besters kommt letztlich zu dem Schluß: „So ist es an der Zeit, die (öffentliche und ausländische) Inflationsquelle zu verstopfen und damit zur Geldwertstabilität zurückzukehren[95]."

III. Beurteilung der geldpolitischen Konzeption Euckens

Walter Eucken hat seine Geldpolitik auf eine bestimmte Geldtheorie gegründet und im engen Zusammenhang damit entwickelt; zugleich hat er die Geldpolitik in einen wohlgeordneten Kosmos der Wirtschaftspolitik eingeordnet. Wir werden zunächst zu diesen beiden Komplexen einige Anmerkungen machen. Da es sich hierbei um Euckensche Positionen handelt, die heute nicht mehr sehr kontrovers sind, können wir uns auf ein kurzes Resümee beschränken. Eingehender werden wir uns dann mit den bei Eucken dominierenden Fragen der Geldordnungspolitik befassen. Geldpolitik erschöpft sich aber nach allgemeiner Ansicht nicht in Geldordnungspolitik. Wir werden daher auch, wenngleich in aller Kürze, auf die Möglichkeiten der Geldpolitik als Instrument der Prozeßpolitik eingehen müssen.

---

[94] *Besters*, Hans: Kritische Anmerkungen zur jüngsten Konjunkturdiskussion, in: Theoretische und institutionelle Grundlagen der Wirtschaftspolitik, Theodor Wessels zum 65. Geburtstag, Berlin 1967, S. 366.

[95] *Besters*, Hans, a.a.O., S. 390.

1. Die Geldpolitik basiert auf einer bestimmten Geldtheorie

Für Eucken war es keine Frage, sondern eine Selbstverständlichkeit, daß geldpolitische Vorschläge eines tragfähigen geldtheoretischen Unterbaus bedürfen. Theorie und Politik stehen für Eucken in engstem Kontakt. Schon in dem Werk „Kritische Betrachtungen zum deutschen Geldproblem" offenbart sich diese Symbiose. Sie zieht sich als Grundmaxime durch Euckens gesamtes wissenschaftliches Werk. Für Eucken sind Geldtheorie und Geldpolitik einander in einer Weise zugeordnet, daß die eine ohne die andere Stückwerk, Torso bleibt. So hält er sich gleich weit entfernt von der l'art pour l'art eines „reinen Theoretikers" und dem blinden Aktivismus des Nur-Politikers. Die Auffassung, jede Geldtheorie müsse ein tragfähiges theoretisches Fundament haben, wird in der Literatur nicht bestritten, sondern wohl allgemein geteilt; selten aber finden wir sie so klar ausgesprochen und verwirklicht wie bei Eucken.

In der Tat verlangt kaum ein Bereich der Wirtschaftspolitik so gebieterisch nach einer soliden theoretischen Untermauerung wie die Geld- und Währungspolitik. Es läßt sich nämlich schwerlich ein Gebiet von ähnlichem Abstraktheitsgrad finden wie das Geldwesen. Diesem Abstraktheitsgrad entspricht ein ungewöhnlich hoher Schwierigkeitsgrad. Daher befindet sich der „gesunde Menschenverstand" auf keinem Gebiet mehr in Gefahr, in die Irre zu gehen. Um aus dem unübersehbaren Labyrinth der Interessen, Meinungen und Möglichkeiten hinauszufinden, bedarf der „Geldpolitiker" des Ariadnefadens der — „richtigen" — Geldtheorie. Das Geld nimmt in der modernen Wirtschaft eine allzu zentrale und dominierende Position ein, als daß man auf eine wissenschaftliche, theoretische Analyse der anstehenden Probleme und auf eine entsprechende Erfolgskontrolle verzichten hönnte. Je mehr unsere Geld- und Währungsordnung zur Geld- und Währungsverfassung geworden ist, je mehr die Geldversorgung aus der Zone des zufälligen Geschehens in die der bewußten Gestaltung gerückt ist, desto wichtiger wurde es, daß die Geldpolitiker Klarheit über Wesen und Wirkungen des Phänomens „Geld" besitzen, wie sie nur als Frucht wissenschaftlicher, geldtheoretischer Untersuchungen zu gewinnen ist. Bedenkt man, welche mittelbaren und unmittelbaren Wirkungen vom Geld auf das Leben jedes einzelnen und auf die gesellschaftliche und politische Ordnung ausgehen, welche stabilisierende oder auch destruktive Rolle dieses Medium spielen kann, dann wird man die Notwendigkeit anerkennen müssen, die Geldpolitik auf einem sicheren geldtheoretischen Fundament zu begründen. Es soll freilich nicht verkannt werden, daß die geldtheoretische Forschung keineswegs auch nur zur restlosen Klärung der wichtigsten Begriffe und Zusammenhänge geführt hat. So ist es beispielsweise heute umstritten wie eh und je, was als Geld zu bezeichnen ist und was demgemäß zur Geldmenge zählt.

2. Geldpolitik ist ein Teil der Wirtschaftspolitik

Mit der gleichen Selbstverständlichkeit, mit der Eucken die Geldpolitik vertikal in der Geldtheorie verankert, verzahnt er sie horizontal mit der Wirtschaftspolitik. Auch Berechtigung und Notwendigkeit dieses Vorgehens werden heute nicht mehr bestritten. Wegen der Interdependenz aller gesellschaftlichen, speziell aller wirtschaftlichen Lebensbereiche kann Geldpolitik sinnvoll nur als Teil der Wirtschaftspolitik betrieben werden. Die verschiedenen speziellen Wirtschaftspolitiken müssen aufeinander abgestimmt werden, damit das gewünschte Ziel erreicht wird und nicht eine Maßnahme die andere neutralisiert. Soeben hatten wir in der Akzentverlagerung von der gewachsenen Wirtschaftsordnung zur gesetzten Wirtschaftsverfassung ein Argument für die Forderung nach einem theoretischen Unterbau der Geldpolitik gefunden, jetzt können wir den gleichen Tatbestand ein zweites Mal zur Begründung heranziehen. Wenn die Wirtschafts- und die Geldordnung mehr als Aufgabe denn als Schicksal verstanden werden, gewinnen Wirtschafts- und Geldpolitik eine ganz andere Bedeutung. Sie werden quantitativ und qualitativ mehr gefordert und können den berechtigten Erwartungen nur entsprechen, wenn sie ihre Maßnahmen wohldosiert und abgestimmt zu treffen verstehen. Mit Recht wird die Geldpolitik allgemein als integrierter Bestandteil der Wirtschaftspolitik angesehen, wie Eucken es zeit seines Lebens getan hatte.

Nicht den gleichen, ungeteilten Beifall findet Euckens Postulat des Primats der Geldpolitik. Für die alltägliche Geldpolitik, die sich als Prozeßpolitik versteht, wird dieser Primat heute weithin abgelehnt. Man sollte sich die Antwort nicht so einfach machen. Unseres Erachtens ist es nötig, im wirtschaftspolitischen Alltag die verschiedenen Instrumente harmonisch und nuanciert einzusetzen. Die Geldpolitik ist nach wie vor ein wichtiges, für viele das hauptsächliche Werkzeug zur Steuerung des Wirtschaftslebens. Es gibt sicherlich Situationen, in denen die Geldpolitik nur Hilfestellung leisten kann, während der entscheidende Impuls anderswoher, vielleicht von der Fiskalpolitik, kommen muß, etwa wenn es gilt, die Investitionslust anzuregen. Selbst wer mit Friedman — und entgegen der bei uns vorherrschenden Meinung — glaubt, die Geldpolitik für kurzfristige Eingriffe nicht verwenden zu können, wird sie doch als Mittel der Prozeßpolitik nicht missen wollen. Prozeßpolitik braucht ja nicht nur auf das Nahziel gerichtet zu sein. Auf längere Sicht aber kommt der Geldmenge große Bedeutung für die wirtschaftliche Aktivität zu. Auch wer betont, nicht das Geld, sondern die gesamtwirtschaftliche Liquidität beeinflußten den Wirtschaftsprozeß, muß einräumen, daß die Geldmenge einen wesentlichen Teil der Gesamtliquidität ausmacht. Neben diesen Argumenten ist der Signalcharakter der „prozeßpolitischen" Geldpolitik zu beachten. Diese Signalwirkung geldpolitischer Maßnahmen übertrifft die direkte Wirkung oft bei weitem. Es ist häufig beschrieben worden, daß z. B. eine Diskonterhöhung den Wirtschaftsprozeß beeinflussen kann, auch wenn die maßgebenden Banken gar nicht auf den Rediskont ihrer Papiere angewiesen sind, weil sie über ausreichende Liquidität verfügen. Wir neigen daher dazu, der Geldpolitik schon in der Prozeßpolitik die erste, die führende Rolle zuzubilligen. Dabei sind wir uns aber darüber im klaren, daß wir nicht nur *eine* Hauptrolle zu vergeben haben. Unter den gegebenen Umständen kommen „tragende Rollen" ebenfalls der Fiskal-, der Lohn- und der Einkommenspolitik zu. Eucken selbst hat jede Art von Prozeßpolitik grundsätzlich, wenn auch nicht ausnahmslos, abgelehnt.

Haben wir uns soeben mit etwas Zurückhaltung für einen Primat der Geldpolitik im Rahmen der Prozeßpolitik ausgesprochen, so möchten wir ihn im Rahmen der Ordnungspolitik noch entschiedener bejahen. Eucken hat überzeugend nachgewiesen, welche entscheidende Aufgabe der Geldverfassung im Konzept einer Wirtschaftsverfassung zukommt. Die richtige, d. h. die der gewollten Wirtschaftsverfassung angemessene Geldordnung stabilisiert die Wirtschaftsordnung und sichert ihr Funktionieren. Wird dagegen eine der Wirtschaftsordnung nicht konforme Geldordnung gewählt, so wird diese stabilisierend und zersetzend wirken. Die Geldordnung steht an zentraler Stelle und die Politik, die sich der Gestaltung der Geldordnung widmet, ist daher von kaum zu überschätzender, besonderer Bedeutung.

Das gilt nicht nur dann, wenn das Geld die Lenkungsfunktion in der Wirtschaft übernehmen soll. Auch wenn der Wirtschaftsprozeß von zentraler Stelle gesteuert wird, wie in der Zentralverwaltungswirtschaft, muß eine entsprechende Geldverfassung gewählt werden, die dafür sorgt, daß vom Geld nicht unerwünschte Störungen ausgehen oder daß die Bürger mit Hilfe dieses Mediums ihre Pläne gegenüber den zentralen Plänen durchsetzen können. Freilich hat die Geldordnung hier mehr dienende Funktion; sie soll den notwendigen Flankenschutz übernehmen. In marktwirtschaftlich orientierten Wirtschaftsordnungen, in denen die Wirtschaft durch den Preismechanismus gesteuert wird, rückt die Geldordnungspolitik von einer wichtigen auf die wichtigste Position vor. Natürlich bleiben andere konstituierende Prinzipien der Wirtschaftsordnung daneben bestehen. Wenn wir der Geldpolitik im Rahmen der Ordnungspolitik marktwirtschaftlicher Dominanz den Primat zusprechen, dann bedeutet das die Anerkennung der wichtigsten Rolle in einer Reihe von Hauptrollen. So hat Eucken den Primat der Währungspolitik verstanden und so halten wir die Aussage für gerechtfertigt.

Jede entwickelte Wirtschaft ist eine Geldwirtschaft, und der Gestaltung der Geldordnung gebührt stets große Aufmerksamkeit. In marktwirtschaftlich durch viele Millionen Einzelpläne der Konsumenten, Produzenten, Sparer, Unternehmer und Banken bestimmten und durch den Preismechanismus gesteuerten Wirtschaftsordnungen aber rücken Fragen der Geldordnung in das erste Glied der Wirtschaftspolitik. Sie nehmen die zentrale Position ein. Es ist daher nicht übertrieben, in der Ordnungspolitik einen Primat der Währungspolitik zu postulieren.

3. Geldpolitik ist Geldordnungspolitik

Aus der Darstellung des Euckenschen Beitrags zur Geldpolitik ergab sich als grundlegende Erkenntnis, daß Euckens Interesse der Gestaltung der Ordnung und der Grundlagen des Geldwesens gilt. Seine Geldpolitik ist Ordnungs-, Grundlagen- und Rahmenpolitik. Insofern paßt die Geldpolitik nahtlos in sein allgemeines wirtschaftspolitisches Konzept. Nicht umsonst trägt Euckens nachgelassenes wirtschaftspolitisches Werk den Titel „Grundsätze der Wirtschaftspolitik". Der Ansatzpunkt ist überzeugend und kaum angreifbar. Erst wenn die Ordnung und die Grundlagen der Wirtschaft geregelt sind, und nur in dem dadurch abgesteckten Feld, kann es sinnvoll sein, die Wirtschaftsprozesse im einzelnen — soweit notwendig — zu beeinflussen[1]. Jedoch gilt dieses positive Urteil zunächst nur der Euckenschen Fragestellung und nicht seiner Antwort. Euckens Kritik am Kreditgeld ist in vieler Hinsicht begründet. Mit Recht beruft sich Eucken auf die Geschichte der Politik der Reichsbank. Ihre Politik in der Inflationszeit der zwanziger Jahre und in der Deflationszeit der dreißiger Jahre lehrt in der Tat, wie verhängnisvoll sich falsche volkswirtschaftliche Meinungen der Leiter der Geldpolitik auswirken können. Die Reichsbank sah damals ihre Aufgabe darin, durch eifriges Betätigen der Notenpresse den Geldbedarf der Wirtschaft, den sie für allein technisch bedingt hielt, zu befriedigen und das Geldvolumen dem Preisniveau anzupassen. Dadurch hat sie aktiv an dem kumulativen Inflationsprozeß mitgewirkt. Mit umgekehrten Vorzeichen hat sie den gleichen Fehler

---

1 Vgl. *Seraphim*, Hans-Jürgen: Theorie der allgemeinen Volkswirtschaftspolitik, 2. Aufl., Göttingen 1963, S. 290.

in den Jahren 1929 — 1932 wiederholt — mit einem noch schlimmeren Ergebnis als 1923. Dieses Fehlverhalten wurde den Verantwortlichen leicht gemacht, da die falschen theoretischen Einsichten von mächtigen Interessen gestützt wurden. So kam z. B. dem durch den Krieg verschuldeten Staat, den Unternehmern und den Gewerkschaften die inflationäre Geldpolitik sehr gelegen. Öffentliche und private Schuldner wurden automatisch immer mehr entschuldet, Preise und (Nominal-) Löhne konnten nahezu reibungslos erhöht werden.

Euckens Bedenken lassen sich mit anderen geschichtlichen Erfahrungen ähnlich belegen. Man kann sogar einräumen, daß auch der theoretische Nachweis dafür gelungen ist, daß die verhängnisvollen kumulativen Effekte immer wieder auftreten werden, wenn die Geldschöpfung von privatwirtschaftlich tätigen Kreditbanken ohne wirksames Regulativ betrieben wird. Eucken hat aus diesen Erfahrungen den Schluß gezogen, das Kreditgeld sei durch eine bessere Geldordnung zu ersetzen. Wir rekapitulieren kurz, daß Eucken die neue internationale *und* nationale Währung auf einen Warenstandard gründen wollte (Warenreservewährung), während die Zentralbanken ergänzend und eng an die Regeln der Warenreservewährung gebunden Kreditgeld schaffen sollten. Die Geschäftsbanken sollten kein Geld mehr schaffen können.

Gegen den Vorschlag der Warenreservewährung, der neuerdings von prominenter Seite wieder aufgegriffen worden ist, sind erhebliche Bedenken geltend gemacht worden. Ein Teil der Einwände gilt der Eignung der Warenreservewährung als Instrument der Entwicklungshilfe. Als Entwicklungshilfemaßnahme scheint uns in der Tat die (Welt-)Warenreservewährung wenig geeignet zu sein: sie hätte eine recht geringe Effizienz. Doch können diese Bedenken nicht gegen Euckens Vorschlag ins Feld geführt werden. Eucken hat seine Konzeption unter ganz anderen Auspizien erarbeitet, und Entwicklungshilfe war ihm (vor 1940!!) ein unbekannter Begriff. Es bleiben aber noch eine Reihe anderer, vorwiegend theoretischer Bedenken. Die nach ihrer Dauerhaftigkeit, ihrer Marktfähigkeit und ihren allgemeinen Angebotsbedingungen für den An- und Verkauf durch die Agentur in Frage kommenden Güter stellen nur einen geringen, nicht repräsentativen Teil der Weltproduktion dar. Ihre Produktionskosten werden sich im Verhältnis zu den Kosten anderer Güter ändern, so daß eine Stabiliserung der Geldpreise der Warenkorbgüter wohl zu einer Destabilisierung des allgemeinen Preisniveaus führen würde. Wegen des geringen Anteils der betreffenden Güter an der Weltproduktion und der für viele von ihnen geltenden eingeschränkten Angebots- und Nachfrageelastizitäten würden die automatischen Stabilisierungseffekte zwar signifikant, aber möglicherweise nicht sehr gering sein. Das bedeutet, daß es eine beträchtliche Zeit dauern würde, bis die Wirkung einträte. Noch wichtiger als diese Argumente, die Johnson durch eine mathematische Ableitung untermauert hat[2], erscheinen uns folgende Überlegungen: Die Warenreservewährung ist grundsätzlich geeignet, mit möglicherweise erheblicher Verzögerung in einer Deflation stabilisierend zu wirken, weil die Agentur unbeschränkt Waren aufkaufen kann. In der Inflation aber sind die Möglichkeiten erschöpft, sobald die Lager geleert sind. Die Agentur kann dann das Geldvolumen nicht mehr einschränken. Für eine Zeit, der allgemein ein weltweiter, säkularer, inflationärer Trend attestiert wird, erscheint ein derartiges Geldsystem nicht besonders überzeugend. (Das hat Eucken bewogen, das Kreditgeld ergänzend zuzulassen.)

Johnson hat gegen den Vorschlag Tinbergens weiter eingewendet, der Reservestandard sei nicht als echte Reform der internationalen Währungsordnung anzusprechen, weil er dem internationalen Goldstandard nur aufgepfropft werde, ohne daß die Autonomie bei der Schaffung innerstaatlichen (Kredit-)Geldes eingeschränkt werde. Dieser Einwand läßt sich gegen Euckens Pläne nicht erheben. Denn Eucken sieht als Ergänzung zwar auch das Weiterbestehen des Kreditgeldes vor, will aber die Notenbankleitungen eng an die Politik der Agentur binden, während den privaten Banken die Geldschöpfungsmacht zu nehmen wäre. Die innerstaatliche Autonomie in der Geld- und Kreditpolitik wäre beseitigt. Die Regierungen sollten keinen Einfluß mehr haben und die Zentralbanken und der Agentur selbst hätten keinen Entscheidungsraum. Einen Ermessensspielraum sollte es theoretisch gar nicht geben, praktisch sollte er so eng wie möglich gehalten werden. Die Funktionäre des Währungs-, Geld- und Kreditwesens hätten robotergleich, nach festen Regeln programmiert, auf die Impulse des Wirtschaftsprozesses zu reagieren, nämlich die Geldmenge auszudehnen oder zu verkleinern.

Euckens Vorschlag wäre eine echte Reform der internationalen Währungsordnung. Die aus dem 100 %-Plan entlehnte *eine* tragende Säule des Euckenschen Plans — den Geschäftsbanken die Möglichkeit der Geld- und Kreditschöpfung zu nehmen — würde sicherlich den schädlichen Dualismus in der Geldpolitik beenden. Ein Großteil der geldpolitischen Probleme, die uns heute Kopfzerbrechen bereiten, wäre damit gelöst. Es gäbe dann nur noch Bargeld und Buchgeld der Zentralbank, „mit dem Erfolg entscheidend verstärkter Beherrschung des Liquiditätsvolumens durch die Zentralbank"[3], wie Veit mit Recht

---

[2] Vgl. *Johnson*, Harry G.: Mathematischer Anhang zur Warenreservewährung, in: Beiträge zur Geldtheorie und Geldpolitik, Berlin 1969, S. 333 ff.

[3] *Veit*, Otto: Deutsche Geldpolitik, S. 113.

feststellt. Natürlich würde sich die „Banklandschaft" ändern. Auch die Ertragsstruktur unserer Banken würde sicherlich beeinträchtigt. Möglicherweise müßte daher in Zukunft den Kunden manche Bankleistung berechnet werden, die heute als Kundendienst unentgeltlich gewährt wird. Wenn wir aber mit dieser „radikalen" Lösung unsere Geldordnungsprobleme wirklich mit einem Schlag aus der Welt schaffen könnten, sollte dieser Vorteil für die gesamte Volkswirtschaft schwerer wiegen als die bei einem Teil der Banken zu befürchtenden Nachteile.

Allerdings wären die Leiter der Notenbankpolitik voll für die Geldversorgung verantwortlich — ein Ergebnis, das Eucken unter allen Umständen vermeiden wollte. Der Kern seiner Vorschläge war der in die Währungsordnung einzubauende *automatische* Stabilisator. Hier muß daher auch die Kritik hauptsächlich einsetzen. So verlockend es wäre, den richtigen Mechanismus installieren und dann die Hände in den Schoß legen zu können, in die geistige und wirtschaftspolitische Landschaft unserer Zeit paßt es nicht.

Die Geschichte lehrt, daß das Kreditgeld in Gefahr schwebt, zur Inflation mißbraucht zu werden, ohne daß dies logisch und theoretisch notwendig wäre: Druck der Interessenten, Irrtum der Verantwortlichen können der Grund dafür sein. Seit der Inflation der Jahre nach dem ersten Weltkrieg hat die wissenschaftliche Diskussion — nicht zuletzt unter Beteiligung Euckens — tiefere Einsichten in diese Zusammenhänge erbracht. Auch das Gespür der breiten Schichten des Volkes für ein gesundes Geldwesen ist durch die Erfahrungen der letzten 50 Jahre erheblich geschärft worden. Bei den Leitern der Zentralbanken können heute die richtigen theoretischen Einsichten vorausgesetzt werden. Die der Wissenschaft bekannten Hilfsmittel stehen ihnen zur Verfügung und ihre Stellung kann gesetzlich so abgesichert werden, daß sie in der Lage sind, die Instrumente ihren Einsichten gemäß einzusetzen. Die quasi-richterliche Unabhängigkeit der Bundesbank ist ein Beispiel dafür. Die Menschen und Völker sind unter diesen Umständen nicht bereit, sich einem neuen Geldautomatismus zu unterwerfen, der — von wenigen Professoren ausgedacht — noch völlig unerprobt ist und die Geldversorgung zwar nicht mit der Produktion eines Gutes verknüpfen würde, aber doch mit den Zufälligkeiten der Erzeugung mehrerer Güter, die weder für die gesamte Weltproduktion noch gar für die Produktion jeder einzelnen Volkswirtschaft repräsentativ sein können. Überdies müßten sich bei Euckens Vorschlag die Staaten ihrer Souveränität auf dem Gebiet der Geldschöpfung begeben. Damit hätte die staatliche Wirtschaftspolitik ein wichtiges Instrument verloren. Eine so weitgehende Integration auf *einem* zentralen Teilgebiet ist aber nicht isoliert möglich. Sie würde zumindest eine entsprechende Integrierung der Wirtschaftspolitik der Hauptshandelsländer der Welt verlangen. Das wäre weit mehr, als bisher z. B. in der Europäischen Wirtschaftsgemeinschaft erreicht worden ist.

Unter diesen Umständen ist es wenig wahrscheinlich, daß die Welt auf dem Weg, der vom Geldautomatismus ausgeht und zur autonomen monetären Lenkung geführt hat, einhält, eine Kehrtwendung um 180 Grad vollführt und sich einem neuen Automatismus unterwirft. Wenn diese letzte Überlegung auch pragmatischer Natur ist, so hat sie bei geldpolitischen Untersuchungen doch ihre Berechtigung. Wer Vorschläge für eine Reform der Geldordnung macht, muß sich mit anderen Maßstäben messen lassen als derjenige, der nur ein theoretisches Modell konstruiert.

Wir halten also im Einklang mit der überwiegenden Meinung in der wissenschaftlichen Literatur und der einhelligen Ansicht der währungspolitischen Praktiker die Warenreservewährung weder für eine geeignete noch durchsetzbare geldordnungspolitische Konzeption. Der von Eucken als flankierend gedachte 100 %-Plan dagegen verdient es unseres Erachtens, erneut gründlich untersucht und diskutiert zu werden. Es wäre nötig, die volkswirtschaftlichen Vorteile im einzelnen mit den betriebswirtschaftlichen Nachteilen zu vergleichen. Der Vorschlag würde jedenfalls der Notenbank die Herrschaft über das Geldvolumen unumschränkt verleihen und ihr damit freilich eine ungeteilte Verantwortung für die richtige Geldversorgung aufladen. Was sich zunächst als Nachteil für die Gewinn- und Verlustrechnung der privaten Geschäftsbanken darstellt, könnte für diese Institute auf längere Sicht durchaus von Vorteil sein. Die Verfechter der Verstaatlichung des Bankwesens hätten nämlich ein tragendes Argument verloren, wenn die Geschäftsbanken nicht mehr Geld schöpfen könnten.

Sicherlich bedarf eine freie Wettbewerbswirtschaft eines straff geleiteten Geldwesens. Ein Automatismus aber muß und kann es in unserer Zeit nicht sein — und wäre er in sich noch so perfekt und unangreifbar konstruiert — was die Warenreservewährungpläne nicht sind. Der Wettbewerbswirtschaft wird vielmehr eine möglichst zentrale Lenkung der Geldschöpfung am besten gerecht. Solange und soweit die Nationalstaaten in heutiger Form noch existieren, wird eine Stelle für jede Volkswirtschaft zuständig sein müssen. Daneben ist eine Weltzentralbank mit internationaler Kontrolle anzustreben, die als Kern einer echten *supra*nationalen Weltzentralbank der Zukunft anzusprechen wäre. An wissenschaftliche Kenntnisse, politische Klugheit und an das Verantwortungsbewußtsein der zuständigen Notenbankleiter werden hohe Anforderungen gestellt.

Eine derartige Geldordnung dürfte aber der heutigen wirtschaftlichen, gesellschaftlichen und politischen Verfassung der Menschheit mehr entsprechen als der perfekteste automatische Mechanismus, der den Menschen zum Befehlsempfänger, zum Maschinisten und Wartungspersonal degradiert.

Wie die wissenschaftliche Diskussion des Goldwährungsmechanismus gezeigt hat, hat dieser (Gold-) Automatismus erhebliche Nachteile, da er die Geldversorgung mit dem Schicksal eines Gutes verknüpft. Auch gegen die Warenreserverwährung, die diese einseitige Fixierung vermeiden will, sind mit Recht ähnliche Einwände erhoben worden. Andere sind dazu gekommen. Wohl jede Geld- und Währungsordnung, die aus den Fehlern ihrer Vorgänger gelernt hat, wird ihrerseits neue Probleme und Fragen aufwerfen, die wiederum neue Reformen nötig machen. Werden aber Automatismen der vorgeschlagenen Art in die Währungsordnung eingebaut, dann lassen sich Reformen nur in großen Sprüngen durch Änderung der Währungsverfassung selbst vornehmen. Vertraut man aber in der Geldschöpfung auf Wissen, Können und Geschick der Leiter der Notenbanken, dann lassen sich Anpassungen und Korrekturen viel schonender, Schritt für Schritt vornehmen. Geldpolitischen Heilslehren gegenüber, die vorgeben, den Stein der Weisen gefunden zu haben, scheint uns Vorsicht am Platz. So wichtig und grundlegend die Geldordnungspolitik ist, so kann sie doch nicht die laufende Geldpolitik ersetzen.

4. Geldpolitik ist auch Prozeßpolitik

Geldpolitik kann nicht nur Geldordnungs- und Geldverfassungspolitik sein, denn monistische Ordnungen sind weder durchsetzbar[4], noch wäre ihre Durchsetzung unbedingt ein Vorteil. Wir werden uns also auch in Zukunft damit befassen müssen, das durch die Geldordnungspolitik abgesteckte Feld auszufüllen. Selbst im Rahmen der Euckenschen Konzeption bliebe in der Praxis den Leitern der Notenbankpolitik wohl ein beachtlicher Spielraum, der vor allem das „Wann" und das „Wieviel" der Geldschöpfung und Geldvernichtung beträfe. Für die Zeit, in der seine Konzeption nicht verwirklicht ist, hat Eucken ohnehin expressis verbis geldpolitische Maßnahmen zur direkten Beeinflussung des Wirtschaftsprozesses für erforderlich gehalten. So hat er im September 1931 angesichts der Arbeitslosenheere zu einer Politik staatlicher Arbeitsbeschaffung, niederen Zinses und der Kreditexpansion geraten[5]. Auch

[4] Vgl. *Seraphim*, Hans-Jürgen: Theorie der allgemeinen Volkswirtschaftspolitik, S. 292.

[5] Vgl. *Eucken:* Soziale Frage, Sozial- und Vollbeschäftigungspolitik, in: Blätter der Freiheit, Jahrgang 1951, Heft Nr. 15/16, S. 6.

der Gedanke eines Defizit Spending war Eucken vertraut. Er hielt es auch in der vollbeschäftigten Wirtschaft in dem Umfang für „durchaus legitim", als es erforderlich ist, durch Kreditgeldschöpfung Nachfrageminderungen auszugleichen, die sich ergeben, wenn Geld für Steuern oder zum Erwerb von Anleihen zurückgelegt wird[6]. Hier ist durchaus ein Ansatz, von dem aus die Bedeutung der Fiskalpolitik für einen reibungslosen Wirtschaftsprozeß und für ein angemessenes Wirtschaftswachstum hätte erschlossen werden können. Eucken hat diesen Gedanken aber später nicht weiterverfolgt.

Zu einer umfassenden geldpolitischen Konzeption der Wettbewerbswirtschaft gehört es, auch für den Normalfall — zumindest nach der Theorie des „second best" — das geldpolitische Instrumentarium des „Prozeßpolitikers" auf seine (relative) Verträglichkeit mit dem Ordnungsprinzip zu untersuchen, zu werten und den Katalog gegebenenfalls zu ergänzen. Eucken hat es nicht getan. Er wird sich aber wohl darüber im klaren gewesen sein, daß sein Konzept kaum Chancen hatte, unverfälscht durchgesetzt zu werden. Wir nehmen an, daß er sich vor allem von einer didaktischen Erwägung hat leiten lassen. Er wollte sein ordnungspolitisches Ziel klar, scharf konturiert und ohne alle Kompromisse herausstellen, um keinerlei Ablenkung zuzulassen und alle Kraft auf das Ziel zu konzentrieren, um ihm in der Realität so nahe wie möglich zu kommen.

Wir wollen und können diese Theorien einer Euckenschen Prozeßpolitik des Geldes hier nicht ersatzweise nachgestalten. Wir sind aber der Ansicht, daß die neuere — insbesondere konjunkturpolitische — Diskussion gelehrt hat, daß der Primat der Geldpolitik auch hier gilt. Die Geldpolitik gilt nach wie vor — oder besser gesagt wieder — als ein wichtiges, vielen als das erste Instrument der Prozeßpolitik. Daneben ist freilich vor allem die Fiskalpolitik als weiteres Instrument gleichberechtigt an die Seite der Geldpolitik gerückt.

Wenn wir in diesem Zusammenhang von Geldpolitik sprechen, dann meinen wir nicht einen geldpolitischen Aktivismus, einen ständigen oder gar hektischen Einsatz der Diskontschraube oder der sonstigen auf das Geldvolumen einwirkenden Instrumente der Notenbank. Auch als Prozeßpolitik kann Geldpolitik stetig, ohne größere Schwankungen betrieben werden und vor allem auf ein langfristiges Wirtschaftswachstum gerichtet sein. Denn wir sind mit Seraphim der Ansicht, daß Prozeßpolitik „sowohl kurz- und mittelfristig wie auch langfristig aus-

---

6 Vgl. *Eucken* u. a.: Die Quellen der Kriegsfinanzierung, ungeeignete Wege und geeignete Kriegsfinanzierung, in: *Möller*, Hans: Zur Vorgeschichte der Deutschen Mark (Dokumentation), Basel, Tübingen 1961, S. 32. Dieses Professorengutachten wurde am 9. 12. 1939 in Berlin erstattet und als geheime Reichssache behandelt.

gerichtet sein kann"[7]. Wenn also die von Friedman in den USA angeregte Diskussion über die Eignung der Geldpolitik als Instrument der Konjunkturpolitik zu dem Ergebnis führen sollte, daß die Geldpolitik zur — kurzfristigen Stabilisierung des konjunkturellen Auf und Ab der Wirtschaft ungeeignet sei, dann wäre damit noch nichts gegen die Eignung der Geldpolitik als Instrument der Prozeßpolitik aussagt. Im Gegenteil haben die neueren Forschungen dargetan, daß die Geldpolitik auf mittlere und längere Sicht ganz bestimmt in der Lage ist, den Wirtschaftsprozeß zu beeinflussen und daß sie in dieser Rolle nicht zu ersetzen ist. Es handelt sich dabei allerdings nicht mehr um ein Solo, sondern um einen Part in einem wohlgesetzen, mehrstimmigen Konzert.

5. Kurze Zusammenfassung unserer Beurteilung

Halten wir am Ende unserer Untersuchung noch einmal kurz an, um das geldpolitische Konzept Euckens zu überblicken, so erschließt sich uns folgendes Bild:

Euckens Geldpolitik hat als Basis eine umfassende, klare Geldtheorie, die insbesondere in der Theorie der Geldsysteme Großes leistet. Nachdem aus der theoretischen Analyse und der geschichtlichen Erfahrung die Bedeutung des Geldes für die Wirtschaft und darüber hinaus für Staat und Gesellschaft abgeleitet wurde, kam Eucken folgerichtig zum Primat der Währungspolitik in der Wirtschaftspolitik (der Wettbewerbsordnung).

Auf dieser Grundlage kommt Eucken nach einer klaren Kritik des Kreditgeldes zu seinem Therapie-Vorschlag. Gegen den Kern der von ihm propagierten neuen Geldordnung sind allerdings erhebliche theoretische und praktische Bedenken anzumelden. Eine Geldordnung, die um einen automatischen Stabilisator herumgebaut ist, paßt kaum in die wirtschaftliche und politische Struktur unserer Welt. Der von Eucken als Flankenschutz gedachte Vorschlag, die Kreditgeldschöpfung ganz auf die Zentralbbank zu konzentrieren und den Geschäftsbanken die Fähigkeit zur Geldschöpfung zu nehmen, liegt im Zuge der geschichtlichen Entwicklung, die den Geschäftsbanken schon das Recht zur Schaffung von Notengeld genommen hat. Er hat aber auch andere Vorzüge.

Eucken stellt mit Recht bei allen Überlegungen die Geldordnungspolitik in den Vordergrund. Die den Rahmen ausfüllende, prozeßgestaltende Politik wird darüber aber zu sehr vernachlässigt.

---

[7] Vgl. *Seraphim*, Hans-Jürgen: Theorie der Allgemeinen Volkswirtschaftspolitik, S. 271.

Die Geldpolitik Euckens offenbart einen seltsamen Widerspruch. Einmal hegt Eucken offenbar unbeschränktes Vertrauen zu Wissenschaft und Staat. Er vertraut nämlich darauf, die richtige Geldordnung gefunden zu haben und nimmt an, der Staat werde willens und in der Lage sein, sie zu installieren. Andererseits aber mißtraut Eucken dem Staat und den für die Geldpolitik zuständigen Personen. Er glaubt nicht, daß sie die richtige Geldpolitik betreiben könnten. Deshalb setzt er alles daran, die menschliche Tätigkeit auf den bloßen Vollzug der vom Automatismus ausgehende Befehle zu reduzieren.

E. Walter Eucken
Geldtheoretiker und Geldpolitiker

Wir haben in der vorliegenden Arbeit versucht, Eucken nicht durch die heute übliche Brille zu betrachten, also etwa die Frage „Keynes oder Eucken?" in den Mittelpunkt unserer Überlegungen zu stellen, sondern ihn als Geldtheoretiker und -politiker "aus sich selbst heraus zu verstehen", eine Methode, die Eucken selbst bei seiner Antrittsvorlesung zur Würdigung Saint Simons benutzte[1]. Bemühen wir uns, das Ergebnis kurz zusammenzufassen, so entsteht vor uns folgendes Bild:

Walter Euckens geldtheoretische Aussagen sind über eine Reihe von Fundstellen und auf die wissenschaftliche Arbeit seines ganzen Lebens verteilt. Auch in der Zusammenschau ergeben sie nicht das Bild einer umfassenden schöpferischen Geldtheorie. Die theoretischen Antworten der für sich genommen gewichtigen und teilweise auch bedeutenden Einzelstudien gleichen Quadersteinen, die jeder für sich ordentlich zuweilen köstlich behauen sind, die aber noch nicht so aufeinander abgestimmt wurden, daß sie sich ohne weiteres zum Bauwerk zusammenfügen ließen. Auch der Plan des geldtheoretischen Gebäudes ist nur zum Teil als Bauplan ausgearbeitet, zum größten Teil ähnelt er mehr einer ersten Skizze. Wenn wir im Bild bleiben wollen, so können wir feststellen, daß lediglich das Fundament fertig geworden ist; tragfähig und originell ist es zudem ausgefallen. Wir meinen damit vor allem die Lehre von den Geldsystemen, aber auch die anderen methodischen und geldtheoretischen Grundfragen der Wissenschaft vom Geld, die wir im Teil B unserer Arbeit behandelt haben. Dieser Anschein des Fragmentarischen, Unfertigen, Unverbundenen, aber doch wohl nicht Ungeordneten kann uns nicht überraschen. Er bezeugt, daß der jähe Tod den Forscher allzu früh mitten aus der Arbeit gerissen hat. Wäre ihm ein weiteres Jahrzehnt beschieden gewesen, so hätte sein „ordnender und verknüpfender Geist, der in seltener Weise die Gaben logischer Analyse und lebendiger Anschauung vereinte" — wie Röpke rühmt[2] — vielleicht auch die Geldtheorie zu einem wohlgeformten, einheitlichen Werk zusammengefaßt.

---

[1] Vgl. *Eucken:* Zur Würdigung Saint Simons, in: Schmollers Jahrbuch für Gesetzgebung, Verwaltung und Volkswirtschaft, Jg. 1921, S. 115 ff.

[2] Vgl. *Röpke,* Wilhelm: Walter Eucken, in: Gegen die Brandung. Zeugnisse eines Gelehrtenlebens unserer Zeit. Gesammelt und herausgegeben von Albert Hunold, Erlenbach-Zürich 1959, S. 375/376.

Aber auch in ihrer unvollendeten Form, mit der wir uns zu begnügen haben, geben Euckens geldtheoretische Arbeiten eine Antwort auf die Frage, mit der Eucken 1933 einen mutigen Aufsatz überschrieben hat: „Denken — Warum?“[3]. Die Arbeit an den geldtheoretischen Problemen der Zeit und die Überlegungen zu den Grundfragen des Geldes haben dazu beigetragen, daß wir die Wirklichkeit besser zu erkennen vermögen. Seine geldtheoretische Arbeit hat im ganzen bewiesen, daß „die Ergebnisse richtigen Denkens sich bei der Erklärung der Tatsachen stets bewähren“[4].

Freilich hat Eucken den Zweck des Denkens, der Arbeit des Forschers, nie nur und ausschließlich in der reinen Erkenntnis erblickt, sondern immer auch als Voraussetzung für die richtige, sachgerechte und menschengerechte Gestaltung der Welt verstanden. Die Geldtheorie war für ihn stets auch Basis für seine Geldpolitik, die er vor allem als Verfassungspolitik verstanden wissen wollte. Der spezifischen Zuordnung und engen Verknüpfung von Theorie und Praxis bei Eucken wird wohl Preiser nicht ganz gerecht, wenn er schreibt: „Nicht der wirtschaftspolitische Kampf war seine Leidenschaft, sondern die theoretische Besinnung[5].“ Eucken verweist den kritsch analysierenden Verstand keineswegs allein auf die theoretische Basis. Die geldpolitischen Vorschläge zeugen in gleicher Weise von dem streng-logischen und kühn-wagenden Denken Walter Euckens.

Die Geldlehre zeigt exemplarisch und im wesentlichen bruchlos, welches Ergebnis Euckens Nachdenken über die richtige Gestaltung der Wirtschaft, über die Rolle des einzelnen, des Staates und der Verbände gezeitigt hat. Schon sehr früh war er mit sich darüber ins reine gekommen, was abzulehnen sei: Einmal Kartelle und Monopole mit ihrer Folge der Verbürokratisierung und Verbeamtung des Unternehmers und zum anderen der „Wirtschaftsstaat“, der keine freie Willensbildung mehr hat, sondern sich darauf beschränkt, die Interessen der Verbände auszugleichen, und der seine Macht oft, aber planlos und punktuell einsetzt[6]. Schon 1932 nannte er dieses Ziel „Entfaltung des Kapitalismus in neuartiger Gestalt“[7]. Einige Jahre später (1942) proklamierte er den „Dritten Weg“ zwischen Laissez-faire und Zentraler Verwaltungswirt-

---

[3] Vgl. *Eucken:* Denken — Warum?, in: Die Tatwelt, 9. Jg. (1933), S. 148 ff.

[4] *Eucken:* Denken — Warum?, a.a.O., S. 149.

[5] *Preiser,* Erich: Walter Eucken in memoriam, in: Jahrbücher für Nationalökonomie und Statistik, Bd. 162 (1950), S. 244.

[6] Vgl. *Eucken:* Staatliche Strukturwandlungen und die Krise des Kapitalismus, in: Weltwirtschaftliches Archiv, Bd. 36, Jg. 1932 II, S. 297 ff.

[7] *Eucken:* Staatliche Strukturwandlungen und die Krise des Kapitalismus, in: Weltwirtschaftliches Archiv, Bd. 36, Jg. 1932 II, S. 318.

schaft[8]. Hier greift der Staat weder direkt in den Wirtschaftsprozeß ein noch läßt er alles treiben, er gebraucht vielmehr indirekt wirkende Mittel. Dazu gehört vor allem eine Ordnung des Geldwesens, in der größere Deflationen oder Inflationen nicht stattfinden können[9]. Die Errichtung dieser Ordnung hat der Staat ebenso unter Einsatz seiner ganzen Macht zu erzwingen wie die Einhaltung ihrer Regeln. Euckens Konzept weicht doch erheblich ab von dem heute etwa in den Versuchen einer „konzertierten Aktion" üblichen Interessenclearing der Verbände unter dem Patronat des Staates, der sich als sachverständiger Ratgeber und einer unter gleichen mehr versteht, denn als machtvoller, stets präsenter, aber selten eingreifender Hüter des Gemeinwohls. Eucken sieht sehr klar die Gefahren der „Gruppenanarchie" in Wirtschaft und Gesellschaft, die durch „eigennützige Menschen, einflußreiche und eigennützige Machtgruppen" drohen[10]. Auf der anderen Seite mißtraut er aber den Verwaltungen und ihren Beamten und will ihnen die Leitung des Wirtschaftsprozesses ebensowenig anvertrauen. Dem Staat gegenüber erscheint ihm schon 1932 „Skepsis und Kritik" — statt des Glaubens an den totalen Staat — am Platz[11]. Diesen Widerspruch, den er als „empfindlichsten Stachel" der wirtschaftsverfassungsrechtlichen Probleme empfindet, löst er für die Wirtschaftsordnung recht erfolgreich mit dem Entwurf der Wettbewerbsordnung. Bei der Geldverfassung dagegen werden seine Vorschläge dem Problem, Macht und Ohnmacht des Staates zugleich zu verankern und so eine funktionierende, ja die optimale Geldordnung zu schaffen, weit weniger zufriedenstellend gerecht.

Warum aber suchte Eucken nach dem dritten Weg? Warum versuchte er eine automatische Geldversorgung zu konstruieren? Weil er eine Wirtschafts- und Währungsordnung errichten wollte, die eine menschliche Gesellschaft, aufgebaut auf den Prinzipien der Gerechtigkeit und der Freiheit, ermöglichen sollte. Er zielte auf die umfassende Neuordnung des gesellschaftlichen Lebens, wie Strubl mit Recht feststellt[12]. Eucken war aber alles andere als ein „Gesellschaftsingenieur". Er wollte mit der besten Ordnung der Wirtschaft und Gesellschaft günstige Um-

---

8 Vgl. *Eucken:* Wettbewerb als Grundprinzip der Wirtschaftsverfassung, a.a.O., S. 37 ff.

9 Vgl. *Eucken:* Wettbewerb als Grundprinzip der Wirtschaftsverfassung, a.a.O., S. 45.

10 Vgl. dazu *Eucken:* Wissenschaft im Stile Schmollers, in: Weltwirtschaftliches Archiv, 52. Bd. (1940), S. 490 f.

11 Vgl. *Eucken:* Religion — Wirtschaft — Staat, in: Die Tatwelt, 8. Jg. (1932), S. 87.

12 Vgl. *Strubl,* Gerhard: Die Staatsauffassung des Neoliberalismus. Dargestellt am Staatsdenken von Walter Eucken, Wilhelm Röpke und Alexander Rüstow, Tübinger maschinenschriftliche Dissertation, 1954, S. 45 f.

stände für die Beseitigung der politischen und sozialen Probleme herbeiführen. Deren eigentliche Ursache erblickte er in der inneren Unruhe des modernen Menschen. Sie kann nach seiner Meinung nur durch einen Glauben überwunden werden, dem es gelingt, Glauben und Leben zu verbinden und damit zum sinngebenden Mittelpunkt im Leben des einzelnen Menschen zu werden[13].

Hier zeigt sich, daß Eucken die entscheidenden Impulse für sein geldtheoretisches Forschen und sein geldpolitisches Planen von der Lebensphilosophie seines Vaters Rudolf Eucken empfangen hat. Diesem Keim hat er auf dem Feld seiner Wissenschaft zu kräftiger Entfaltung verholfen. Auch die Struktur seiner Wissenschaftsmethode, seine innige Verbindung von Denken und Tun, geht auf seinen Vater zurück, den er einmal selbst zustimmend mit folgendem Wort zitiert: „‚Denn wo die Wirklichkeit auf dem Tun beruht, muß sie in einem fort neu erzeugt werden; das Denken aber ist es, welches diese Aufgabe erfüllt.‘ (R. Eucken)[14]."

Wenngleich manches im geldtheoretischen und geldpolitischen Werk Euckens heute mit einem Fragezeichen versehen werden muß, so bleiben doch seine Methode, seine grundsätzliche Einstellung zu den Problemen lehrreich und beherzigenswert. Das Dilemma zwischen dem Eigennutz der Gruppen und der Macht oder Ohnmacht des Staates besteht heute wie zu Euckens Zeiten. Der dritte Weg zwischen der Übermacht einzelner und ihrer Verbände und der Allmacht des Staates muß stets neu gefunden werden. Ob er gefunden oder beschritten werden kann, wird nicht zuletzt durch die bestehende Geldverfassung entschieden.

---

[13] Vgl. *Eucken:* Religion — Wirtschaft — Staat, in: Die Tatwelt, 8. Jg. (1932), S. 89.

[14] *Eucken:* Denken — Warum?, a.a.O., S. 152.

Literaturverzeichnis

Akerman, Johan: An Institutional Approach to the Problem of Inflation, in: *Bombach*, Gottfried: Stabile Preise in wachsender Wirtschaft. Das Inflationsproblem, Tübingen 1960

Albert, Wolfgang: Anomale Reaktion der Zahlungsbilanz, in: Ordo — Jahrbuch für die Ordnung von Wirtschaft und Gesellschaft, Bd. XI, Düsseldorf, München 1959, S. 295 ff.

Amonn, Alfred: Kapital, Zins und Wirtschaftsordnung — Zur Neuauflage von Euckens Kapitaltheoretischen Untersuchungen, in: Ordo — Jahrbuch für die Ordnung von Wirtschaft und Gesellschaft, Bd. X, Düsseldorf, München 1958, S. 422 ff.

Besters, Hans: Kritische Anmerkungen zur jüngsten Konjunkturdiskussion, in: Theoretische und institutionelle Grundlagen der Wirtschaftspolitik, Theodor Wessel zum 65. Geburtstag, Berlin 1967

Böhm, Franz, Walter *Eucken* und Hans *Großmann-Doerth*: Einleitung der Reihe „Ordnung der Wirtschaft", Heft 1, Stuttgart 1937

Boulding, Kenneth E.: Principles of Economic Policy, Englewood Cliffs N. J. 1964

Bombach, Gottfried: Ursachen der Nachkriegsinflation und Probleme der Inflationsbekämpfung, in: Ders.: Stabile Preise in wachsender Wirtschaft, Das Inflationsproblem, Tübingen 1960

— Volkswirtschaftliche Gesamtrechnung, in: Handwörterbuch der Betriebswirtschaft, 3. Aufl., Bd. IV, Stuttgart 1962

Bronfenbrenner, M.: Inflation and Deflation, in: International Encylopedia of the Social Sciences, o. O., 1968, Vol. 7.

Bundesministerium der Finanzen: Finanzbericht 1969. Die volkwirtschaftlichen Grundlagen und die wichtigsten finanzpolitischen Probleme des Haushaltsplans der BRD für das Rechnungsjahr 1969, Bonn o. J.

Bundesregierung: Stellungnahme zum ersten Jahresgutachten des Sachverständigenrats zur Begutachtung der gesamtwirtschaftlichen Entwicklung, Bundestagsdrucksache IV/2890

Carell, Erich: Beitrag, in: Der Stand und die nächste Zukunft der Konjunkturforschung, Festschrift für Arthur Spiethoff, München 1933, S. 46 ff.

Cassel, Gustav: Theoretische Sozialökonomie, 1. Aufl. 1918, 5. Aufl., Leipzig 1932

— Das Geldproblem der Welt, München 1921

Christodulopulos, Pindar: Die Finanzierung des beginnenden Aufschwungs, in: Jahrbücher für Nationalökonomie und Statistik, 133. Bd. (II. Folge 78. Bd.), Jena 1930 (II), S. 213 ff.

Clausing, Gustav: Beitrag, in: Der Stand und die nächste Zukunft der Konjunkturforschung, Festschrift für Arthur Spiethoff, München 1933, S. 50 ff.

— Arthur Spiethoffs wissenschaftliches Lebenswerk, in: Schmollers Jahrbuch für Gesetzgebung, Verwaltung und Volkswirtschaft, 78. Jg., Berlin 1958

— Konjunkturen, in: Handwörterbuch der Sozialwissenschaften, Bd. 6, Stuttgart, Tübingen, Göttingen 1959

Colm, Gerhard: Volkswirtschaftliche Gesamtrechnung I, in: Handwörterbuch der Sozialwissenschaften, Bd. 11, Stuttgart, Tübingen, Göttingen 1961

Diehl, Karl: Beitrag, in: Der Stand und die nächste Zukunft der Konjunkturforschung, Festschrift für Arthur Spiethoff, München 1933, S. 61 ff.

Dürr, Ernst: Prozeßpolitik, in: Kompendium der Volkswirtschaftslehre, Bd. 2, Göttingen 1968

Ehrlicher, Werner: Geldkapitalbildung und Realkapitalbildung, Tübingen 1956

— Geldtheorie, in: Handwörterbuch der Sozialwissenschaften, Bd. 4, Stuttgart, Tübingen, Göttingen 1965

— Geldtheorie, in: Kompendium der Volkswirtschaftslehre, Bd. 2, Göttingen 1968, S. 2 ff.

Emminger, Otmar: Währungspolitik im Wandel der Zeit, Frankfurt/M. 1966

Eucken, Walter: Die Verbandsbildung in der Seeschiffahrt, München, Leipzig 1914

— Die Stickstoffversorgung der Welt, Stuttgart 1921

— Zur Würdigung Saint Simons, in: Schmollers Jahrbuch für Gesetzgebung, Verwaltung und Volkswirtschaft, Jg. 45, Berlin 1921, S. 115 ff.

— Kritische Betrachtungen zum deutschen Geldproblem, Jena 1923

— Die deutsche Währungspolitik und das Sachverständigengutachten, in: Bankarchiv, XXIII. Jg., Berlin 1924, S. 233 ff.

— Pseudo-Goldwährung, in: Deutsche Allgemeine Zeitung, Nummer vom 18. 7. 1924

— Übertragungsplan, in: Jahrbücher für Nationalökonomie und Statistik, 123. Bd., Jena 1924, S. 145 ff.

— Das internationale Währungsproblem, Berlin 1925

— Die Ursachen der potenzierten Wirkung des vermehrten Geldumlaufs auf das Preisniveau, in: Jahrbücher für Nationalökonomie und Statistik, 125. Bd., Jena 1926 II, S. 289 ff.

— Reparationsagent und Transfer, in: Bankarchiv, XXV. Jg., Berlin 1926, S. 311 ff.

— Auslandsanleihen, in: Magazin der Wirtschaft, Berlin 1928, S. 120 ff.

— Kredit und Konjunktur, in: Schriften des Vereins für Socialpolitik, Bd. 175 (Bericht über die Generalversammlung des Vereins vom 13.—15. 9. 1928 in Zürich), München—Leipzig 1928, S. 287 ff.

— Krisen und Autarkie, in: Autarkie — 5 Vorträge, eingeleitet von Carl Petersen, Berlin 1932

— Religion — Wirtschaft — Staat, in: Die Tatwelt, 8. Jg., Jena 1932, S. 82 ff.

Eucken, Walter: Staatliche Strukturwandlungen und die Krise des Kapitalismus, in: Weltwirtschaftliches Archiv, 36. Bd., Jena 1932 II, S. 297 ff.

— Denken — Warum?, in: Die Tatwelt, 9. Jg., Jena 1933, S. 148 ff.

— Beitrag, in: Der Stand und die nächste Zukunft der Konjunkturforschung, Festschrift für Arthur Spiethoff, München 1933, S. 74 ff.

— Kapitaltheoretische Untersuchungen, 1. Aufl. 1934, 2. Aufl. ergänzt um drei Aufsätze: (1) Vom Hauptproblem der Kapitaltheorie, (2) Der Wirtschaftsprozeß als zeitlicher Hergang, (3) Die zeitliche Lenkung des Wirtschaftsprozesses und der Aufbau der Wirtschaftsordnung (zuerst abgedruckt in den Jahrbüchern für Nationalökonomie und Statistik, Jg. 1937, 1940, 1944), Tübingen und Zürich 1954

— Wissenschaft im Stile Schmollers, in: Weltwirtschaftliches Archiv, 52. Bd., Jena 1940, S. 468 ff.

— Grundlagen der Nationalökonomie, 1. Aufl. 1940. Zitiert nach der 7. Aufl., Berlin, Göttingen, Heidelberg 1959

— Wettbewerb als Grundprinzip der Wirtschaftsverfassung, in: *Schmölders,* Günter: Der Wettbewerb als Mittel volkswirtschaftlicher Leistungssteigerung — (Schriften der Akademie für Deutsches Recht, Gruppe Wirtschaftswissenschaften, Heft 6), Berlin 1942

— Soziale Frage, Sozial- und Vollbeschäftigungspolitik, in: Blätter der Freiheit, Heidelberg, Ziegelhausen, Berlin, Bern 1951, Heft Nr. 15/16, S. 6

— Unser Zeitalter der Mißerfolge — 5 Vorträge zur Wirtschaftspolitik, Tübingen 1951

— Deutschland vor und nach der Währungsreform, in: *Hunold,* Albert: Vollbeschäftigung, Inflation und Planwirtschaft, Erlenbach — Zürich 1951

— Grundsätze der Wirtschaftspolitik, 3. Aufl., Tübingen, Zürich 1960

— Bemerkungen zur Währungsfrage, in: *Möller,* Hans: Zur Vorgeschichte der Deutschen Mark (Dokumentation), Basel, Tübingen 1961

Eucken, Walter (u. a.): Die Quellen der Kriegsfinanzierung, ungeeignete Wege und geeignete Kriegsfinanzierung, in: *Möller,* Hans: Zur Vorgeschichte der Deutschen Mark (Dokumentation), Basel, Tübingen 1961

Federal Reserve Bank of New York: Creeping Inflation, in: Monthly Review, New York, June 1959

Fettel, Johannes: Kapital, in: Handwörterbuch der Betriebswirtschaft, Bd. 2, 3. Aufl., Stuttgart 1958

Fisher, Irving: Die Kaufkraft des Geldes, Berlin, 1. Aufl. 1916, 2. Aufl. 1922

Forstmann, Albrecht: Volkswirtschaftliche Theorie des Geldes, I. Bd., Berlin 1943

— Geld und Kredit, 2 Bände, Göttingen 1952

Forte, Francesco und Harold M. *Hochman:* Monetary and Fiscal Policy: Ambiguities in Definitions, in: *Haller,* Heinz und Horst Claus *Reckenwald:* Finanz- und Geldpolitik im Umbruch, Mainz 1969

Friedman, Milton: Geldangebot, Preis- und Produktionsänderungen, in: Ordo — Jahrbuch für die Ordnung von Wirtschaft und Gesellschaft, Bd. XI, Düsseldorf, München 1959

— A Program of Monetary Stability, New York 1960

Fullarton, John: On the Regulation of Currencies, London 1844

Gaettens, Richard: Inflationen, München 1955

Gehrig, Hans: Die primäre Funktion des Geldes, in: Festgabe für Georg Jahn, Berlin 1955

Gerloff, Wilhelm: Die Entstehung des Geldes und die Anfänge des Geldwesens, Frankfurt 1940

— Ursprung und Sinn des Geldes, in: Weltwirtschaftliches Archiv, Bd. 60, Jena 1944, S. 240 ff.

Gestrich, Hans: Neue Kreditpolitik, Stuttgart 1936

— Kredit und Sparen, 1. Aufl., Jena 1944, 2. Aufl., Godesberg 1947

Giersch, Herbert: Inflation, in Handwörterbuch der Sozialwissenschaften, Bd. 5, Stuttgart, Tübingen, Göttingen 1956

Graham, Benjamin: Storage and Stability, 1937

Haberler, Gottfried: Der internationale Handel, Berlin 1933

— Geldinflation, Nachfrageinflation, Kosteninflation, in: *Bombach*, Gottfried: Stabile Preise in wachsender Wirtschaft. Das Inflationsproblem, Tübingen 1960

Hahn, Albert L.: Volkswirtschaftliche Theorie des Bankkredits, 1. Aufl., 1920, 3. Aufl., Tübingen 1930

— Geld und Kredit, Frankfurt/M. 1960

— Ein Traktat über Währungsreform, Basel, Tübingen 1964

Haller, Heinz: Sparen, in: Handwörterbuch der Sozialwissenschaften, Bd. 9, Stuttgart, Tübingen, Göttingen 1956

— Finanzpolitik, Tübingen, Zürich 1957

— Das Problem der Geldwertstabilität, Stuttgart, Berlin, Köln, Mainz 1966

Halm, George N.: Devalvation und Revalvation, in: Handwörterbuch der Sozialwissenschaften, Bd. 2., Stuttgart, Tübingen, Göttingen 1959

— Geld, Außenhandel und Beschäftigung, 3. Aufl., München 1957, 4. Aufl., Berlin 1966

Hamilton, A.: Report on a National Bank, New York 1790

Hansen, Alwin H.: Inflation and Growth, in: *Bombach*, Gottfried: Stabile Preise in wachsender Wirtschaft. Das Inflationsproblem, Tübingen 1960

von Hayek, Friedrich A.: Geldtheorie und Konjunkturtheorie, Wien, Leipzig 1929

— Beitrag, in: Der Stand und die nächste Zukunft der Konjunkturforschung, Festschrift für Arthur Spiethoff, München 1933, S. 110 ff.

Heller, Walter W.: Das Zeitalter der Ökonomen. Neue Dimensionen der Wirtschaftspolitik, Tübingen 1968

Hintner, Otto: Kredit und Kreditformen, in: Handwörterbuch der Betriebswirtschaft, Bd. 2, 3. Aufl., Stuttgart 1958

Hoffmann, Walter G.: Allgemeine Wirtschaftspolitik, in: Handbuch der Wirtschaftswissenschaften, Bd. II, 2. Aufl., Köln und Opladen 1966

International Information Center for Local Credit: Economic policy in practice, Den Haag 1968

International Monetary Fund: Annual report of the Executive Direktors for the fiscal year ended april 30, 1968, Washington D. C.

International Monetary Fund: Summary proceedings of the twenty-third annual meeting of the Board of Direktors, Washington D. C. 1968

Iversen, Carl: Das Problem des festen Realkapitals, in: Zeitschrift für Nationalökonomie, Bd. 7, Wien 1936, S. 151 ff.

Jöhr, Walter Adolf: Walter Euckens Lebenswerk, in: Kyklos, Vol. IV, Bern 1950, S. 257 ff.

— Konjunktur I, in: Handwörterbuch der Sozialwissenschaften, Bd. 6, Stuttgart, Tübingen, Göttingen 1959

Johnson, Harry G.: Beiträge zur Geldtheorie und Geldpolitik (Untersuchungen über das Spar-, Giro- und Kreditwesen, Bd. 18), Berlin 1969

Kamp, Ernst M.: Der Zyklus lebt, in: Der Volkswirt, Frankfurt 1967, 21. Jg., S. 88 ff.

Keynes, John M.: Vom Gelde, München 1932

— Allgemeine Theorie der Beschäftigung, des Zinses und des Geldes, München 1936

Knapp, Georg Friedrich: Staatliche Theorie des Geldes, 2. Aufl., München, Leipzig 1918

Knies, Carl: Geld und Credit, Neudruck, Leipzig 1931

Koopmans, J. G.: Zum Problem des ‚Neutralen' Geldes, in: *v. Hayek*, Friedrich A.: Beiträge zur Geldtheorie, Wien 1933

Kragh, Börje: The Problem of Inflation in Developing Countries: Chile, a Case Study, in: *Bombach*, Gottfried: Stabile Preise in wachsender Wirtschaft. Das Inflationsproblem, Tübingen 1960

Kraus, Otto: Geld, Kredit, Währung, Berlin 1958

Kruse, Alfred: Die Mechanismen des Zahlungsbilanzausgleichs, in: Wirtschaftspolitik, Festgabe für Adolf Weber, Berlin 1951, S. 83 ff.

Laursen, Karsten und Jørgen *Pedersen:* The German Inflation 1918—1923, Amsterdam 1964

Lederer, Emil: Konjunkturen und Krisen, Tübingen 1925

Liefmann-Keil: Elisabeth: Geldwirtschaft und Wirtschaftssystem, in: Jahrbücher für Nationalökonomie und Statistik, Bd. 155, Jena 1942

Lotz, Walther: Geld, in: Wörterbuch der Volkswirtschaft, 3. Aufl., 1911

Lütge, Friedrich: Einführung in die Lehre vom Geld, München 1948

Lutz, Friedrich A.: Das Konjunkturproblem in der Nationalökonomie, Jena 1932

— Beitrag, in: Der Stand und die nächste Zukunft der Konjunkturforschung, Festschrift für Arthur Spiethoff, München 1933, S. 161 ff.

— Die Entwicklung der Zinstheorie seit Böhm-Bawerk, in: *Eucken*, Walter: Kapitaltheoretische Untersuchungen (Einleitung), 2. Aufl., Tübingen, Zürich 1954, S. IX ff.

— Kapital, in: Staatslexikon, Bd. 4, 6. Aufl., Freiburg 1959

— Zins, in: Handwörterbuch der Sozialwissenschaften, Bd. 12, Stuttgart, Tübingen, Göttingen 1965

Lutz, Friedrich A.: Stabilität und Wachstum, Sonderdruck aus: IFO-Studien, Zeitschrift des IFO-Instituts für Wirtschaftsforschung, 14. Jg., Heft 1/2, Berlin, München 1968

Macleod, H. D.: The theory of credit, 2 Bände, 2. Aufl., London 1891/94

Maier, Karl Friedrich: Goldwanderungen, Jena 1935

Marx, Karl: Das Kapital, Bd. 1, 2. Aufl., Berlin 1951; unveränderter Nachdruck der Ausgabe des Marx-Engels-Instituts, Moskau 1932

Menger, Carl: Geld, in: Handwörterbuch der Staatswissenschaften, 3. Aufl., Jena 1909

— Grundsätze der Volkswirtschaftslehre, 2. Aufl., Wien, Leipzig 1923

Messner, Josef: Das Naturrecht, 5. Aufl., Innsbruck, Wien, München 1966

Meyer, Fritz W.: Über den Mechanismus des Zahlungsbilanzausgleichs, Freiburg, o. J.

— Der Ausgleich der Zahlungsbilanz, Jena 1938

— Kaufkraftparität, in: Handwörterbuch der Sozialwissenschaften, Bd. 5, Stuttgart, Tübingen, Göttigen 1956

Miksch, Leonhard: Walter Eucken, in: Kyklos, Vol. IV, Bern 1950, S. 280 ff.

von Mises, Ludwig: Theorie des Geldes und der Umlaufmittel, 2. Aufl., München, Leipzig 1924

Möller, Hans: Wirtschaftsordnung, Wirtschaftssystem und Wirtschaftsstil. Ein Vergleich der Auffassungen von *W. Eucken*, *W. Sombart* und *O. Spiethoff*, in: Schmollers Jahrbuch für Gesetzgebung, Verwaltung und Volkswirtschaft, Bd. 64, Berlin 1940

Moeller, Hero: Geld- und Münzgeschichte, in: Handwörterbuch der Sozialwissenschaften, Bd. 4, Stuttgart, Tübingen, Göttingen 1965

Muhs, Karl: Quantitäts- oder Einkommenstheorie des Geldes?, in: Festgabe für Georg Jahn, Berlin 1955

Neumark, Fritz: Möglichkeiten einer finanzpolitischen Beeinflussung von Kapitalbildung und Kapitalverwendung, in: Kapitalbildung und Kapitalverwendung, Schriften des Vereins für Socialpolitik, Bd. 5 N. F., Berlin 1953

Palyi, Melchior: Die Inflation in Amerika, Frankfurt/M. 1962

Pedersen, Jørgen: The Theory of Inflation, in Weltwirtschaftliches Archiv, Bd. 73 II, Hamburg 1954, S. 1 ff.

Peter, Hans: Kapital II. Gesellschaftliche Theorie des Kapitals, in: Handwörterbuch der Sozialwissenschaften, Bd. 5, Stuttgart, Tübingen, Göttingen 1956

Laursen, Karsten und Jørgen *Pedersen:* The German Inflation 1918—1923, Amsterdam 1964

Philipps, Chester A.: Bank Credit. A study of the principles and factors underlying advances made by banks to borrowers, New York 1921

Preiser, Erich: Walter Eucken in memoriam, in: Jahrbücher für Nationalökonomie und Statistik, Bd. 162, Stuttgart 1950, S. 241 ff.

— Der Kapitalbegriff und die neue Theorie, in: Die Unternehmung im Markt, Festschrift für Rieger, Stuttgart, Köln 1953

Preiser, Erich: Vorwort des Herausgebers, in: *Eucken*, Walter: Grundlagen der Nationalökonomie, 7. Aufl., Berlin, Göttingen, Heidelberg 1959

Recktenwald, Horst Claus: Inflation und Deflation, in: Handwörterbuch der Betriebswirtschaft, Bd. 2, 3. Aufl., Stuttgart 1958

von Reichenau, Charlotte: Beitrag, in: Der Stand und die nächste Zukunft der Konjunkturforschung, Festschrift für Arthur Spiethoff, München 1933, S. 234 ff.

Reichsbank, Deutsche: Verwaltungsbericht für das Jahr 1920, Berlin (1921)

Reigrotzki, Erich: Wandlungen in der Funktionendominanz des Geldes, in: Jahrbuch für Sozialwissenschaft, Bd. 2, Göttingen 1951

Richebächer, Kurt: Auf der Straße nach Chicago: Überprüfung der Geldtheorie und Notenbankpolitik, in: Der Volkswirt, Frankfurt/M., Jg. 1969, Nr. 20 vom 16. 5. 1969

Rist, Charles: Geschichte der Geld- und Kredittheorien von John Law bis heute, Bern 1947

Ritschl, Hans: Wandlungen im Objekt und in den Methoden der Volkswirtschaftslehre, in: Schmollers Jahrbuch für Gesetzgebung, Verwaltung und Volkswirtschaft, Bd. 67, Berlin 1943 (II. Halbband)

— Wirtschaftsordnung und Wirtschaftspolitik, in: Weltwirtschaftliches Archiv, Bd. 65, Hamburg 1950 (II)

— Die strukturanalytische Theorie der Wirtschaftsordnung, in: Grundlagen der Wirtschaftsordnung, Tübingen 1954

Rittershausen, Heinrich: Theorie der Kaufkraftparitäten, in: Handwörterbuch der Betriebswirtschaft, Bd. 2, 3. Aufl., Stuttgart 1958

— Wirtschaft, Frankfurt/M. 1958

Röpke, Wilhelm: Walter Eucken, in: Gegen die Brandung. Zeugnisse eines Gelehrtenlebens unserer Zeit, gesammelt und herausgegeben von Albert Hunold, Erlenbach—Zürich 1959, S. 375 ff.

— Blätter der Erinnerung an Walter Eucken, in: Ordo-Jahrbuch für die Ordnung von Wirtschaft und Gesellschaft, Bd. XII, Düsseldorf, München 1960, S. 1 ff.

— Jenseits von Angebot und Nachfrage, 3. Aufl., Erlenbach—Zürich, Stuttgart 1961

Rohde, Klaus Erich: Inflation, in: Staatslexikon, Bd. 4, 6. Aufl., Freiburg 1959

Sachverständigenrat zur Begutachtung der gesamtwirtschaftlichen Entwicklung: Jahresgutachten 1964, Bundestagsdrucksache IV/2890

— Jahresgutachten 1966, Bundestagsdrucksache V/1160

— Jahresgutachten 1967, Bundestagsdrucksache V/2310

— Jahresgutachten 1968, Bundestagsdrucksache V/3550

Salin, Edgar: Walter Eucken in memoriam, in: Kyklos, Vol. IV, Bern 1950, S. 1 ff.

Samuelson, Paul A.: Volkswirtschaftslehre, Köln-Deutz 1958 (Nach der 3. amerikanischen Auflage übersetzt.)

Sauermann, Heinz: Geld und Kredit, in: Handbuch der Wirtschaftswissenschaften, Bd. II, 2. Aufl., Köln und Opladen 1966

Schäffle, Albert: Das gesellschaftliche System der menschlichen Wirtschaft, Bd. I, 3. Aufl., Tübingen 1875

Schmölders, Günter: Finanzpolitik, Berlin, Göttingen, Heidelberg 1955

— Von der „Quantitätstheorie" zur „Liquiditätstheorie" des Geldes, in: Akademie der Wissenschaften und Literatur: Abhandlungen der Geistes- und Sozialwissenschaftlichen Klasse, Jg. 1960, Wiesbaden 1961, S. 1115 ff.

— Geldpolitik, 1. Aufl., 1962, 2. Aufl., Tübingen, Zürich 1968

Schneider, Erich: Das Zeitmoment in der Theorie der Produktion, in Jahrbücher für Nationalökonomie und Statistik, Bd. 142, Jena 1935, S. 271 ff.; Bd. 143, Jena 1936, S. 45 ff.; Bd. 144, Jena 1936, S. 129 ff.

— Bemerkungen zum Hauptproblem der Kapitaltheorie, in: Jahrbücher für Nationalökonomie und Statistik, Bd. 147, Jena 1938, S. 183 ff.

— Einführung in die Wirtschaftstheorie, 4 Bände, 5. Aufl., Tübigen 1959

Seraphim, Hans-Jürgen: Theorie der allgemeinen Volkswirtschaftspolitik, 2. Aufl., Göttingen 1963

Spiethoff, Arthur: Krisen, in: Handwörterbuch der Staatswissenschaften, Bd. 6, 4. Aufl., Jena 1925

— Anschauliche und reine volkswirtschaftliche Theorie in ihrem Verhältnis zueinander, in: Synopsis, Festgabe für Alfred Weber, Heidelberg 1949

von Stackelberg, Heinrich: Die Grundlagen der Nationalökonomie, in: Weltwirtschaftliches Archiv, Bd. 51, Jena 1940, S. 245 ff.

Strubl, Gerhard: Die Staatsauffassung des Neoliberalismus. Dargestellt am Staatsdenken von Walter Eucken, Wilhelm Röpke und Alexander Rüstow, Tübinger maschinenschriftliche Dissertation 1954

Strümpel, Burkhard: Der Primat der Fiscal Policy. Wirtschaftspolitische Lehren aus der Ära Kennedy/Johnson, in: *Haller,* Heinz und Horst *Recktenwald:* Finanz- und Geldpolitik im Umbruch, Mainz 1969, S. 147 ff.

Stützel, Wolfgang: Anpassen statt Aufwerten — Interview, in: Der Volkswirt, Frankfurt/M., 23. Jg., Nr. 20 vom 16. 5. 1969, S. 15

Stucken, Rudolf: Die Konjunkturen im Wirtschaftsleben, Jena 1932

— Beitrag, in: Der Stand und die nächste Zukunft der Konjunkturforschung, Festschrift für Arthur Spiethoff, München 1933, S. 278 ff.

— Geld und Kredit, 2. Aufl., Tübingen 1957

— Deutsche Geld- und Kreditpolitik 1914 bis 1963, 3. Aufl., Tübingen 1964

— Was stimmt nicht mit unserem Geld?, Hamburg 1967

— Neue Notenbankinstrumente in der Schweiz, in: *Haller,* Heinz und Horst Claus *Recktenwald:* Finanz- und Geldpolitik im Umbruch, Mainz 1969, S. 389 ff.

Thomée, Friedrich: Die Bedeutung der Geldschöpfung für den zeitlichen Aufbau der Produktion — unter besonderer Berücksichtigung der Euckenschen Geldsysteme, Dissertation Bonn (o. J. Promotion am 30. 1. 1954)

Tinbergen, Jan: Wirtschaftspolitik, Freiburg 1968

Tooke, Thomas: An Inquiry into the Currency Principle, London 1844

Veit, Otto: Deutsche Geldpolitik, Frankfurt 1950

— Reale Theorie des Geldes, Tübingen 1966

Verein für Socialpolitik: Diagnose und Prognose als wirtschaftswissenschaftliche Methodenprobleme, Schriften des Vereins für Socialpolitik, Bd. 25 N. F., Berlin 1962

Vleugels, Wilhelm: Volkswirtschaftslehre als Lehre von der geschichtlichen Wirklichkeit der Wirtschaft, in: Jahrbücher für Nationalökonomie und Statistik, Bd. 152, Jena 1940

Wagemann, Ernst: Allgemeine Geldlehre, Bd. I, Jena 1923

Wagner, Valentin F.: Geschichte der Kredittheorien, Wien 1937

— Walter Eucken †, in: Schweizerische Zeitschrift für Volkswirtschaft und Statistik, 86. Jg., Bern 1950

Wallich, Henry C.: Eine Regel für die Geldpolitik?, in: Deutsche Bank: Beiträge zu Wirtschafts- und Währungsfragen und zur Bankgeschichte, Nr. 8, August 1969, S. 3 ff.

Weber, Adolf: Geld, Kredit, Banken und Börsen, 6. Aufl., München 1959

Weippert, Georg: Walter Euckens Grundlagen der Nationalökonomie, in: Zeitschrift für die gesamte Staatswissenschaft, Bd. 102, Tübingen 1941, S. 1—58 und S. 271—337

— Zum Begriff des Wirtschaftsstils, in: Schmollers Jahrbuch für Gesetzgebung, Verwaltung und Volkswirtschaft, Bd. 67, Berlin 1943, II. Halbband, S. 33 ff.

Wessel, Theodor: Ausgangstatsachen der Volkswirtschaftslehre, in: Handbuch der Wirtschaftswissenschaften, 2. Aufl., Köln und Opladen 1966

Wicksell, Knut: Geldzins und Güterpreise, Jena 1898

— Vorlesungen über Nationalökonomie, Bd. 2, Geld und Kredit, 1. Aufl., 1922, 2. Aufl., Jena 1928

Wissenschaftlicher Beirat beim Bundeswirtschaftsministerium: Gutachten zu Fragen der Staatsverschuldung, in: Bundesanzeiger, Bonn, 20. Jg., Nr. 155 vom 21. 8. 1968, S. 3 f.

Withers, Hartley: Geld und Kredit in England, Jena 1911

Zottmann, Anton: Walter Eucken †, in: Die Zeit, 5. Jg., Hamburg 1950, Nr. 13, S. 3

Gesetz über die Deutsche Bundesbank vom 26. 7. 1957, BGBl. I, 1957, S. 745

Gesetz über die Bildung eines Sachverständigenrates zur Begutachtung der gesamtwirtschaftlichen Entwicklung vom 14. 8. 1963, BGBl. I, 1963, S. 685

Gesetz zur Förderung der Stabilität und des Wachstums der Wirtschaft vom 8. 6. 1967, BGBl. I, 1967, S. 582 f.

Kolibri 360 GmbH
Ferdinand-Jühlke-Straße 7
99095 Erfurt, Deutschland
produktsicherheit@kolibri360.de

Druck:
CPI Druckdienstleistungen GmbH
im Auftrag der
Kolibri 360 GmbH
Ferdinand-Jühlke-Str. 7
99095 Erfurt